Meine Freunde, die Wilden.

Notizen und Beobachtungen eines Siedlers aus Perak (Malaiische Halbinsel)

Giovanni Battista Cerruti

(Übersetzer: I. Stone Sanpietro)

Writat

Diese Ausgabe erschien im Jahr 2024

ISBN: 9789359942148

Herausgegeben von
Writat
E-Mail: info@writat.com

Inhalt

KAPITEL I.

Malakka und seine Gegensätze – Seelenfresser und Körperfresser – Die Verwirklichung des Traums eines Dichters – Versuchungen – Ein Ruf aus dem Wald – Auri sacra fames – Gepäck – Abschied von der Zivilisation.

Von der Bucht von Bengalen und dem Golf von Siam ragt die Malaiische Halbinsel, einst als Goldenes Chersones bekannt, in den Indischen Ozean hinaus wie ein ausgestreckter Arm, um die unzähligen Inseln, die ihre Küsten säumen und die wahrscheinlich durch die vereinten Kräfte von Zeit und Meer vom Festland getrennt wurden, wieder in seiner Umarmung zu vereinen.

Auf den umliegenden Inseln, von denen manche so groß wie Kontinente, andere so schmal wie Riffe sind und die die Zivilisation in gierigen Stürmen überquert, verbergen sich die merkwürdigsten Gegensätze. Denn während an der Küste als zivilisierte Menschen verkleidete Wölfe Seelen fressen oder (unter Einhaltung des Gesetzes) Eigentum und Produkte ihrer Nachbarn usurpieren und stehlen (am klügsten und geachtetsten ist derjenige, der seine Raubgier am besten verbirgt oder der gewerbliche Aktivität am besten durch skrupellose Schlauheit zu ersetzen weiß), fressen nicht weit entfernt, in Richtung Zentrum dieser verstreuten Länder, andere Menschen in primitiver Unkenntnis des Gesetzes das Fleisch und die Haut ihrer Nachbarn oder stehlen ihre lebenden Körper, um ihnen als Sklaven zu dienen.

Doch sind solche merkwürdigen Gegensätze letztlich gar nicht so auffällig, wenn man bedenkt, dass sowohl das Verschlingen von Seelen als auch das Verschlingen von Fleisch natürliche Instinkte des Menschen sind.

An der Küste der Halbinsel gibt es viele blühende Städte, in denen man jede moderne und zeitgemäße Unterkunft finden kann. Diese Badeorte sind voll von einer kosmopolitischen Bevölkerung, die sich aus Touristen, Geschäftsleuten, Nabobs und Abenteurern zusammensetzt. Dort geht das Leben in der raffinierten Korruption der eleganten Gesellschaft inmitten von Sport und Vergnügen, Skandalen und Intrigen weiter, wobei jede Rasse und jede Sprache ihren Anteil an Gutem und Bösem beiträgt. Eine bunt gemischte Menge wimmelt durch ihre Straßen und bietet dem Auge eines Betrachters das malerische Schauspiel, das der Kontrast der Kostüme immer erzeugt. Es sind Menschen unterschiedlicher Hautfarbe, Kleidung und Bildung, die vom Magneten des Reichtums dorthin gezogen werden. Die Glücklichen, die Klugen, die Skrupellosen haben in den Kämpfen des Lebens bereits den Sieg errungen und fahren jetzt in Autos der neuesten Bauart herum; die anderen schauen sie an, beneiden sie höchstwahrscheinlich und arbeiten umso härter, um selbst reich zu werden. Werden sie Erfolg haben? Der Weg ist kurz, kann aber nur von denen erfolgreich beschritten werden, die über gesunde Energie und blindes Vertrauen in ihren eigenen Verstand und ihre eigenen Muskeln verfügen. Man darf jedoch nicht denken, dass das Auto in diesen Gegenden ein Vorrecht wohlhabender Europäer und Chinesen ist, denn es ist auch ein mächtiges Hilfsmittel für diejenigen, die versuchen, ihr Vermögen durch landwirtschaftliche und Bergbauspekulationen in den wildesten Regionen der Halbinsel zu machen.

Doch während die Einwohner und Reisenden in Meeresnähe allen Luxus und alle Annehmlichkeiten des 20. Jahrhunderts genießen können, gibt es im Inneren der Halbinsel, wo sie ein Nomadenleben im dichten Dschungel führen, der die Gebirgskette von Norden nach Süden bedeckt, immer noch primitive Menschen. Sie sind sich der heftigen Leidenschaften und stürmischen Emotionen überhaupt nicht bewusst, die die Ruhe ihrer Mitgeschöpfe (zivilisierter Form, wenn nicht tatsächlich) einige Meilen von ihnen entfernt stören, und leben ruhig und friedlich in ihren Waldheimen, wobei sie ihre ursprüngliche Einfachheit und Unbefangenheit bewahren.

Der heiße Atem unseres mühseligen Lebens, der jede Art von Nervenbeschwerden hervorruft, hat ihre Berghütten noch nicht erreicht. Auf diesen wilden Höhen ruhen die Nerven; die Gefühle werden nicht gequält; die Liebe ist rein und deshalb von Dauer; der Ehrgeiz verdirbt weder den Geist noch verzehrt er das Gewissen; es gibt keine Ehrungen oder Gefälligkeiten, die Neid erregen; keine künstlichen Grenzen der Freiheit oder schwierige Probleme in Bezug auf Kapital und Arbeit; es gibt keine Reichen und keine Armen, denn an diesem gesegneten Ort ist Geld ein unbekanntes Gut und was noch mehr bedeutet – ein seltsamer Triumph des Wilden über die Zivilisierten – jeder Mensch ist ein Bruder des anderen!

Dort oben im Wald gibt es weder Fürsten noch Untertanen, weder Regierungen noch Polizei, weder Steuereintreiber, noch Volksversammlungen oder Streiks, so dass, wenn Stecchetti [1] noch leben würde, man ihn wahrscheinlich zu den Sakais geschickt hätte, um den idealen Ort zu finden, nach dessen Adresse er immer schon suchte.

Am 15. Juni 1891 landete ich auf Penang (der Prince of Wales-Insel) auf der Rückreise von einer Erkundungstour auf der Insel Nias. Ich fühlte mich ziemlich erschöpft von den Strapazen der letzten Zeit und beschloss, mich eine Weile auf britischem Territorium auszuruhen.

Ich hatte eine reichhaltige und interessante ethnographische Sammlung mitgebracht, die ich ohne Probleme an die Regierung von Perak verkaufen konnte. Diese bestimmte sie dem Museum in Taiping, einer kleinen Stadt, in der sich die britische Residenz befindet .

Während meiner wohlverdienten Ruhepause hörte ich oft von den Mai Darats sprechen, einem Stamm von Aborigines, die im Inneren der Halbinsel lebten und von den Malaien „Sakais" genannt wurden, eine verächtliche Bezeichnung, die *ein Volk von Sklaven bedeutet* . Diese beleidigende Bezeichnung erklärt sich aus der Tatsache, dass ihre Nachbarn früher einen umfangreichen Sklavenhandel betrieben, indem sie sie zu Opfern machten, und ihre Einfalt und Gutgläubigkeit auch auf viele andere Arten ausnutzten, bis das britische Protektorat errichtet wurde und diese armen wandernden Stämme zivilisierteren Völkern gleichgestellt wurden.

Ich begann, Informationen über diese wilden Männer des Busches zu sammeln und erfuhr, dass sie die abgelegenen Teile der Staaten Perak und Pahang bewohnten, dass sie ein Nomadenvolk waren und dass sie die meiste Zeit mit der Gewinnung und Zubereitung pflanzlicher und tierischer Gifte verbrachten, in einer Kunst, in der sie außerordentliche Meister waren, und dass sie ebenso geschickt darin waren, vergiftete Pfeile abzuschießen. Einige meiner Informanten wollten mir weismachen, dass sie von Natur aus äußerst wild und so abergläubisch waren, dass sie ihre tödlichen Pfeile auf jeden Fremden richteten, der es wagte, sich ihnen zu nähern, da sie ihn für den Boten eines bösen Geistes hielten und dass sie anschließend aus ihm eine köstliche Mahlzeit zubereiteten, um ihre unersättlichen Mägen zu beruhigen.

Da ich jedoch einiges über die früheren Beziehungen zwischen den Sakais und den Menschen in ihrem Umfeld wusste, war ich vor gewissen übertriebenen und voreingenommenen Berichten auf der Hut und fühlte mich stark versucht, das vage Geheimnis zu lüften, in das sie die Mai Darats hüllen wollten – das, wie ich irgendwie vermutete, auf Eigeninteresse beruhte.

Je mehr sie mir von ihnen erzählten, desto mehr fühlte ich mich zu den Sakais hingezogen. Es schien mir, dass ein Volk, das jeder Zivilisation so fremd war, so kühn, wie sie beschrieben wurden, so frei von jedem Regime oder jeder Autorität, dem, der sie aus nächster Nähe kennenlernen wollte, ein interessantes Studienobjekt bieten musste. Vielleicht könnte ich, wenn ich die nicht immer zu überwindende Schwierigkeit, in ihre Gesellschaft zu kommen, überwunden hätte, unter ihnen ein ruhiges Leben finden und mich als Pflanzer oder Landwirt in ihrer Mitte niederlassen, denn ich war bereits davon überzeugt, dass ich für kommerzielle Unternehmungen, bei denen Gewissensbisse und Rechtschaffenheit sehr oft eine Belastung darstellen, ungeeignet war.

Mein kurzer Aufenthalt in der zivilisierten Gesellschaft weckte in mir eine Sehnsucht nach der Freiheit und dem Frieden, die mich dort vielleicht erwarteten; ich sehnte mich danach, diese Menschen näher kennenzulernen, die, so dachte ich bei mir, von Korruption verschont bleiben mussten, da sie von den Menschen, die in ihrer Mitte lebten, so sehr gehasst wurden und von so viel Geheimnis umhüllt waren.

Es gab, das muss ich gestehen, noch einen weiteren Grund, der mich zu den Lagern in Sakai führte. Ich weiß nicht, wie der Keim entstand, aber in meinem Gehirn wuchs immer mehr die Überzeugung, dass im Herzen der Halbinsel, die bereits als reich an Metallen bekannt ist, eine Goldader entdeckt werden könnte.

Die vergilischen *Auri Sacra Fames* nahmen nach und nach Besitz von mir, lösten alle verbleibenden Zweifel, überwanden alle meine Bedenken und beseitigten alle Hindernisse.

Dieser Anstoß, vereint mit der Sehnsucht nach neuen Abenteuern, nach tiefen Gefühlen, nach einem Leben, das sich in jeder Hinsicht von dem unterschied, das ich damals in einer Sphäre eleganter Sklaverei und auferlegtem lächerlichen Konventionalismus führte, gab mir den Ausschlag und ich packte meine Sachen.

Stellen Sie sich vor: ein starkes Stück geteerte Leinwand [10] mit Hilfe von vier Holzpflöcken in ein Feldbett umgebaut werden konnte; ein Hut, vier Hemden und einige wollene Unterhemden, ein paar Hosen und Socken, einige sehr leichte Segeltuchschuhe und ein oder zwei Khakijacken, wie sie von den Soldaten in Afrika getragen werden.

Ich vergaß jedoch nicht, dass man sich durchaus mit irgendeiner Krankheit anstecken konnte und dass in diesen Gegenden eine Krankheit mit anschließendem Tod zwar als unfreiwilliger Selbstmord, aber nie als Mord gewertet wird, weil es dort keine Ärzte gibt, die einen heilen können. Deshalb legte ich mir auch einen kleinen Vorrat an Abführmitteln, Chinin, einigen antiseptischen Präparaten und einer Bistoury an.

Nachdem ich also rasch meine neue Reise vorbereitet und mich mit allem versorgt hatte, was mir unter den gegebenen Umständen nützlich sein würde, fügte ich noch eine große Menge Tabak und bunte Perlen hinzu – zwei Dinge, die eine große Macht über Wilde ausüben –, verabschiedete ich mich von allen kulinarischen Köstlichkeiten für eine schwache Verdauung, kehrte allem häuslichen Komfort den Rücken und machte mich auf in Richtung des Unbekannten.

Eine Gruppe von Mai Darats, „Sakais" genannt.

Fußnoten:

[1] Ein italienischer Dichter, der viele humorvolle Verse schrieb. – Anmerkung des Übersetzers.

KAPITEL II

Meine Eskorte — Mit dem Dampfer nach Telok Anson — Das andere Ufer des Perak — Richtung Wald — Erste Nachrichten — Blutvergießen im Sumpf — Ausgeraubt und verlassen — Rache zur rechten Zeit — Die Anstiftung des Malayen — Die Treue meines kleinen Sam Sam — Philosophische Betrachtungen unter schwerer Last.

Der wohlwollende Leser, der diese dürftigen Seiten mit Notizen und Erinnerungen durchliest und es gewohnt ist, von Expeditionen zu hören, die mit dem Ziel organisiert wurden, in unwirtliche Länder oder in Regionen vorzudringen, die von allen Schrecken des Unbekannten umgeben waren, wird vielleicht denken, ich hätte gescherzt, als ich im letzten Kapitel die Liste meines Gepäcks aufführte, und dass ich aus reiner Prahlerei die Unterstützung irgendeiner geographischen oder kommerziellen Gesellschaft nicht erwähnte und weder die Tonnen von Waren, die mir folgen würden, noch die zahlreichen Wagen und bewaffneten Bataillone, die mich eskortieren mussten.

Nein, nichts von alledem, denn um die Wahrheit zu sagen, ich habe immer festgestellt, dass diese Dinge der Ausrüstung eines Forschers mehr schaden als nützen, und aus diesem Grund bin ich selbst auf meinen schwierigsten Reisen immer sozusagen allein aufgebrochen und habe mich nur auf meine eigenen Kräfte verlassen. Und lassen Sie mich erklären, warum.

Schon zu Beginn meiner Wanderungen durch von Wilden bevölkerte Länder – manchen von ihnen wird ein äußerst blutrünstiger Instinkt zugeschrieben – beruhigte ich mich mit einer logischen Schlussfolgerung, die sich, wie die Erfahrung zeigte, als völlig richtig erwies.

Wenn die Wildheit wilder Tiere, so dachte ich, nichts anderes als ein Anfall von Angst ist, warum sollten wir dann annehmen, dass die Wildheit der Wilden andere Motive hat? Der Mensch ist, so wild er auch sein mag, mit Intelligenz ausgestattet, obwohl diese intellektuelle Fähigkeit in manchen Fällen nur in einem sehr geringen Ausmaß vorhanden ist. Lassen Sie uns ihm also klarmachen, dass er nichts von uns zu befürchten hat, und wenn uns unsere Geduld nicht erlahmt, wird er nach und nach sanfter werden und statt eines Feindes ein Freund werden.

Deshalb vermeide ich heute wie auch in der Vergangenheit sorgfältig kriegerische Vorbereitungen, räuberische Maskeraden oder Eskorten mit aufdringlichem oder bedrohlichem Aussehen. Ich gehe wie ein einfacher Wanderer voran, mit lächelndem Gesicht und freundlichen Gesten, und lasse mein Gewehr (das unverzichtbar ist, um sich gegen die Angriffe wilder Tiere zu verteidigen) über der Schulter hängen.

Ich gebe zu, dass der erste Empfang alles andere als herzlich ist und dass immer die Gefahr besteht, in eine Falle zu tappen, die geschickt für Großwild und Fremde ausgelegt wurde, oder von einem vergifteten Pfeil getroffen zu werden. Ist es aber erst einmal zu einem Treffen gekommen, ohne dass es zu ernsthaften Konsequenzen gekommen ist, ist es nicht so schwierig, wie man meinen könnte, anschließend ein Gespräch zu führen, denn der gefürchtete (und sich fürchtende) Mensch ist sprachlos angesichts des außerordentlichen doppelten Ereignisses, entweder Sie nicht getötet zu haben oder selbst nicht getötet worden zu sein, und zwar gemäß dem für ihn unantastbaren Gesetz der Gegenseitigkeit.

Unter dem Eindruck dieser sehr merkwürdigen Tatsache wird er sich einem friedlichen Verständnis nicht widersetzen, und um sich danach seine Freundschaft zu sichern, bedarf es nur einer schnellen Intuition für den Aberglauben, die Überzeugungen und die Empfindsamkeit des armen Geschöpfs und einer gewissen Vorsicht, um seine kindische Eitelkeit nicht zu verletzen oder in irgendeiner Weise Eifersucht oder Misstrauen zu provozieren.

Wenn er davon überzeugt ist, dass ihm die Anwesenheit seines ungebetenen Gastes nichts Böses bringt, wird er Ihnen sein volles Vertrauen schenken und Sie spontan als wohlwollenden und mächtigen Beschützer akzeptieren.

Ich gebe zu, dass es viele und große Gefahren gibt, aber noch schlimmer sind jene, die einem bewaffneten Reisenden auflauern. Der Wilde mag von den Massakern, mit denen die Zivilisation ihre tyrannische Überlegenheit behauptet, verängstigt und überwältigt sein, aber das Gift des Hasses ist in seine Seele eingedrungen und er sinnt und bereitet einen Hinterhalt vor, der ihm früher oder später, ganz bestimmt, seine Rache bringen wird.

Der Einsatz brutaler Gewalt (für mich ein politischer Fehler) schadet der Erforschung der Sitten, Glaubensvorstellungen und psychologischen Eigenheiten der Menschen, mit denen wir in Kontakt stehen, enorm, denn sie ziehen sich aus jeder Anfrage oder Untersuchung zurück, verweigern entweder die Antwort oder erzählen Lügen, und das erklärt die widersprüchlichen Berichte, die verschiedene Reisende über denselben Stamm oder dieselbe Rasse abgeben.

Dies, lieber Leser, ist meine bescheidene Überzeugung, und aufgrund ihrer Vorgehensweise ist dies auch die Überzeugung der Engländer, die in allem, was die Kolonisierung betrifft, Meister sind.

Da mein Gepäck fertig war, musste ich nur noch einige Träger finden, die mir wenn nicht als Führer durch das Land der Sakais, so doch zumindest als Dolmetscher zwischen mir und seinen Einwohnern nützlich sein könnten.

Penang wird hauptsächlich von Malayen bewohnt, aber es sind auch zahlreiche andere Rassen dort vertreten, vor allem Chinesen und Inder. Ohne große Schwierigkeiten gelang es mir, die Dienste von fünf Trägern zu engagieren: einem Malayen, einem Inder, einem Chinesen, einem Siamesen und einem Sam-Sam, einem ganz jungen Kerl. Zusammen bildeten sie ein kleines Babel, und ich gratulierte mir, dass es mir bei meinen Annäherungsversuchen an die Sakais eine große Hilfe sein würde.

Alle meine Anhänger, mit Ausnahme des Sam-Sam, hatten Gesichter, die den Galgen geschmückt hätten, und ich bin sicher, dass Lombroso [2] sie ohne Zögern als geborene Verbrecher eingestuft hätte. Aber ihre abweisenden Gesichtszüge beunruhigten mich nicht, da bekannt ist, dass der gemeinste Schurke bei unerwarteter Gefahr furchtsam und unterwürfig wird, und ich war mir durchaus bewusst, dass die Furcht vor Tigern, Schlangen, Fallen und vergifteten Pfeilen, die tausend Geheimnisse des Todes, die der wunderbare Wald zwischen seinen zahllosen Bäumen, im Wirrwarr seiner dichten, ineinander verschlungenen Schlingpflanzen und unter seinem weichen Moos und hohen Gras birgt, diese hässlichen, verschlagenen Individuen in gefügige Lämmer verwandelt hätten. Ich wusste, dass sie mich nicht im Stich lassen würden, wenn sie erst einmal ein Land betreten hätten, das sie nicht kannten. Denn der Orientale hat Vertrauen in den Europäer und wird ihm folgen, wohin auch immer er ihn führt. Er schreibt ihm seltene Eigenschaften wie Mut und Energie zu, sowie eine wunderbare Fähigkeit, Hindernisse zu überwinden und aus schwierigen Situationen herauszukommen.

Wir verließen Penang auf einem Küstendampfer und erreichten nach einer etwa 60 Meilen langen Fahrt den Fluss Perak hinauf die kleine Stadt Telok Anson, wo wir an Land gingen.

Als wir ankamen, war es noch zu früh am Morgen, um mich bei den britischen Behörden vorzustellen. Da die örtlichen Beamten meine freie Durchreise nicht im Geringsten behinderten und mich auch keinen inquisitorischen Verhören unterzogen (die ich in anderen Kolonien und unter anderen Protektoraten über mich ergehen lassen musste), gab ich den Befehl zu unserer sofortigen Abreise, da ich unseren Marsch so bald wie möglich antreten wollte.

Nachdem wir unsere Ladung Proviant in gleiche Teile aufgeteilt hatten, überquerten wir den Perak auf einem Ponton und mit einem „ *Slamat Gialat*

" (angenehme Reise) des Mannes an Bord fanden wir uns an der Küste wieder, wo meine Abenteuer beginnen sollten.

Ich stand also da, mein Gesicht einem neuen Land zugewandt, und ein Schauer freudiger Erregung durchströmte mich. Welche Überraschungen würden mich oben auf den bewaldeten Bergen, denen wir entgegengingen, erwarten? Welche Dinge, welche Gewohnheiten würden sich mir offenbaren, wenn ich mein Ziel erreichte?

Ich ließ die zivilisierte Gesellschaft hinter mir. Ich isolierte mich von der gebildeten Gesellschaft, aber der Gedanke an die Härten, Leiden und Gefahren, die vor mir lagen, beunruhigte mich nicht . Vage und angenehme Hoffnungen lächelten mir aus der Zukunft zu. Welcher Natur waren sie? Ich konnte es nicht sagen.

„Vorwärts!", sagte ich zu mir und meinen Trägern. Und der Marsch begann.

Der erste Tag verlief trotz der großen Hitze sehr gut und es geschah nichts Nennenswertes. Es wurde dunkel und wir hatten bereits etwa 20 Meilen zurückgelegt, als wir eine Hütte erblickten, die zwischen Kokosnuss- und Bananenbäumen errichtet worden war. Wir stellten bald fest, dass sie von einem Malayen mit seiner Frau und seinen Kindern bewohnt wurde, die hierhergekommen waren, um Reis anzubauen.

Meine Bitte um Gastfreundschaft wurde bis zum Morgen mit offensichtlichem Misstrauen aufgenommen, doch die Hoffnung auf begehrte Geschenke siegte schließlich über den islamischen Aberglauben in der Seele des Malayen, und mir und meinen Männern wurde eine überdachte Ecke seiner bescheidenen Residenz zugestanden.

Während der Nacht versuchte ich, den Malayen dazu zu bringen, über die Sakais zu sprechen, aber ich konnte ihm keine direkten Fragen stellen, denn es wäre eine ernste Angelegenheit gewesen, wenn meine Begleiter den Verdacht geäußert hätten, dass unser Weg durch den Wald für mich völlig neu war und dass ich nicht wusste, wo unsere Reise enden würde.

Ich konnte jedoch herausfinden, dass sich vor kurzem einige Sakais bis dorthin vorgewagt hatten, um *Rattan* (Malakka-Rohr) und Gummi gegen Tabak und Reis einzutauschen. Sie waren dann abgereist, aber der Malaye wusste nicht, woher sie gekommen waren oder wohin sie gegangen waren. Er glaubte, dass sie nicht sehr weit weg sein konnten, da er einige Tage zuvor deutlich ihre Rufpfeifen gehört hatte.

Aus verschiedenen Gründen musste ich an der Wahrheit der Aussagen des Mannes zweifeln, nicht zuletzt wegen seines schlecht verhüllten Wunsches, unsere Gesellschaft so schnell wie möglich loszuwerden.

Bei Tagesanbruch machten wir uns wieder auf den Weg und folgten einem fast unberührten Pfad, der uns über miasmatische Sümpfe voller Insekten führte. Unsere armen Beine wurden von einer ganzen Armee von Blutegeln angegriffen und einer höchst ungelegenen und unerwünschten Blutung ausgesetzt. Von Zeit zu Zeit waren wir gezwungen, anzuhalten und uns aus ihrem zähen Griff zu befreien. Sie schienen europäisches Blut dem asiatischen vorzuziehen und ließen mich mehr leiden als meine Eskorte, vielleicht weil meine Haut empfindlicher war und sie ihr blutiges Vorhaben besser umsetzen konnten, aber obwohl mein Fleisch schmerzte und meine Kräfte nachließen, musste ich fröhlich bleiben und ab und zu so tun, als wüsste ich, wo wir waren, als wäre ich schon früher denselben Weg gegangen. Ich versicherte meinen fünf Gefährten sogar, dass es keine Schwierigkeiten mehr geben würde, wenn wir die Sakais erreichten, und trieb sie so an, noch schneller voranzukommen.

Ich hoffte, je weiter wir in die weite Wildnis vordrangen, desto mehr könnte ich mich auf die Treue meiner Träger verlassen, da sie sich auf meine vermeintlichen Kenntnisse des Landes, in das wir eindrangen, verlassen müssten und daher weniger geneigt wären, den Rückzug anzutreten. Während wir weiterfuhren, ging ich jedoch voran, was ich nicht wusste, aber ich konnte nicht umhin zu bemerken, dass sie jedem charakteristischen Punkt, an dem wir vorbeikamen, besondere Aufmerksamkeit schenkten und mit ihren *Parangs* oder Messern Kerben in die Bäume schnitten, nachdem wir durch einen Bach gewatet waren oder eine plötzliche Kursänderung vorgenommen hatten, aber ich war zu sehr mit den Pflichten meines selbsternannten Lotsendienstes beschäftigt, als dass ich dieser Tatsache irgendeine Bedeutung beimessen konnte.

Das Wetter war den ganzen Tag schön, so dass wir weit kommen konnten, bevor es dunkel wurde. Da wir keine Möglichkeit gefunden hatten, uns eine zu suchen, mussten wir uns eine improvisieren und nach etwa einer Stunde erholten wir uns von unseren Strapazen, während uns der kleine Sam-Sam gekochten Reis, getrockneten Fisch und bestimmte Paprikaschoten servierte, die im Vergleich dazu wie Zucker aussahen! Da es nichts Besseres zu essen gab, musste auch ich meinen Teil der kargen Mahlzeit einnehmen.

Bald übermannte uns alle der Schlaf, aber ich war irgendwie unruhig, denn gewisse seltsame Fragen meiner Gefährten hatten mich an die Spuren erinnert, die ich vor einiger Zeit an den Bäumen hatte hinterlassen sehen, und mein Verdacht war geweckt, ohne dass ich genau wusste, wie ich ihn deuten sollte; deshalb beschloss ich, unter dem Vorwand des Schreibens Wache zu halten. Bis etwa vier Uhr morgens konnte ich der Schläfrigkeit widerstehen, die meine Augenlider bedrückte, aber schließlich, erschöpft von so vielen Stunden Marsch, von der hohen Anspannung, unter der meine Nerven standen, und geschwächt durch das reichliche Blutvergießen im Sumpf, triumphierte mein Körper über meinen Willen und auch ich schlief ein.

Im Morgengrauen durchbrach der kleine Wildvogel, der *Steinpilz* , die Stille mit seinem charakteristischen, schrillen „*Ci ti rià*" . Ihm antwortete der kleinere und zahmere *Steinpilz* mit einem süß modulierten Solfeggio von außerordentlicher Präzision, und ich erwachte. Gleichzeitig fühlte ich, wie ich heftig geschüttelt wurde, und die Stimme meines kleinen Sam-Sam schrie mir ins Ohr:

„Tuan lakas bangun samoa Orang suda lari" (Wachen Sie schnell auf, Sir; die Männer sind alle weggelaufen)!

Ah, meine Befürchtungen waren also nicht unbegründet gewesen und es war Schlummer, der mich verraten hatte. Ich sprang auf und sah mich um. Es war niemand zu sehen und nichts zu hören. Ich drehte mich ängstlich zu unserem Vorratshaufen um und stellte sofort fest, dass die vier Schurken eine große Beute von meinem Reis, Tabak und meinen Streichhölzern gemacht hatten, Dinge, die mir in diesem Moment sehr wertvoll waren.

Was sollte man tun? Ihnen folgen? Und wenn wir sie nicht fanden? Dann wäre nicht nur Ware, sondern auch Zeit verloren. Das Einzige, was man tun konnte, war, den Vorfall mit Philosophie zu betrachten und mich mit der entfernten Hoffnung zu trösten, die Schurken eines Tages wiederzusehen und sie für ihren Schurkentrick teuer bezahlen zu lassen. Diese Hoffnung, das darf ich in Klammern sagen, war nicht vergeblich, denn ein Jahr später traf ich meinen chinesischen Täter in Telok Anson und nicht lange danach seinen malaiischen Verbündeten in Penang. Bei beiden Gelegenheiten hatte ich die Genugtuung, ihnen eine Lektion in Ehrlichkeit zu erteilen – ohne die rechtliche Autorität zu belästigen, für oder gegen mich einzutreten –, und ich bin sicher, dass sie dadurch die Lust verloren haben werden, andere so zu behandeln, wie sie mich behandelt hatten.

Ich war froh, dass der Sam-Sam-Junge mich nicht verlassen hatte, denn ich hatte eine Art Sympathie für ihn entwickelt. Er erzählte mir, dass der Malaye, der uns Gastfreundschaft gewährt hatte, seinem Landsmann schrecklichste Dinge über die Sakais erzählt hatte, so viele Gefahren und eine so grausame Behandlung beschrieben hatte, die diejenigen erwartete, die es wagten, sich in ihre Mitte zu begeben, dass selbst ein Mann von unerschrockenem Mut erschaudert wäre. Mir wurde nichts davon gesagt, aber der Mann hatte die anderen drei informiert, die die malaiische Sprache verstanden, und die vier beschlossen schnell zu fliehen.

Der Junge hatte alles gehört, gab mir jedoch keinen Hinweis und hätte nie geglaubt, dass der böse Plan, mich auszurauben und im Stich zu lassen, so schnell in die Tat umgesetzt werden würde.

Ich fragte den einzigen mir noch verbliebenen Begleiter, ob er gewillt sei, seiner Verpflichtung und mir treu zu bleiben, ganz gleich, wohin wir gingen oder wen wir trafen, und er erklärte sich bereit, mich zu begleiten. Die Antwort stimmte mich besser, und ich traf Vorkehrungen für die Weiterreise.

Wir kochten genug Reis und brieten genug Fisch für zwei Mahlzeiten und teilten beides dann in zwei Teile. Jeder von uns nahm seinen eigenen Anteil und wickelte ihn in Blätter ein, damit wir ihn essen konnten, als wir einen kurzen Halt an den Ufern der vielen Bäche machten, die durch den Wald flossen.

Aus dem restlichen Proviant bündelten wir zwei möglichst sperrige Bündel, doch überstieg ihr Gewicht unsere Kräfte, und so waren wir gezwungen, einen großen Teil unserer Vorräte zu opfern. Wir packten sie in einen Sack und ließen ihn in der Hütte zurück, in der Hoffnung, dass er dort vom Regen nicht beschädigt würde. Danach machten wir uns, immer noch gut beladen, erneut auf den Weg.

Unter den sengenden Strahlen der Sonne und der Last meiner Bürde schleppte ich mich weiter und philosophierte vor mich hin – wie ein im Dschungel verlorener Boetius –, um aus diesem meinem ersten unangenehmen Abenteuer irgendeine tröstliche Schlussfolgerung zu ziehen. Doch meine Philosophie nahm bald die Form gewisser Betrachtungen und Vergleiche an, die nicht alle heiter waren. Meine Gedanken flogen zu den Helden der Kneipe und des Clubs, für die Sport Erschöpfung, Mut, Muskelaufbau und Opferbereitschaft bedeutet, vorausgesetzt ... dass auf jede noch so leichte sportliche Übung ein lauwarmes Bad oder eine Dusche, eine Massage oder die vom Hygieniker oder Trainer verordnete Ruhe folgt. Ich dachte an jene sogenannten Entdecker, die den zivilisierten Teil der Welt über die Sitten und Gebräuche des unzivilisierten Teils aufklären; jene literarischen Schwindler, die in einem Pullman-Wagen oder einem anderen ebenso bequemen und komfortablen Fahrzeug an einen sicheren Ort in der Nähe des zu erforschenden Landes reisen, um sich dort die vagen Berichte und noch vageren „man sagt", die über die betreffenden Aborigines im Umlauf sind, zu notieren und diese bloßen Stimmen anschließend mit Hilfe ihrer blühenden Vorstellungskraft in verblüffende Tatsachen umzuwandeln, einige außergewöhnliche Ereignisse im Stil von Robinson Crusoe und Gulliver hinzuzufügen (in dem sie selbst immer die Hauptrolle spielen) und dann ihre interessanten Schriften der Öffentlichkeit als wissenschaftliches und lehrreiches Werk zu präsentieren. Ich war geneigt, sie um ihre

Fähigkeiten zu beneiden und die unbeschreibliche Gutmütigkeit der Gesellschaft zu bewundern, die die Kosten für diese Triumphe des Humbugs bezahlt.

Als wir uns näherten, flohen die Sakais erschrocken aus der Hütte.

"Ah!", brummelte ich weiter vor mich hin, und es schien mir eine Erleichterung, sie in ihrer Abwesenheit so anzusprechen, "wenn Sie jetzt nur hier wären, Sie Herren mit sportlichem Geschmack und Sie, berühmte Entdecker wundervoller Länder und geheimnisvoller Inseln, wie gerne würde ich Ihre Tugend auf die Probe gestellt sehen: hier im Wald, aus dessen schwarzen Tiefen in jedem Moment ein vergifteter Pfeil als Todesbote auf Sie zufliegen kann oder aus dem ein riesiges wildes Tier unerwartet wütend hervorstürmen kann: hier, wo Ihre Schritte plötzlich durch das Aufbäumen einer giftigen Schlange gestoppt werden können. Wer weiß, wie sehr es Ihrer glühenden Fantasie helfen würde, in der Freiheit der Menagerie der Natur das unheilvolle Zischen der Schlange, das Brüllen des Elefanten, das Muhen des *Sladan* , das Brüllen des Tigers, das Grunzen des Wildschweins, das Quieken des Affen und die mürrischen Töne des Kakadus zu hören, alles vermischt zu einem furchtbaren Konzert, dem Begleitet wird die Reise vom Rascheln des Schilfs und der Kletterpflanzen, das eher von Tieren als von der Luft herrührt, vom Flattern der Blätter, vom Summen und Summen unzähliger Insekten, vom Murmeln der Bäche: Stimmen und Geräusche, die dem Reisenden eine ständig zunehmende Gefahr ankündigen."

Aber ich muss mich bei meinen Lesern für diesen Exkurs entschuldigen. Der Dschungel und seine Konzerte verleiten einen oft dazu, die Sünde der

Philosophie zu begehen, und bei dieser Sünde hatte ich unfreiwillig Sie vergessen.

Fußnoten:

[2] Ein Italiener, der für seine psychologischen Studien berühmt war. — Anmerkung des Übersetzers.

KAPITEL III.

Ein furchterregendes nächtliches Konzert – Feuer ! Feuer! – Eine Lichtung im Wald – Eine allgemeine Flucht – Herren des Lagers! – Tödliche Müdigkeit – Ein Morgengruß ohne Komplimente – Eine erste Begegnung – Im Dorf – AL À gegen die Orang-putei.

Da wir auch am zweiten Tag unseres Marsches nicht einmal eine Spur menschlicher Behausung fanden, waren wir erneut gezwungen, so gut wir konnten, einen Unterschlupf für die Nacht zu bereiten. Wir bauten zwei kleine Nischen aus Zweigen und Blättern, und nachdem wir unseren Appetit gestillt hatten, entzündeten wir auf jeder Seite unseres Miniaturlagers ein Feuer, stapelten genug Holz, um es am Brennen zu halten, und legten uns schlafen, oder vielmehr musste einer von uns schlafen, während der andere wachte, da wir vereinbart hatten, uns abzuwechseln. In unserer Unwissenheit hatten wir damit gerechnet, in diesen abgelegenen Regionen von einer feierlichen Nachtstille umgeben zu sein; einer solchen ruhigen Stille, wie man sie nachts in den Wäldern der Alpen und des Apennins genießt. Wir wurden jedoch bald auf unseren Fehler aufmerksam, denn die Affen, die vom Schein der Feuer erschreckt wurden, erhoben ein lautes Protestgeschrei, ihre schrillen Schreie und schnatternden Stimmen erreichten die schärfsten Töne. Sie sprangen bis in die höchsten Äste der Bäume und ließen abgebrochene Zweige, Blätter, Nüsse und andere Früchte auf uns herabregnen. Über uns schien es, als ob sie eine Versammlung abhielten, bei der jeder einzelne – und es waren viele – versuchte, eine Rede zu stammeln und sich so Gehör zu verschaffen, dass er alle anderen übertrumpfte.

Es fehlten nicht lange tiefere und unheilvollere Töne, um den höllischen Chor zu vervollständigen. Aus dem dichten, dunklen Wald drang das markerschütternde Brüllen der Tiger, Panther und Bären, vermischt mit dem lauten Gebrüll und der schweren Stampede der Elefanten. Wir konnten deutlich das Knacken der Äste hören, die sie auf ihrem wütenden Weg zu Boden schleuderten, und das Krachen des Bambus, der ihre Lieblingsspeise ist. Man hätte sagen können, eine gewaltige Legion Dämonen sei in den Wald eingedrungen, denn in seiner tiefen, undurchdringlichen Dunkelheit, die nur einen oder zwei Meter weit durch das Feuer unserer Feuer schwach erhellt wurde, schien alles zum Leben zu erwachen. Jedes Geschöpf, jedes Schilfrohr, jedes Blatt hatte seine eigene Stimme, ein Heulen, ein Rascheln, ein Seufzen, das die Nachtluft mit teuflischen Geräuschen erfüllte. Es war ein furchtbares Chaos, ein gewaltiger Streit zwischen Opfern und Siegern, eine unersättliche Blutgier. eine wilde Manifestation wilder Liebe.

„Feuer! Feuer! Lasst uns Brennstoff nachlegen!" Und wir warfen einen Holzscheit nach dem anderen auf die brennenden Haufen, während

Tausende von Funken in die Höhe flogen und die hellen Flammen einen roten Schein verbreiteten.

Doch die gewaltige Stimme des Waldes verstummte nicht; sie sprach weiter im Brüllen und Gebrüll der Starken und im Geheul und Wehklagen der Schwachen. Sie erhob sich gegen uns, als wolle sie einen Fluch über die Eindringlinge aussprechen, über die Entweiher jener Mysterien, die Mutter Natur in den tiefsten Winkeln des Dschungels des Nachts zelebriert.

Stundenlang blieben wir dort, in einem Zustand, den ich nicht einmal zu beschreiben versuche, und dann, als der Tag anbrach, begann das furchtbare Geschrei allmählich abzuebben. Offenbar waren die wilden Tiere beim ersten Morgengrauen in ihre Höhlen zurückgekehrt. Die Affen waren als letzte fertig, so wie sie als erste angefangen hatten, aber was war ihr Geschnatter und Gebrabbel im Vergleich zu dem schrecklichen Chor, dem wir mit eiskalten Adern und gelähmten Gehirnen die ganze Nacht lang zuhören mussten?

Noch nie habe ich einen Freund mit so großer Begeisterung begrüßt wie die Sonne an diesem Morgen. Als sie erschien, begann ein neues Konzert, diesmal jedoch mit der angenehmen Harmonie des Summens und Brummens der Insekten, vermischt mit dem fröhlichen Gesang der Vögel.

Es belebte uns wieder und wir begannen, unsere armen Glieder zu strecken, die nicht nur von den Schrecken der vergangenen Nacht und dem dicken Tau, der auf uns gefallen war, steif und taub waren, sondern auch unbewusst Blutegeln und Mücken zum Opfer gefallen waren.

Vergleiche sind abscheulich. Zugegeben. Aber zwischen einem Tiger und einem Blutegel, einem Panther und einer Mücke besteht, trotz ihrer Affinität zu menschlichem Blut, glauben Sie mir, ein großer Unterschied, und vielleicht war das der Grund, warum wir den Angriff dieser niederen Fleischfresser auf unser entsetztes Fleisch vorher nicht bemerkt hatten.

Nach ein paar hastigen Bissen machten wir uns wieder auf den Weg. Unsere schlaflose Nacht und die starken Emotionen, die uns wach gehalten hatten, machten uns müde und lustlos, aber der bloße Gedanke, ein weiteres Mal denselben Qualen und Ängsten ausgesetzt zu sein, gab uns Mut und Kraft, so weit wie möglich weiterzugehen, auf der Suche nach einer nächtlichen Zuflucht, die sicherer vor den vierbeinigen Bewohnern des Landes war, bevor der Sonnenuntergang sie aus ihren Höhlen gelockt haben würde.

Müde und mechanisch schleppten wir uns weiter und hielten ängstlich Ausschau nach einer Öffnung im dichten Laubwerk und den dicht gedrängten Bäumen vor uns oder nach einem anderen Zeichen menschlichen Lebens.

Es musste etwa drei Uhr nachmittags gewesen sein – denn meine Uhr war stehen geblieben – und es hatte zu nieseln begonnen, als wir in nicht allzu großer Entfernung das ewige Dämmerlicht des wilden Waldes sahen, das vom hellen Tageslicht zerstreut wurde.

Bei diesem Anblick erwachten unsere Geister zu neuem Leben, denn aller Wahrscheinlichkeit nach handelte es sich um eine große Lichtung zum Bau von Hütten und folglich um die Anwesenheit von Mitmenschen, wie wild sie auch sein mochten.

Wir gingen zügig voran und gelangten bald zu einer großen Freifläche, die von den gefällten Stämmen riesiger Bäume umgeben und mit Mais, Yamswurzeln und Süßkartoffeln bepflanzt war.

In der Mitte standen zwei Hütten, die aus den starken Ästen und riesigen Blättern der gefällten Pflanzen und Bäume gebaut waren. Wir konnten gerade noch einen Blick auf einige Männer erhaschen, die auf dem Boden herumlagen, während einige Frauen eifrig Affen , Schlangen und Riesenratten kochten und mehrere jüngere Männer Giftpfeile vorbereiteten.

Wir überblickten die ganze Szene mit einem raschen Blick, denn im nächsten Augenblick begannen die Hunde zu bellen und ihre Herren gerieten in Panik. Wir blieben stehen, und sie sahen uns, sahen *mich* – einen weißen Mann – und sprangen voller Angst auf. Blitzschnell sammelten sie ihre Vorräte ein, die Frauen warfen sich die Kinder auf die Schultern und alle verschwanden über den dicken Zaun, den sie um ihre Behausung errichtet hatten, mit der Behändigkeit und Schnelligkeit einer Affenherde.

Ich glaube wirklich, dass die Menschen, die den Anblick erblickten, nicht schneller hätten davonfliegen können, als es diese armen Wilden bei meinem Anblick taten, wenn das Haupt der Medusa denen, die es ansahen, nicht zu Stein verwandelt, sondern ihnen Flügel zur Flucht verliehen hätte.

Ich hatte nur Zeit zu sehen, dass sie völlig nackt waren und dass ihre Haut einen hellbräunlichen Farbton hatte, aber das befriedigte mich für den Moment, da ich wusste, dass ich endlich mit den May Darats in Kontakt gekommen war, auf deren Suche ich mich dorthin gewagt hatte.

Aber ich war in jeder Hinsicht so völlig erschöpft, dass ich überhaupt nicht mehr an sie oder sonst etwas denken konnte.

Ich und mein treuer Gefolgsmann betraten die verlassenen Hütten, wo wir einige heiße Kartoffeln (die wir schnell verschlangen) und ein merkwürdiges Saiteninstrument fanden, das bei der hastigen Flucht zurückgelassen worden war.

Nachdem ich die üblichen Vorsichtsmaßnahmen für die Nacht getroffen hatte, war ich zu müde, um mir Gedanken über die Gefahren zu machen, die

uns möglicherweise bedrohten. Gefahren, die sich als schlimmer erweisen
könnten als jene, denen wir in der Nacht zuvor ausgesetzt waren (denn wir
wussten, was wir von vierbeinigen Feinden zu erwarten hatten, wussten
jedoch nicht, wie unsere zweibeinigen Widersacher mit unserer Anwesenheit
in ihrem Reich umgehen würden). Ich warf mich, ohne auf alles zu achten
und benommen vor Ruhe, auf den rauen Boden und fiel in einen tiefen
Schlaf.

Gegen zwei Uhr morgens (soweit wir es beurteilen konnten) weckte mich
mein Sam-Sam, der Wache gehalten hatte. Jetzt war er an der Reihe zu
schlafen. Bis jetzt war nichts geschehen, was Verdacht oder Unruhe erregt
hätte, und das ließ mich hoffen, dass wir von den Aborigines keine
ernsthaften Feindseligkeiten zu erwarten hätten.

Als ich meinen Blick in die Dunkelheit des Waldes richtete, bemerkte ich,
dass nicht weit entfernt einige Feuer brannten, ein sicheres Zeichen dafür,
dass die Sakais noch in unserer Nähe waren. War das ein gutes oder ein
schlechtes Omen? Der Tag würde ohne Zweifel die Antwort bringen. Und
bald kam der Tag, freudig begrüßt von der gesamten Schöpfung, außer von
jenen Menschen und Tieren, deren Taten besser ins Verborgene passen.

Ich bereitete mir gerade eine schöne, starke Tasse Tee zu, um meinen Magen
zu erfrischen und meine Stimmung aufzuhellen (die jüngsten Ereignisse
hatten meine Stimmung sehr gedrückt), als etwas leise über meinem Ohr pfiff
und über meinen Kopf glitt.

Ich zuckte heftig zusammen und als ich meinen Hut abnahm, stellte ich fest,
dass er zwei kleine Löcher hatte, eines auf jeder Seite. Ein paar Schritte von
mir entfernt lag ein Pfeil, der gerade dort eingeschlagen war, nachdem er
meine Kopfbedeckung durchbohrt und meine dünnen Locken sanft berührt
hatte. Ich war im wahrsten Sinne des Wortes nur um Haaresbreite
davongekommen, denn das scharfe Geschoss, das aus dem unfehlbaren
Blasrohr des Sakais auf mich abgefeuert worden war, war zuvor sorgfältig
vergiftet worden.

Dieses unerwartete und nicht sehr freundliche „Guten Morgen" rief mir die
bittere Realität meiner Lage ins Gedächtnis zurück und warnte mich davor,
zu zögern und sofort zu einer Einigung mit ihnen zu kommen.

Die Vorsicht verbot mir, mich in ihrer Mitte zu zeigen, denn die Farbe
meiner Haut, obwohl sie einen starken Sonnenbrand hatte, hätte mir den
sicheren Tod beschert. Ich war überzeugt, dass sie in ihrem primitiven
Aberglauben geglaubt hätten, ich sei ein böser Geist und als solcher hätten
sie mich schnell in eine andere Welt geschickt. Das Einzige, was man tun
konnte, war, meinen intelligenten Sam-Sam hierher zu schicken, der sich

bereitwillig mit Tabak, bunten Perlen, *Sirih* und Streichhölzern beladen ließ und dann loszog, um einen Waffenstillstand auszuhandeln.

Ihm wurde ohne Schwierigkeiten eine Audienz gewährt, was vielleicht auf die Ähnlichkeit seiner Rasse mit ihrer zurückzuführen war, wahrscheinlicher jedoch auf die Geschenke, die er bei sich trug.

Mein Botschafter wurde eifrig und neugierig über den *Orang Putei* (weißen Mann) ausgefragt und er erzählte ihnen, dass ich mit Geschenken beladen und voller Wohlwollen ihnen gegenüber gekommen sei. Aber die Sakais wollten nichts von meiner Annäherung an ihr neues Lager hören und ließen ausrichten, dass sie mir bald die Ehre eines Besuchs erweisen würden.

Und sie hielten ihr Versprechen, ohne Zeit mit der Toilette oder dem Anziehen eines Anzugs zu verlieren. Sie waren zu dritt, zwei kräftige Jugendliche und ein Mann zwischen vierzig und fünfzig, alle mit ihren *Sumpitans* (Blasrohren) bewaffnet.

Mittels der malaiischen Sprache und der universellen Gesten erklärte ich ihnen, dass ich ihnen nichts Böses wollte. Im Gegenteil, es sei mein Wunsch, ihnen zu helfen, wo ich nur könne, und dass ich gern unter ihnen leben würde, wenn sie mich ließen, da ich bei ihnen einige Plantagen anlegen wollte.

Sie versuchten zunächst, mich davon abzubringen, bei ihnen zu wohnen, und schlugen mir dann vor, dass es besser wäre, wenn ich in ein kleines Dorf in der Nähe ginge, wohin sie mich begleiten wollten.

Ich dankte ihnen und nahm das Angebot an. Als Belohnung erzählte ich ihnen, wo wir unseren Sack mit Proviant zurückgelassen hatten. Später hörte ich, dass es ihnen gelungen war, ihn zu finden.

Ich war so zufrieden, den ersten Schritt getan zu haben – der immer der schwierigste ist –, dass ich trotz meiner völligen Erschöpfung leichten Herzens meine Reise fortsetzte, begleitet von den drei Sakais und meinem Sam-Sam. Doch als ich an einem bestimmten Punkt ankam, war es mir unmöglich, weiterzugehen.

Außer der Steifheit meiner Gelenke kribbelte und blutete mein Fleisch von den Bissen und Stichen vieler Insekten. Um meinen Gefährten meine Leiden zu beweisen, zeigte ich ihnen meine bleichen Gliedmaßen und sah, wie ein Ausdruck des Mitleids über ihre Gesichter huschte. Es schien mir ein gutes Omen für jemanden, der sich ihrem Stamm anschloss.

Wir hielten an, und die Sakais bauten schnell die Hütten auf, zündeten die Feuer an und aßen anschließend etwas Reis mit uns. Dann legten wir uns hin, um uns für die Nacht auszuruhen, aber wenn der Schlaf unsere Augen schloss, dann öffnete sie wohl der Misstrauen, und keiner von uns konnte am Ende richtig schlafen.

Früh am nächsten Morgen setzten wir unseren Weg fort und erreichten die Hüttengruppe, die den Namen Dorf verdient. Hier geschah dasselbe wie am Vortag. Obwohl ich in der Gesellschaft von drei ihrer eigenen Leute war, was sie meiner Meinung nach beruhigt hätte, wurden die Hütten bei meinem Erscheinen unter Schreckensschreien schnell verlassen.

Meinen drei Führern gelang es jedoch, mit ihren Brüdern in Verbindung zu treten und sie nach einer Weile ohne Widerstand zu mir zu führen.

Ich erhielt ihre Zustimmung, mich in ihrer Nähe niederzulassen, unter der Bedingung, dass ich nicht versuchte, ihre Hütten zu betreten. Den Grund für dieses Verbot erfuhr ich später. Es war ein Rezept des Alà, einer Art Zauberer, der glaubte oder glauben machte, dass meine Anwesenheit eine schlimme Wirkung auf eine kranke Mutter und ihr neugeborenes Baby haben würde.

Die Sakais waren durch meine Geschenke angeregt und bauten mir in der Nähe eines Bachs und nicht weit von ihnen entfernt eine solide und recht gemütliche Hütte, und ich ließ mich sofort dort nieder.

Am ersten Tag unserer Bekanntschaft kam es vor, dass ich sie versehentlich Sakais nannte. Sie veränderten ihr Gesicht und einige von ihnen protestierten wütend:

„Ihr seid nicht gut, weil ihr uns beleidigt und mit Schimpfwörtern betitelt! ".

Das war ein gefährlicher Versprecher, und ich beeilte mich, meinen Frieden zu machen, indem ich erklärte, dass ich den Ausdruck schon von den anderen Leuten verwendet gehört hatte, dass ich aber wusste, dass es sich in Wirklichkeit um May Darats handelte, deren Freundlichkeit und Sanftmut von ihren Nachbarn oft missbraucht worden war, und dass ich sie in Zukunft davor bewahren wollte, von ihren früheren Angreifern betrogen und getäuscht zu werden.

Diese Erklärung beruhigte ihren Groll, und ich konnte unter diesen einfachen, aufrichtigen Wesen ein ruhiges, friedliches Leben führen, ein so ruhiges und ungestörtes Leben, dass ich weder damals noch heute einen Grund hatte, die zivilisierte Gesellschaft zu bedauern, aus der ich mich freiwillig zurückgezogen hatte. Ich war überzeugt davon, dass, wenn mein Charakter und meine Gewohnheiten mich für die zweifelhaften und nicht immer einfachen Geschäfte der Geschäftswelt ungeeignet machten, dieselben moralischen Eigenschaften, die mich daran hinderten, Geschäftsmann zu werden, in den reinen Herzen und Köpfen eines

primitiven Volkes, das weder Betrug noch Heuchelei kannte, guten Boden
finden könnten, um Früchte zu tragen.

KAPITEL IV.

Neue Freunde — Gold — Ein englischer Beamter — Der Kauf meines zukünftigen Schatzes — Verwaltungseinfachheit — England lehrt! — Das „sla pui" — Bittere Enttäuschung — Das Sam-Sam — Das Gift des Wilden und das Gift der Zivilisierten.

Meine Kraft und Gesundheit, die infolge der Muskel- und Nervenanspannung dieser wenigen Tage gelitten hatten, normalisierten sich bald wieder an diesem friedlichen Rückzugsort am grasbewachsenen Ufer des Baches, der ein Nebenfluss des Bidor ist.

Meine Freundschaft mit den Sakais wuchs jeden Tag, weil ihr Misstrauen mir gegenüber nach und nach schwand und die Neugier, mit der sie jede meiner Handlungen beobachteten, nicht länger mit Furcht vermischt war. Sie versuchten nicht zu fliehen, als ich mich trotz des Verbots der Alà, durch ihr Dorf zu gehen, auf ihre rauen Behausungen zubewegte, und es kam nicht selten vor, dass meine Gaben Tabak und *Sirih* gegen Fasane und anderes Wild und manchmal sogar gegen ein Huhn eingetauscht wurden. Ich konnte mich leicht mit den Männern unterhalten und schätzte diese Unterhaltungen als Mittel, ihren Charakter zu studieren und ihre Sprache zu lernen, die aus kurzen, stark akzentuierten Wörtern besteht. Es kam nur sehr selten vor, dass ich in diesen knappen Silben irgendeine Ableitung aus der malaiischen Sprache fand.

Während ich versuchte, mit meinen neuen Freunden vertraut zu werden, vergaß ich gleichzeitig einen der Hauptgründe nicht, der mich dazu gebracht hatte, mich so weit von den Lieblingsplätzen der einfachen Leute zu entfernen. Eines Tages knackte ich eine Kokosnuss in zwei Hälften, reinigte sie gründlich, tauchte die Schale ins Bachbett und zog sie, mit Wasser und Sand gefüllt, wieder hervor.

Ich untersuchte den Inhalt mit großer Sorgfalt und fand in der Anschwemmung ein paar Goldkörner! Das war wirklich eine Freude, und innerlich verabschiedete ich mich vom Leben als Pflanzer (obwohl ich es noch nicht begonnen hatte) und beschloss auf der Stelle, meine Zeit und Energie dem Goldsammeln zu widmen, was der bei weitem schnellste Weg war, ein Vermögen zu machen.

Doch plötzlich kam mir ein unangenehmer Gedanke in den Sinn und trübte meine großen Hoffnungen.

In meinen Gesprächen mit den Sakais hatten sie mir erzählt, dass es in Tapah einen weiteren *Orang Putei gab* . Ich versuchte herauszufinden, wer diese Person war und was sie in der kleinen malaiischen Stadt machte, konnte jedoch keine Informationen über sie erhalten.

Nun drängte sich der Gedanke auf, dass es sich bei diesem weißen Mann um niemand anderen als einen britischen Regierungsbeamten handeln könnte. Aus Feingefühl, aus Respekt vor dem Gesetz und um künftigen Ärger zu vermeiden, war ich verpflichtet, ihm meine Wünsche zu erklären, bevor ich mich an die Arbeit machte, da ich für die Ausführung meines Wunsches seine Erlaubnis benötigte.

Aufgrund meiner unglücklichen Erfahrungen mit anderen Kolonialbehörden wuchs in mir nur wenig Vertrauen in die englischen Behörden, und nichts schien mir wahrscheinlicher, als dass ich aus den Schutzstaaten ausgewiesen würde, statt dass meinem Antrag stattgegeben würde.

Andererseits wäre es jedoch sehr voreilig, ohne gesetzliche Genehmigung ernsthaft mit der Arbeit zu beginnen. Deshalb begab ich mich eines Tages in Begleitung einiger Sakais bis an die Grenzen des Waldes nach Tapah.

Ich fragte mich unwillkürlich, was für ein ruppiger, bürokratischer Beamter mir wohl mein Vermögen vorenthalten würde. Wer wusste schon, wie mein italienisches Unternehmen auf dem von HBM geschützten Gebiet beurteilt werden würde?

Doch ich nahm meinen Mut zusammen und wurde einem jungen und angenehmen Herrn vorgestellt, der mich sehr höflich empfing.

Man hatte ihm bereits mitgeteilt, dass es unter den Sakais einen Weißen gab, und er war sehr überrascht, da er nicht verstand, was man inmitten eines so unwissenden und wilden Volkes an Reizen finden konnte. Er gratulierte sich zu der Gelegenheit, mich kennenzulernen, war erfreut zu hören, dass ich Italiener war, und endete mit der stereotypen Frage:

„Was darf ich für Sie tun? "

Durch seine Freundlichkeit ermutigt, wenn auch nicht ohne ein kleines heimliches Bedenken, erklärte ich ihm offen, was ich vorhatte und schilderte ihm alle Einzelheiten.

Mr. Wise (so hieß er) hörte sich alles aufmerksam an, brachte hin und wieder ein Wort des Mitgefühls oder der Anerkennung zum Ausdruck und machte mich schließlich für die Summe von ein paar Dollar zum Eigentümer des Stück Landes, das ich mir so sehr gewünscht hatte.

So kam es, dass ich innerhalb einer Stunde, ohne irgendwelche Hindernisse überwinden zu müssen und zu einem fast lächerlichen Preis der rechtmäßige Besitzer eines Stück Landes wurde, das vielleicht einen Schatz in sich barg.

Da ich noch nie zuvor in Tapah gewesen war, nutzte ich die Zeit, die ich aufgrund meiner geschäftlichen Angelegenheiten einsparte, um die Stadt ein wenig zu besichtigen und mir eine Meinung über die Vorgehensweisen zu bilden, die in einem halbwüstenartigen, von der Sonne ausgebrannten, von verschiedenen Stämmen bewohnten und von giftigen Insekten und schrecklichen Mikroben verseuchten Land im Osten angewandt werden – von den zahlreichen wilden Tieren ganz zu schweigen!

Tapah ist eine moderne Kleinstadt voller Villen und Gärten. Sie erhebt sich weiß und kokett am Fuße grüner Hügel und ihr lächelndes Panorama, obwohl ohne das herrliche Meer im Hintergrund, erinnerte mich an die süße Vision meiner Heimatstadt Varazze, eines der schönsten Juwelen, die die Riviera Ponente schmücken.

Es ist der Hauptort eines Bezirks mit 30.000 Einwohnern, von denen etwa tausend Menschen verschiedener Rassen und Nationalitäten sind. Es gibt zwei große Straßen mit Geschäften, in denen Malayen, Inder und Chinesen ein vielfältiges und heterogenes Warenangebot zum Verkauf anbieten.

Es wird in der Mitte durch den großen Fluss Batang Padang geteilt, der anschließend in den Bidor mündet.

Als Hauptstadt des Bezirks verfügt es über ein Postamt, einen sehr großen Raum, in dem zwei indische Beamte unter der Leitung eines englischen Postmeisters ihren Dienst verrichten, der auch die Zweigstellen des Bezirks beaufsichtigt.

Meine Aufmerksamkeit wurde von einem unscheinbaren Gebäude erregt, vor dem einige malaiische und indische Soldaten saßen. Ich fragte sie, um welches Gebäude es sich handele, als ein Engländer herauskam und mir höflich erklärte, dass es sich um die Hauptpolizeistation handele, deren Inspektor er sei.

Bei einem späteren Gespräch erfuhr ich, dass der Polizeidienst wie auch alle anderen öffentlichen Ämter alles boten, was man sich nur wünschen konnte, und dass überall Eingeborene und Indianer unter der Leitung englischer Häuptlinge beschäftigt waren. Die Zahl der Beamten richtete sich, wie in anderen britischen Kolonien, nach dem absoluten Bedarf; es wurden nie zusätzliche Stellen aus politischen oder persönlichen Gründen geschaffen, aber wenn Hilfe benötigt wurde, war es nie schwierig, einheimische Bewerber auszuwählen, solange sie über ausreichende Kenntnisse der Amtssprache verfügten.

So fand ich heraus, dass Tapah, der Hauptort des Distrikts, unter der Leitung eines Engländers steht, der als Distriktbeamter bezeichnet wird und alle Verwaltungs- und Behördenfunktionen ausübt.

Hier im Labyrinth der Bürokratie geht nicht viel Zeit verloren! Und doch habe ich gehört, dass sowohl der Bezirksbeamte als auch der Polizeiinspektor, die der Behörde in Taiping, der Hauptstadt von Perak, unterstehen, in Wirklichkeit aber fast völlige Handlungsfreiheit genießen, nicht nur Zeit finden, alle ihre verschiedenen Pflichten zu erfüllen, sondern sich auch ein wenig mit Fußball und Cricket zu amüsieren. Es heißt, dass manchmal auch die Diener gerufen werden, um an diesen Nationalsportarten teilzunehmen und eine Stunde lang frei mit ihren Herren in der Kunst des Kickens und Schlagens zu konkurrieren, und am Ende des Spiels ernsthaft und respektvoll an ihre richtigen Plätze zurückkehren.

Während ich mir die Zeit angenehm vertrieb und mit dem einen oder anderen plauderte, sah ich eine kleine Gruppe auf mich zukommen, die bei den Umstehenden großen Respekt erwies.

Es war Herr Wise, der Bezirksbeamte, der mich einige Stunden zuvor so höflich empfangen hatte.

Er war auf dem Rückweg von einer Vermessung, die durchgeführt wurde, um die Grenzen eines Landes festzulegen, das zwei Malayen gehörte. Ohne irgendeine Uniform oder Abzeichen zu tragen, hatte dieser britische Delegierte es verstanden, die Feierlichkeit und Würde der dem Anlass gebührenden Form zu wahren, eine Tugend, die den Engländern eigen ist, die immer und überall die strengsten Beobachter der gesellschaftlichen und offiziellen Etikette sind.

Mr. Wise lud mich freundlicherweise ein, ihm in den Club zu folgen, wo er sich freundschaftlich mit mir unterhielt und alle Fragen beantwortete, die ich mir in meinem Wunsch, die Kolonie und ihre Regierungsform besser kennenzulernen, nicht verkneifen konnte, ihm zu stellen.

Nun lebt Herr Wise nicht mehr, doch sein Land verlor mit ihm einen Funktionär, der sich durch Intelligenz, Fürsorge und Aufrichtigkeit auszeichnete.

am strahlendsten schien und seine kühnsten Hoffnungen durch die Heirat mit der jungen Dame seiner Wahl gekrönt werden sollten.

Lassen Sie mich auf diesen Seiten seinem Andenken meine bescheidene, liebevolle Huldigung, Bewunderung und respektvolle Freundschaft erweisen.

Nachdem ich an diesem Tag meinen Frieden mit den Behörden gemacht hatte, kehrte ich mit reinem Gewissen in das ruhige Plätzchen zurück, das ich in dem riesigen Wald gefunden hatte; in jene häusliche Ecke, die für mich in Mutter Naturs großartigem und wunderbarem Salon reserviert war: in dieses primitive Heim, das so weit weg von der Masse der Menschheit, aber so nah bei den Königen und Fürsten des Tierreichs war, die gemeinhin als wilde Tiere bezeichnet werden.

Ein junger Sakai mit seinem unzertrennlichen Blasrohr.

Während ich die Quittung, die mich plötzlich zum Besitzer einer möglichen Goldmine machte, fest in der Hand hielt, baute ich abwechselnd Luftschlösser und dachte über die Einfachheit der englischen Verwaltung nach, die mir innerhalb weniger Augenblicke ein ausgedehntes Stück Land zugestanden hatte, auf dem ich tun und lassen konnte, was ich wollte, ohne dass ich die komplizierte Maschinerie der Bürokratie in Gang setzen musste, ohne abgestempelte Rechtsformulare, Vermessungen und teure Berichte, ohne die Vorlage einer Geburtsurkunde und der britischen Staatsbürgerschaft, ohne in der Vergangenheit und der Zukunft, im Zustand und der Stellung der eigenen Familie usw. usw. herumzuwühlen.

Und weil alles, was einem im Ausland widerfährt, einen an das Vaterland erinnert (eine natürliche Gewohnheit, die weder durch Entfernung noch Zeit geändert werden kann), dachte ich an mein Heimatland und die komplizierte

Organisation seiner zahlreichen bürokratischen Abteilungen, die nur allzu oft das kühnste italienische Unterfangen behindert und dem schöpferischen und erfinderischen Genie eine unüberwindbare Barriere in den Weg legt und es zwingt, sein Glück anderswo zu suchen.

Von ganzem Herzen wünschte ich mir, dass Italien bald von diesen Strapazen befreit würde, die die freie Entfaltung seiner jungen und vitalen Kräfte behindern.

Eine Sache war mir während meines Gesprächs mit Mr. Wise besonders aufgefallen. Die Tatsache, dass ich Italiener bin, war kein Hindernis für die positive Aufnahme meiner Bitte. Das überraschte mich, denn ich hatte unter anderen Regierungen erlebt, dass Ausländer für die Kolonie alles andere als notwendig erachtet wurden, und nachdem die Behörde sich mehr oder weniger offen gegen die Initiative des Eindringlings gestellt hatte, ergriff sie den geringsten Vorwand, der sich unter einem anständigen Gesichtspunkt bot, um den Neuankömmling über die Grenze zurückzuschicken, aus Angst, seine Anwesenheit könnte seine Verdauung beeinträchtigen.

England dagegen erforscht und kümmert sich nicht um die Herkunft derjenigen, die seinen Kolonien Energie oder andere nützliche Eigenschaften verleihen. In seinen Kolonien strebt es nur nach dem höchsten Wohlstand, es wünscht sich nur die Anhäufung von Reichtümern, und jeder, der seine Interessen vielversprechend fördert, wird zu einem geschätzten Mitarbeiter, sei er nun Italiener, Deutscher, Portugiese oder Türke.

England lehnt Talent und Begabung nie aus einem absurden chauvinistischen Vorurteil ab. Angesichts der Länge und Breite seiner Besitztümer kann es durchaus behaupten, die Welt sei sein Tribut. Kein Wunder also, dass es sich der Hände und des Gehirns aller bedient, die sie gut einzusetzen wissen, statt sich ausschließlich auf die Verdienste der auf britischem Boden Geborenen zu verlassen.

In dieser umfassenden Sicht- und Herangehensweise, die ein Beweis für das ruhige und vollkommene Bewusstsein der englischen Nation hinsichtlich ihrer eigenen Stärke ist, liegt meiner Ansicht nach das Geheimnis ihres kolonialen Erfolgs.

Die bekannte Satire, wonach es unmöglich ist, auf der Welt einen Felsen oder einen Landstreifen, so unfruchtbar oder steril er auch sein mag, ohne Besitzer zu finden, aus dem einfachen Grund, dass ein Engländer dort immer bereit ist, die Union Jack auszubreiten und zu hissen, ist in Wirklichkeit die höchste und gerechteste Hommage, die man dem Unternehmungsgeist erweisen kann, der dieses Volk auszeichnet. Wo andere nur Sand und Riffe sehen, die der Mühe der Kultivierung nicht wert sind, entdeckt der Engländer einen produktiven Keim, der mit seiner unermüdlichen Energie tausendfachen

Ertrag bringt. Auch wird die Kolonialarbeit, die industrielle Aktivität und die kommerzielle Sparsamkeit nicht durch bürokratische Sophisterei oder maßlose steuerliche Ansprüche gestört, die so oft die vielversprechendsten und kühnsten Unternehmungen anderswo ersticken.

Der Erfolg einer Kolonie hängt sehr oft von der Fähigkeit ihrer Verwaltung ab, alle verfügbaren Kräfte auf ein einziges Ziel zu lenken: die Vermehrung ihres Reichtums. Die Bürokratie ist ein Krebsgeschwür, das alles Leben und jede Bewegung lähmt, die es in Reichweite seiner Tentakel findet.

Das alte England hat dies schon lange begriffen. Von der einst unfruchtbaren und unfruchtbaren Insel aus breitete es seine Flügel aus und flog los, um die Märkte der Welt zu erobern.

Wann werden bestimmte andere Nationen begreifen, dass das Alter und der Ruhm der Vergangenheit ihnen, statt die wertvollen Früchte der Erfahrung zu bringen, eine lähmende Hinfälligkeit beschert haben?

Wann wirst du dies verstehen, mein Italien, das du nun zur dritten Reife deiner Zivilisation und deines Ruhms aufgestiegen bist?

Voller Tatendrang machte ich mich sofort an die Goldgewinnung und nahm die Dienste einiger Malaysier und chinesischer Kulis in Anspruch, die geschickt genug waren, mir bei meiner Arbeit zu helfen.

Die Methode, die wir anwandten, war sehr primitiv. Wir füllten einige runde Holzschüsseln mit Wasser und Sand. Dann rührten wir die Masse vorsichtig um, sodass sich Zinn- und Goldpartikel vom Sand lösten und zu Boden sanken. Diese sorgfältig aufgesammelte Ablagerung wurde in andere Schüsseln mit Wasser gegeben, in die wir ein gut zerstoßenes Blatt der *Sla Più warfen* .

Der Saft dieser Blätter hat eine chemische Eigenschaft, die ich nicht erklären kann, aber er zieht den Sand, der noch an den Metallen klebt, an die Oberfläche und hinterlässt sie völlig rein.

Aber der gelbe Versucher war nicht gerade großzügig mit seinen Gunstbeweisen und das goldene Metall kam nur in sehr geringen Mengen. Ich verlor jedoch nicht den Mut und hielt lange durch, ohne dass sich mein Glück änderte. Ich versuchte sogar, das goldhaltige Bett aufzuspüren, aus dem das Wasser des Flusses die Metalle transportierte. Ich unternahm unzählige Versuche, es zu finden, aber vergebens, und eines Tages musste ich mir eingestehen, dass der Alluvialbergbau für mich ein Fehlschlag war.

Nach all meinen Hoffnungen und Träumen war dies ein trauriges Geständnis, aber es war offensichtlich, dass ich mich einer anderen Richtung zuwenden musste, wenn ich Glück haben wollte. Also beglich ich meine Rechnung mit den Arbeitern und entließ sie.

Als sie aufbrachen, bat mich mein Sam-Sam, der inzwischen ein kräftiger junger Mann geworden war, ihn in seine Heimat zurückkehren zu lassen, und sagte, es gäbe einen jungen Sakai, der bereit sei, seinen Platz in meinen Diensten einzunehmen. Obwohl es mir sehr leid tat, den treuen Gefährten dieser unvergesslichen Reise durch den Wald zu verlieren, konnte ich seine Bitte nicht abschlagen und ihn gewähren lassen.

Es war mir eine große Freude, ihn einige Jahre später wieder zu treffen, als ich durch das Landesinnere von Kedah reiste, und auch er zeigte sich sehr erfreut über das Treffen.

Er erzählte mir, dass er mit dem, was ich ihm verdient hatte, ein Vermögen gemacht hatte, denn er hatte sich damit ein Stück Land und einige Ochsen gekauft und ernährte sich, seine Frau und seine beiden Kinder nun von der Arbeit in der Landwirtschaft.

Wie ich bereits sagte, war das Gold sehr selten. Nachdem die Kulis gegangen waren, versuchte ich die Sakais zu überreden, ihren Posten einzunehmen, was die Kosten für die Goldbeschaffung gespart hätte, aber alle Bemühungen waren vergeblich, denn diese Leute verstehen nicht und werden nicht verstehen, was Arbeit bedeutet oder welches Vergnügen sie bereitet, abgesehen von der Herstellung von Giften.

Gift ist das Hauptgesprächsthema bei ihnen und sie prahlen nur mit der Entdeckung neuer oder tödlicherer Mischungen. Die Kinder hören diesen Gesprächen mit lebhaftem Interesse zu und verfolgen gespannt die Experimente der Älteren mit dieser primitiven Art der Chemie. Auf diese Weise wird die Leidenschaft vom Vater auf den Sohn übertragen und so wird es weitergehen, bis der Hauch der Zivilisation diesen weit entfernten Ort erreicht und diese guten, einfachen Menschen lernen, dass zivilisierte Menschen im Kampf ums Überleben keine Gifte mehr verwenden, die den Körper töten, sondern solche, die viel schrecklicher und ohne Gegenmittel sind, wie Neid, Verleumdung, Hass und Luxus, die Geist und Seele zerstören.

Dies sind die giftigen Elemente, die meine Waldfreunde noch nicht kennen, jene armen Wilden, die ihr Gift aus dem *Ipok* [3] und anderen Bäumen gewinnen, um sich gegen wilde Tiere zu verteidigen und um ihnen in ihrer wilden Wohnstätte Nahrung zu verschaffen.

Fußnoten:

[3] Der *Ipok* , in der Wissenschaft unter dem javenesischen Namen *Upas* bekannt , ist ein Baum, der ein sehr schädliches Gift abgibt, wie im Kapitel über Gifte erläutert wird.

KAPITEL V.

Große Mutter Erde – Eine gefährliche Begegnung – Eine lebende Statue – Hier oder dort? – Ein ungenussvolles Abendessen – Eine gefürchtete Einwanderung – Ein Blick in die Vergangenheit – Eine Vergewaltigung, die keine Vergewaltigung war – Eine edle Aufgabe – Auf zum Berg – Tigerjagd – Die Sakais in der Stadt – Legierte Süßigkeiten – Musikalische Vorlieben – Ein Hoch auf den freien Wald!

Meine Goldmanie war vorübergehend. Mein Geist wurde sehr bald von ihrer Knechtschaft befreit und ich wandte mich eifrig dem Studium eines praktischeren und zufriedenstellenderen Unterfangens zu.

In dieser kurzen Zeit der Ungewissheit war ich irgendwie davon überzeugt, dass das Glück (falls es mir überhaupt vorbehalten war) durch die Erde zu mir kommen müsste. Aber auf welche Weise?

Ich begleitete die Sakais oft bei ihren Ausflügen in die dichten Wälder, wo sie regelmäßig nach Giften suchten, und manchmal ging ich auch allein dorthin. Während dieser Ausflüge zermarterte ich mir ständig den Kopf darüber, wie ich eine neue Arbeit beginnen und Geld verdienen könnte.

Eines Tages beantwortete der Wald selbst meine rätselhafte Frage!

Es gab ausgedehnte Rattanwälder und andere prächtige Schilfrohre, die in England als indisches und Malakka-Schilf bezeichnet werden. Aus den Baumstämmen sickerte reichlich Harz. Was konnte man sich mehr wünschen?

Ich begann meinen Sakais behutsam zu erklären, wie gern ich diese Produkte sammeln und dorthin bringen würde, wo ich sie gegen andere Dinge eintauschen könnte, die uns fehlten. Es hatte keinen Sinn, mit ihnen über Geld zu sprechen, denn sie hatten nicht die geringste Vorstellung davon, was es bedeutete.

Zuerst antworteten sie grob, dass ihnen die Sache völlig egal sei, denn wie ich bereits sagte, werden die Sakais aus Gewohnheit und einem angeborenen Geist der Unabhängigkeit niemals etwas davon hören, sich einer regelmäßigen, geordneten Arbeit zu unterwerfen. Da ich jedoch wusste, mit wem ich es zu tun hatte, und ahnte, wie viel Geduld nötig sein würde, um sie meiner Denkweise zuzuführen, begann ich, Geschenke, insbesondere Tabak, frei und häufig unter ihnen zu verteilen und erwähnte meinen Wunsch nur gelegentlich, wie zufällig. Und meine Verschwendungssucht wurde belohnt.

Eines Tages sah ich, wie sie reich beladen mit den Produkten, die ich wollte, aus dem Wald zurückkehrten.

Es war ein guter Anfang, und es folgte eine stetige Versorgung. Ich legte einen Vorrat an Bambus und Gummi an, und als ich genug angesammelt hatte, ging ich an die Küste, um meine Waren zu verkaufen, und kam gut ausgestattet mit Tabak, Eisen, bunten Perlen, Streichhölzern, Salz, Reis und Mais zurück. Diese Dinge verteilte ich unter meinen Freunden, und als sie sahen, dass ihre Mühen sich in Form von Artikeln auszahlten, die ihre Habgier weckten, versorgten sie mich schließlich reichlich mit den betreffenden Waren.

Der neue Handelszweig, den ich aufgebaut hatte, erforderte viel Energie, doch ich ließ kein Gras unter meinen Füßen wachsen und ging häufig nach Tapah, um einen Absatzmarkt für meine Produkte zu eröffnen.

Als ich von einer dieser Reisen zurückkam, passierte mir etwas, worüber es sich zu erzählen lohnte.

Es war nur noch ein paar Stunden hell, als ich von Tapah zu meiner Waldunterkunft aufbrach. Ich hatte sechs schöne Brote und ein Stück Wildbret dabei, die ich in der Stadt gekauft hatte, und freute mich schon auf das schmackhafte Abendessen, das ich an diesem Abend genießen würde.

Ich beeilte mich so schnell wie möglich, um die 2 Meilen Landstraße und den anderen Waldweg, die vor mir lagen, noch vor Einbruch der Nacht zurückzulegen. Obwohl ich an diesem Tag bereits 30 Meilen zurückgelegt hatte, leisteten mir meine Beine weiterhin gute Dienste und ich ging rasch weiter, mit gesenktem Kopf und voller Gedanken.

An einer plötzlichen Wegbiegung hob ich den Blick, um den Weg genau zu untersuchen. Etwa 50 Meter vor mir sah ich eine dunkle, unübersichtliche Masse, die sich langsam bewegte. Ich dachte, ich würde auf eine Gruppe Kulis aus einer benachbarten Mine treffen, die vielleicht auf Proviantsuche waren, und ging noch 40 Schritte weiter, blieb dann abrupt stehen und blieb wie angewurzelt stehen. Die formlose Masse hatte die Gestalt eines riesigen Tigers angenommen!

Ich hatte keine Angst, dass meine Schritte oder Gesten seine Aufmerksamkeit erregen würden, denn bei diesem Anblick erstarrte ich wie Lots Frau! In diesem Atom der Zeit, das mir wie ein Jahrhundert vorkam, konnte ich nicht einmal denken, aber durch die abgestumpfte Fähigkeit meines Verstandes blitzte eine Warnung auf, die ich vor kurzem von den Sakais erhalten hatte: Bewege dich niemals in Gegenwart eines Tigers und schaue ihm niemals direkt ins Gesicht.

Richtung Berge.

Dem ersten Teil dieser Anweisung kam ich instinktiv nach, denn ich blieb wie angewurzelt stehen und war absolut unfähig, mich zu rühren, selbst wenn mir eine so unvorsichtige Idee gekommen wäre. Meine Sinne waren durch die unerwartete Begegnung so gelähmt, dass ich meine Lage nicht ganz erkannte und nur eine vage Vorstellung davon hatte, dass, wenn diese grimmigen Augen einmal auf mir ruhten, für mich das Ende der Welt gekommen wäre.

Von der Seite sah ich, dass das riesige Tier, das zuvor am Boden geschnüffelt hatte, um herauszufinden, welches Tier gerade vorbeigekommen war, nun den Kopf hob und sich langsam, mit träger, aber misstrauischer Miene umsah.

Nach einem schmerzhaften Zittern versteiften sich einige meiner Muskeln. Das Monster kam vorsichtig näher; es bereitete sich ganz sicher darauf vor, mich anzugreifen! Ich konnte dem Drang, in seine Richtung zu blicken, kaum widerstehen. Alle meine Nerven zitterten vor Angst, als ob sie gegen die bevorstehende Schlachtung protestierten. Schon spürte ich den heißen Atem der schrecklichen Kreatur, als sie ihre gierigen Kiefer weit öffnete; schon spürte mein zitterndes Fleisch die tödliche Berührung seiner todbringenden Klauen – einen Augenblick – zwei …!

Mit einer schnellen, unbändigen Bewegung richtete sich mein Blick in seine Richtung.

Der Tiger überquerte gemächlich den Weg und verschwand im Wald, ohne mich auch nur im Geringsten zu beachten! Das war fast eine persönliche Beleidigung!

Doch obwohl das Blut wieder durch Herz und Gehirn zu fließen begann und das Leben, das für einen Moment ausgesetzt gewesen war, wieder durch mein ganzes Wesen strömte, die Adern füllte und Muskeln und Nerven entspannte, dachte ich in diesem Moment nicht an die Beleidigung, die mir die Gleichgültigkeit des Tieres zufügte, denn mit der Erneuerung des Lebens war ein grauenhafter Krampf des Entsetzens und der Angst gekommen.

In diesen wenigen Sekunden spielte sich in mir ein Drama voller seltsamer Empfindungen, schrecklicher Eindrücke und einer verrückt machenden Wirkung ab!

Nach dem ersten Moment der Erleichterung und während ich noch immer meine Glieder streckte und rieb, offenbarte sich ein ernstes Problem, das gelöst werden musste.

Als ich den Wald betrat, war der Tiger genau den Weg gegangen, den ich selbst gehen musste. Was sollte ich besser tun? Es war mir unmöglich, den gleichen Weg zurück zu gehen, denn meine Müdigkeit war nach meinem Schrecken noch merkwürdiger geworden. Ebenso unmöglich war es für mich, anzuhalten, wo ich war. Und wäre es nicht so, als würde ich, wenn ich dem Tiger folgte, in den Wald eindringen und das grausige Ende suchen, dem ich gerade so knapp entkommen war, vielleicht dank des mangelhaften Geruchssinns des Tigers?

Und doch musste ich mich nach reiflicher Überlegung für die Vorgehensweise entscheiden, die mir von den dreien am unvernünftigsten erschien.

Meine Hütte war nicht weit entfernt. Ich musste nur meine Schritte beschleunigen und mich besonders anstrengen, um vor Einbruch der Dunkelheit anzukommen.

Und der Tiger? Aber hätte ich auf meinem Weg von Tapah nicht ein Dutzend davon treffen können? Und außerdem, wer konnte schon sagen, dass der eine, den ich gesehen hatte, wirklich nach Hause gegangen war? Das wäre in der Tat eine merkwürdige Vorliebe gewesen, besonders nach der Beleidigung, die ich gerade erlitten hatte!

Mit diesen subtilen Argumenten, mit denen ich mich selbst zu überzeugen suchte, bewaffnet, verließ ich den tragischen Ort, an dem ich - der kurzen Qual meiner Gefühle und der Wahrscheinlichkeit des Verfahrens nach zu urteilen - von einem wilden Tier in Stücke gerissen und gefressen worden war, und setzte meine Heimreise fort.

Wie mich das leiseste Geräusch erschreckte! Ein fallendes Blatt; ein von einem Insekt bewegter Grashalm; eine Schlange oder eine Eidechse, die aus meinem Weg glitt; das Quieken eines Affen; das Flattern der Flügel eines

Vogels, der zu seiner Sitzstange aufflog – all das versetzte mir krampfhafte Schauer.

Ich hatte dieses schreckliche Tier mit dem aufgerissenen Maul und den grausam funkelnden Augen immer vor Augen. Der schreckliche Anblick verlieh meinem Körper neue Kraft, meinen Beinen außergewöhnliche Geschmeidigkeit und meinen Füßen Flügel.

Lieber Leser, wer weiß, wie oft Sie in Ihrem Wohnzimmer oder vielleicht im Wohnzimmer eines anderen, der Ihnen noch lieber ist – *honi soit qui mal y pense !* – einem Tiger, Leoparden oder Panther gegenübergestanden haben, dessen gestreiftes, glänzendes Fell Sie bewundert haben; wer weiß, wie oft Sie geistesabwesend mit seinem Kopf gespielt haben, der trotz seiner Glasaugen und der roten Stoffzunge immer noch wild aussah; wer weiß, wie oft Sie mit seinen Reißzähnen und Klauen gespielt haben, während Sie einem angenehmen Gedanken nachgingen oder Ihren Geist mit den sanften Tönen einer bestimmten Stimme berauschten!

Haben Sie sich jemals vorzustellen versucht, welche Gefühle Sie empfinden würden, wenn diese glasigen Augen ganz unerwartet lebendig würden? Wenn sich dieser hässliche Mund weiter öffnen würde? Wenn diese weißen Reißzähne vor Leben sprühen würden? Wenn diese prächtigen Krallen ausgefahren würden, um Sie zu zerfleischen? Wenn diese prächtige Haut sich erneut verbinden und Ihnen entgegentreten würde?

Ich gestehe die Wahrheit, wenn ich sage, dass das köstliche Abendessen, das ich aus Tapah mitgebracht hatte, an diesem Abend für mich seinen Geschmack verlor.

Die Nachricht von meinem florierenden Handel und dass man auf dem Grund des kleinen Flusses, der an meiner bescheidenen Behausung vorbeifloss, Gold finden würde, verbreitete sich bald über die Grenzen der Sakai-Region hinaus. Die Folge war eine regelrechte Invasion unseres ruhigen Dorfes.

Diese Einwanderung beunruhigte die armen Ureinwohner zutiefst und sie können nicht so leicht vergessen, wie sie einst von Menschen behandelt wurden, die nicht ihrer eigenen Rasse angehörten.

Sie erinnerten sich noch immer voller Schrecken daran, wie die Fremden ihre Dörfer geplündert und alles mitgenommen hatten, was sie in ihre Finger kriegen konnten, sogar ihre jungen Männer und Frauen, um ihnen als Sklaven und Konkubinen zu dienen.

Die Mehrheit dieser armen Opfer, die der unbegrenzten Freiheit des Dschungels entrissen, an jede Art von Arbeit, die nicht freiwillig war, nicht gewöhnt waren und ihren Traditionen und ihrem Aberglauben treu blieben, überlebte ihre Trennung von Verwandten und Stamm nicht lange. Die anderen, die sich ganz selbstverständlich an ihre neuen Bedingungen anpassten, verloren ihre ursprüngliche Einfachheit und lernten nach und nach die Laster und Gewohnheiten ihrer Herren. Aus diesem Grund wurden sie von ihren Brüdern als minderwertige Wesen betrachtet und mit großem Misstrauen betrachtet, als sie die erstbeste Gelegenheit nutzten und in den Wald zurückflohen. Obwohl sie durch ihre Rückkehr zu ihrem eigenen Volk ihrer früheren moralischen und materiellen Knechtschaft abschworen, brachten sie doch einige der Verderbtheiten mit, die sie in ihrem Exil gesehen oder ertragen hatten und die im Widerspruch zu den Sitten und Empfindungen der reinen May Darats standen, die sich durch ihre Aufrichtigkeit und Integrität auszeichneten.

Auf diese Weise starb die ursprüngliche Rasse der Sakai nach und nach aus, während um sie herum neue Clans entstanden, die aus Menschen bestanden, die mit vergleichsweise zivilisierten Menschen in Kontakt gestanden hatten und dies auch weiterhin taten , welche ihre Sprachen und ihre List beherrschten, obwohl sie sich durch den Anschein von Wohlwollen und Herzlichkeit häufig von diesen manipulieren ließen.

Für die Sakais war das britische Protektorat ein Segen, denn es schaffte die Sklaverei offiziell ab und kürzte die etwas zu lang gewachsenen Krallen ihrer Nachbarn.

Doch trotz der Wachsamkeit ihrer weißen Beschützer fanden die anderen immer noch Mittel, diese guten, aber unwissenden Geschöpfe auszuplündern und zu übervorteilen. Anstatt ihre primitiven Heimstätten zu verwüsten und willkürlich alles und jeden in Besitz zu nehmen, der ihnen gefiel, entwickelten sie bald ein anderes System, um ihr Ziel zu erreichen.

Sie lieferten ihnen Waren von allerschlechtester Qualität und verlangten dafür die höchsten Preise. Da diese hauptsächlich aus Tabak, Salz, Eisen, *Sirih* und Kalikostücken bestanden, hielten sie nicht lange und mussten häufig ersetzt werden. Natürlich trieb diese betrügerische Handelsweise die Schulden der armen Sakais in sagenhafte Höhen, und dann diktierte ihr betrügerischer Gläubiger die Bedingungen, die ihm am besten gefielen: Der Mann musste ihm folgen und ihm dienen, oder wenn es in der Familie eine Frau gab, die er bevorzugte, entführte er sie entweder für sich selbst oder verkaufte sie privat an jemand anderen.

Um mit ihren Gaunereien erfolgreicher zu sein, stellten sie den weißen Mann als fleischgewordenen Teufel dar, der nie müde wurde, Böses zu tun, und der nur zu dem Zweck hierhergekommen war, ihr Land zu verwüsten und seine Bewohner zu vertreiben. Der *Orang Putei* wurde den leichtgläubigen Sakais als der schrecklichste und grausamste Feind beschrieben, den man sich vorstellen konnte.

So betrachteten sie die wirklichen Verfolger dieses primitiven Volkes als wahre Freunde, während die Erzählung imaginärer und phantastischer Gefahren ihre Gedanken von den praktischeren Gefahren dieser falschen Freundschaft ablenkte.

Indem man ihnen Furcht vor dem weißen Mann einflößte, verringerte sich die Wahrscheinlichkeit, dass diese armen Individuen, deren guter Glaube und häusliche Zuneigung missbraucht und verletzt worden waren, sich an einen britischen Richter wandten, um Gerechtigkeit zu erlangen, weil sie ihn für einen schlimmeren Feind hielten als den wirklichen. Und wenn manchmal durch Dritte eine Beschwerde bei diesem Beamten eingebracht wurde, kam es zu äußerst beunruhigenden Szenen.

Das Opfer würde unter dem Einfluss des Blickes und der Anwesenheit seines Peinigers jedes ihm zur Last gelegte Fehlverhalten, jede Schuld und sogar jedes Verbrechen eingestehen und auf die Frage, ob die Aussage seines Anklägers der Wahrheit entspräche, immer mit den lakonischen Worten antworten: „Was er sagt, ist wahr."

Ich möchte hier einen Fall anführen, an dem ich aktiv beteiligt war, als ich unter der britischen Regierung Superintendent von Sakais war.

Eines Tages stürmte eine Familie dieser Sakais, die mit anderen Rassen zu tun haben, wie wild in meine Hütte und weinte verzweifelt. Die Eltern erzählten mir schluchzend, dass ein Chinese, dem sie viel zu verdanken hatten, ihre Tochter ergriffen und weggeführt hatte.

Ich machte mich auf die Suche nach dem Schurken, und nach einigen Schwierigkeiten gelang es mir auch. Ich rettete das Mädchen, brachte sie zu ihren Verwandten zurück und schickte dann einen Bericht über den Vorfall an den Magistrat. Es wurde ein Fall von Entführung festgestellt, und das englische Gesetz macht in solchen Fällen keine Scherze. Der Chinese erklärte, da seine Schuldner ihm seine Schulden nicht bezahlen könnten, habe er sich bereit erklärt, das Mädchen, wenn es einwilligte, zur Frau oder Dienerin zu nehmen und so ihre Schuld ihm gegenüber zu tilgen.

Während er sprach, ließ er seine Ankläger nicht aus den Augen. Der Vater und die Mutter der jungen Frau wurden verhört, und obwohl sie in meiner Gegenwart waren, antworteten sie nach kurzem Zögern:

„Was er sagt, ist wahr".

Als man das Mädchen dann fragte, ob sie den Chinesen aus eigenem Willen gefolgt sei oder ob bei ihrer Entführung Gewalt angewendet worden sei, wiederholte auch sie wie ein Automat:

„Was er sagt, ist wahr".

Nichts half, den armen Kerlen andere Worte zu entlocken, weder das geschickte Kreuzverhör des Richters noch meine Bitten, die ganze Wahrheit zu sagen. Ich rief ihnen den erbärmlichen Zustand ins Gedächtnis, in dem sie in mein Haus gerannt waren, weinend und um Gerechtigkeit bittend. Es war alles vergebens; aber zum Glück für sie war der Justizbeamte selbst davon überzeugt, dass der Chinese – der mit einem sarkastischen Lächeln auf den Lippen daneben stand – schuldig war, und beendete den Prozess, indem er ihn zu sechs Monaten Gefängnis verurteilte.

Ein Waldschießstand.

Ich beschloss, der Sache auf den Grund zu gehen, und sei es nur, um herauszufinden, warum die Sakais, die von Natur aus so weit von der Lüge entfernt sind, die Wahrheit geleugnet hatten.

Meine Nachforschungen ergaben, dass der Chinese gedroht hatte, sich zu rächen, indem er die ganze Familie völlig vernichten würde, falls sie sich über sein Vorgehen beschweren würden. Außerdem hatte er sie mit Geschichten in Angst und Schrecken versetzt, in denen er ihnen erzählte, dass sie von den britischen Richtern unmenschliche Folterungen erleiden würden, falls sie sich gegen ihn aussprachen.

Das Geständnis kam zu spät, denn hätten sie rechtzeitig gesprochen, hätte der Schurke eine weitaus härtere Strafe erwartet.

Aus dieser einfachen Episode kann man verstehen, wie viel Energie, Kühnheit und Entschlossenheit die englischen Behörden brauchen, um die armen Sakai von der moralischen Tyrannei zu befreien, die sie immer noch unterdrückt. Aber die britische Regierung ist der Aufgabe, die sie übernommen hat, durchaus gewachsen, und es besteht kein Grund zu bezweifeln, dass sie diesen Abschaum der Gesellschaft, der sich unter die Sakai-Stämme schleicht, die weit von Zivilisation und Gerechtigkeit entfernt sind, um dort ihre bösen Pläne auszuhecken und ihre listigen Machenschaften auszuüben, in Kürze zur Ohnmacht gezwungen haben wird.

Ich habe das Wort „Abschaum" mit Absicht geschrieben, denn natürlich können Völker als Ganzes nicht für die Missetaten einer kleinen Zahl ihrer Landsleute verantwortlich gemacht werden. Und ich möchte hier deutlich machen, dass ich, wenn ich von den schurkischen Taten und diebischen Neigungen dieser letzteren spreche (die in ihrer eigenen Gegend zu bekannt und verachtet sind, um mit ihren niederträchtigen Machenschaften Erfolg zu haben, und sich deshalb anderswo auf die Suche nach Opfern machen), weder Malayen, Chinesen noch Inder im Allgemeinen beleidigen oder herabwürdigen möchte.

Im Gegenteil, ich habe für alle drei die höchste Wertschätzung und den höchsten Respekt, insbesondere für diejenigen, die dem Weg des Fortschritts treu folgen und über bestimmte Tugenden verfügen, die ihnen eigen sind.

Nach diesem kurzen Blick in die Vergangenheit ist es nicht schwer zu verstehen, mit welcher Unruhe und Unbehagen die Sakais die Invasion ihrer kleinen Siedlung durch die Menschen sahen, die sie fürchteten.

Die Neuankömmlinge fanden jedoch kein so leichtgläubiges und verängstigtes Volk mehr vor, wie sie es sonst gewohnt waren. Ihre verleumderischen Geschichten über den weißen Mann (dessen wachsame und nicht sehr nachsichtige Kontrolle sie sehr beunruhigte) machten wenig oder gar keinen Eindruck. Sie kannten den weißen Mann inzwischen, er war schon seit einiger Zeit unter ihnen und sie betrachteten ihn sogar als guten Beschützer.

So ließen wir unsere ungebetenen Besucher in gegenseitigem Einvernehmen ihre Standorte wählen und ihre Hütten errichten, sodass sie die Ekstase einer energischen Misshandlung des bescheidenen Sakai-Dorfes und alles, was sie in Reichweite finden konnten, genießen konnten; dann überließen wir sie eines schönen Morgens zu ihrem unendlichen Erstaunen sich selbst und begaben uns auf die Höhen, von denen der kleine Fluss Bidor herabfloss. Dieser plötzliche Ortswechsel bedeutete für mich kein ernsthaftes Opfer, da der Ort, an dem wir gelebt hatten, aufgrund des häufig stagnierenden Zustands des Flusses nicht sehr gesund war, und abgesehen von hygienischen Gründen war ich nicht ganz traurig darüber, so gezwungen zu sein, ein neues Quartier zu suchen, da ich bestrebt war, den gesamten Bezirk gut kennenzulernen, seine Produkte und seine Eignung für eine Kolonisierung zu studieren und schließlich zu hoffen, die Sakais dazu zu bewegen, ihr Nomadenleben gegen ein ehrliches Leben auf dem Gebiet der Landwirtschaft einzutauschen. Abgesehen davon, dass ich meinen guten Freunden so den Wert und die Würde der Arbeit beibrachte, würde ich selbst eine nützliche Gelegenheit haben, latente Energie einzusetzen.

Wir wählten einen schönen Platz im Wald für unser neues Lager aus, und die Männer machten sich mit gutem Willen daran, das prächtige Holz und die üppigen Kletterpflanzen innerhalb des für die Lichtung abgesteckten Kreises zu fällen. Die dichten, ineinander verschlungenen Äste und das buschige Unterholz waren voller Reptilien, und unser Eintreffen mit den lauten und zerstörerischen Schlägen, mit denen wir die schläfrige Stille der Luft durchbrachen, löste in diesem kleinen Zentrum tierischen Lebens eine unbeschreibliche Panik aus.

Unsere Hütten wurden rasch wieder aufgebaut und wir konnten bald unsere gewohnten Beschäftigungen wieder aufnehmen.

Eine Zeit lang wurde unser Lager nicht durch irgendwelche Vorfälle gestört, bis wir eines Tages einen Tiger beobachteten, der sich unserer Lichtung näherte, einen Hund ins Maul schnappte und in den Wald zurückfloh. Das arme kleine Tier jaulte erbärmlich auf, als es davongetragen wurde.

Die Tatsache war schwerwiegender, als es der bloße Verlust des Hundes hätte vermuten lassen, denn wenn das Tier durch den Hunger zu einer so dreisten Tat gezwungen worden wäre, wäre es höchstwahrscheinlich wiedergekommen, und wer könnte schon sagen, dass immer ein Hund bereit für sein Mahl wäre? Es ist jedoch allgemein bekannt, dass dieses schreckliche katzenartige Geschöpf seine Beute nicht auf einmal verschlingt, sondern immer einen Teil des Fleisches am Kadaver kleben lässt und sich das Abnagen der Knochen für die folgende Nacht aufhebt. Daher bestand eine gute Chance, uns schnell von unserem wilden Feind zu befreien, wenn die Sakais den Tiger nicht mit abergläubischem Respekt betrachtet hätten, aus einem Grund, den ich später erklären werde: einem vagen Glauben an Metempsychose, der auch dazu führt, dass sie ihre Haustiere lieb gewinnen.

Ich hatte die größte Mühe, meine unwissenden Gefährten davon zu überzeugen, dass der Tiger getötet werden müsse, wenn wir in Frieden und Sicherheit bleiben wollten. Es dauerte lange, bis ich ihre Abneigung und ihren Schrecken gegenüber meinem Vorschlag überwinden konnte.

Schließlich willigten sie ein, mich von ihrem gefährlichen Freund befreien zu lassen, und bauten mir ein kleines Haus auf einem der Bäume, die unserer

Meinung nach am besten geeignet waren. Bewaffnet mit einem erstklassigen *Martini* nahm ich dort mit zwei oder drei Sakais meinen Platz ein.

Was ich erwartet hatte, geschah: Mitten in der Nacht kam das Tier zurück. Wir konnten sehen, wie es vorsichtig durch das hohe Gras kroch. Ich zielte sorgfältig und schoss. Der scharfe Knall wurde sofort von einem furchtbaren Brüllen beantwortet, und das furchterregende Wesen machte einen gewaltigen Sprung in die Luft und verschwand wieder in der Dunkelheit des Waldes.

Die Sakais waren vom Donner und Blitz meines Gewehrs beeindruckt und bestürzt.

Wir konnten immer noch das wütende Wehklagen des verwundeten Tieres hören und hielten es daher für ratsam, unsere Posten bis zum Morgen nicht zu verlassen.

Als das Stöhnen des offensichtlich gefallenen Tigers im Morgengrauen noch nicht verstummte, machten sich einige Männer auf, seinen Unterschlupf zu suchen, während ich mich mit meinem geladenen Gewehr sofort bereithielt, sie im Falle eines unwahrscheinlichen Angriffs zu verteidigen.

Das Tier wurde bald gefunden. Es lag ausgestreckt auf dem Rasen. Trotz seiner Wut konnte es sich nicht bewegen, da ein oder zwei seiner Beine durch meine Leine zertrümmert worden waren.

Ich habe es mit einem weiteren Schuss beendet. Sein Schädel zeigt nun seine Schönheit im Ethnographischen Museum in Rom.

Nicht viel später war ich gezwungen, dieselbe Sportart erneut auszuüben.

Ein anderer Tiger hatte einen Hund gestohlen und wir hatten seinen halb aufgefressenen Körper gefunden. Da wir wussten, dass der Rest innerhalb weniger Stunden von demselben Raubtier verschlungen werden würde, bauten wir auf einem nahe gelegenen Baum einen kleinen Unterschlupf aus Blättern und Zweigen und blieben dort, um auf seine Majestät zu warten.

Bei Einbruch der Nacht kam er pünktlich an und wurde, seinem Verdienst entsprechend, von meinem Gewehr empfangen. Mein Schuss verfehlte sein Ziel nicht und er rannte heulend vor Schmerz und Wut davon. Die ganze Nacht hindurch wurden die Echos des Waldes von seinen schrecklichen Schreien geweckt, aber gegen Morgen gelang es uns, ihn aufzuspüren und auch er wurde durch einen zweiten Schuss erledigt.

Im Jahr 1898 hatte es mir die immer größer werdende Fürsorge der Sakays ermöglicht, eine beträchtliche Menge an Malakka-Rohr, Rattan, Harz und Orchideen anzuhäufen, die ich zum Verkauf nach Penang bringen wollte.

Aber ich wollte mir das Vergnügen gönnen, einige meiner Freunde, die Wilden, mitzunehmen, damit sie zum ersten Mal eine moderne Stadt sehen konnten.

Es war keine leichte Sache, sie davon zu überzeugen, meinem Wunsch nachzukommen, aber schließlich konnte ich fünf von ihnen überreden, als Träger mitzukommen.

Wir blieben immer am Ufer des Bidor entlang und fuhren bis zum Perak, den wir überquerten, um ein Stück der Reise mit dem Zug zurückzulegen und dann an Bord eines der Dampfer zu gehen, die zwischen Telok Ansom und der Insel Penang verkehren.

Während der Reise fiel mir bei meinen Gefährten nichts Besonderes auf, außer einem großen Staunen, nicht ohne eine Prise Angst, wenn sie das Gefühl hatten, auf dem Wasser zu reisen.

Sie beobachteten alles mit großer Neugier und waren äußerst interessiert an der lauten Bewegung der Schiffsmotoren und seiner Dampfsirenen.

In Penang angekommen, traf ich zahlreiche Freunde, die bald im Mittelpunkt der Aufmerksamkeit standen.

Man drängte ihnen Leckereien aller Art auf und bot ihnen Unmengen feinster Süßigkeiten und weißen Zucker an. Sie nahmen alles ohne Begeisterung an, warfen die Süßigkeiten aber weg, sobald sie sie probiert hatten. Als ich sie fragte, warum sie das taten, antworteten sie, dass etwas nicht perfekt Süßes im Geschmack sei und sie befürchteten, dass es ihnen schaden könnte, was auch immer es sei.

Die Geschenke, die sie am meisten zu schätzen schienen, waren Zigarren, Tabak und weißer Zucker.

Meine fünf Sakais teilten ihre Geschenke untereinander auf und legten einige für die Lieben daheim zurück. Oft fiel mir auf, dass diese einfachen Seelen trotz ihrer Verwirrung angesichts der für sie so völlig neuen Menschen und Dinge keinen Augenblick die geliebten Menschen zu vergessen schienen, die sie im Dschungel zurückgelassen hatten.

Die Stadtkapelle gab ein Konzert und ich begleitete meine Schützlinge, um es anzuhören. Die tiefen Bässe der Instrumente reizten die Hörsinne der armen Kerle und flößten ihnen sichtlich Angst ein. Sie hielten sich die Ohren zu und zeigten deutlich, unter welchen unangenehmen Gefühlen sie litten. Ganz anders war es jedoch, als sie die höhertönigen Instrumente hörten, besonders die aus Holz, wie Flöte, Klarinette und Oboe. Die reinen, vibrierenden Töne bereiteten ihnen großes Vergnügen, was man an dem zufriedenen Ausdruck ihrer Gesichter und ihren außergewöhnlich strahlenden Augen erkennen konnte.

Ich nahm sie auch mit in ein chinesisches Theater, aber das Können der gelben Artisten erreichte die Herzen der Sakai nicht, und nachdem sie das Schauspiel einige Minuten lang miterlebt hatten, erklärten sie freimütig, dass sie überhaupt nicht amüsiert seien.

Ihre naive Natur und ihre einfachen Gefühle blieben von den Verführungen der Zivilisation unberührt. Es fehlte ihnen an nichts, um sie zufriedenzustellen: Sie wurden von den Engländern gestreichelt, erhielten jede Menge Geschenke und lebten ohne die geringste Ermüdung, aber sie waren nicht glücklich. Ich sah, wie ihre Stimmung von Stunde zu Stunde wechselte und sie melancholischer wurden. Die Ablenkungen, mit denen ich ihr Heimweh zu lindern suchte, verstärkten es nur noch.

Am dritten Tag unseres Aufenthalts in Penang flehten sie mich so inständig an, sie zu ihren Familien zurückkehren zu lassen, dass ich, beeindruckt von ihrem kränklichen Aussehen und ihrer trostlosen Miene, ihnen sofort versprach, ihren Wunsch zu erfüllen.

Dieses Versprechen heiterte sie auf und ihre gute Laune war wieder vollkommen wiederhergestellt, als der Dampfer den Hafen von Penang verließ und uns in Richtung des Flusses Perak brachte. Niemand hätte sich die Verwandlung vorstellen können, die bei meinen fünf Mitreisenden vor sich gegangen war.

Vier Tage Stadtleben hatten sie körperlich und seelisch gezeichnet. Sie waren müde und hatten alles satt. Sie waren es gewohnt, im Durchschnitt dreißig Kilometer am Tag zu laufen, und nach einem Spaziergang durch ein paar Straßen in Penang waren sie erschöpft. Im Dschungel den Entbehrungen und Strapazen ausgesetzt (oft aufgrund ihrer eigenen Leichtsinnigkeit), wurde ihnen bald übel von der Bequemlichkeit und dem Überfluss, die ihnen die Stadt bot.

Während das Klima, der Charme des Ortes und die Sicherheit vor wilden Tieren dazu geeignet waren, ihre Fantasie zu fesseln und sie zufrieden zu machen, trauerten die armen Sakais den Wechselfällen ihres wilden Lebens in den Wäldern nach, wo sie keinen Trost fanden und Nahrung manchmal knapp war. Ihre Gedanken, ihre Seelen waren immer wieder in dem abgelegenen Wald, in dieser bezaubernden Wildnis, deren Zauber sie für ihre tödlichen Gefahren und Unannehmlichkeiten blind machte. Dort oben herrschte völlige Handlungsfreiheit ; dort oben waren ihre Familien!

Dieser plötzliche Übergang von einer primitiven Existenz zum Fortschritt vieler Jahrhunderte war für sie ein schwerer Schock gewesen. So wie ein plötzlicher Wechsel von tiefer Dunkelheit zu grellstem Licht oder von der Temperatur des Pols zu der des Äquators unvermeidlich schwere Störungen im Organismus hervorruft, wenn er nicht sogar tödlich ist, so birgt auch die

Verwandlung eines Wilden von einem Tag auf den anderen ein gefährliches Risiko.

Die bei uns weit verbreitete Vorstellung, dass sich jeder schnell an den Luxus und die Annehmlichkeiten des modernen Lebens gewöhnen könne, wird bei urzeitlichen Völkern wie den Sakai widerlegt. Sie mögen alles, was sie um sich herum sehen, beobachten, erforschen und zu verstehen versuchen – soweit ihre Intelligenz es zulässt; sie erinnern sich gut an alles, was sie gehört und gesehen haben, und werden es ihren Verwandten und Freunden in ihrer armen, seltsamen Sprache nachahmen und beschreiben; sie tragen Geschenke mit sich, die eine greifbare Erinnerung an ihre Reisen sind; sie erklären den anderen, wie die Häuser vor Wind, Sonne und Regen geschützt wurden; sie werden ihnen beibringen, wie man das Pfeifen der Lokomotive, das Dröhnen des aus den offenen Ventilen strömenden Dampfes und den hohlen Klang dieses mysteriösen Monsters, des Automobils, nachahmt, aber ihre Begeisterung und Zuneigung sind fest auf ihren heimatlichen Wald gerichtet, der in seinen Reichtümern und Verlockungen wundersam ist.

Obwohl sie ihren Liebhabern Tod und Leid bringen mag, ist sie immer die beste Geliebte des Wilden, und nur eine sehr langsame, geduldige und - für den Wilden - unmerkliche Einführung zivilisierender Elemente in seine Mitte wird in der Lage sein, diese Bindung an die wilde Umgebung zu schwächen und diese Schätze der Zuneigung und Treue einem nützlicheren und logischeren Zweck zuzuführen.

KAPITEL VI.

Die große Zauberin — Der Wald von oben gesehen — Ein Kampf ums Überleben — Die Verbrechen der Pflanzen — Ewige Dämmerung — Geburten und Tode — Konzerte von Waldsängern — Die „Durian" — Die „Ple-Lok" — Von der Wissenschaft unerforschte Weiten — Intakte Schätze — Parakautschuk — Die Samariter des Dschungels — Der Wald und seine Geschichte.

Über den Wald zu sprechen, ohne ihn gesehen zu haben, und seine wunderbare Schönheit zu beschreiben, nachdem man ihn gesehen hat, sind gleichermaßen unmögliche Aufgaben.

Wenn die Kunst die dem Dschungel eigenen, großartigen Harmonien aus Farben, Klängen und Umrissen getreu wiedergegeben hat, kann man sagen, dass es für sie keine Geheimnisse der Schönheit mehr gibt, die sie ergründen kann. Denn nirgends sonst hat die Natur so verschwenderisch ihre mannigfaltigen Farbtöne verliehen oder das Leben mit solch triumphaler Fruchtbarkeitspracht zum Ausdruck gebracht. Nirgendwo sonst findet man eine so erstaunliche Vielfalt an Formen und Haltungen oder eine so unbeschreibliche Klangvielfalt.

Wie ein Lobgesang der Liebe bricht der Wald aus dem Schoß seiner großen Mutter hervor und erhebt sich begierig und leidenschaftlich zur Sonne, seiner Wohltäterin.

Wäre es möglich, hoch hinaufzusteigen und auf dieses weite, grüne Meer mit seinen unendlichen Abstufungen von Grün hinabzublicken, das hier und da durch die kühne Helligkeit tausender wundersamer Blumen belebt wird, hätten wir die vollständigste, künstlerischste und eindrucksvollste Darstellung des Lebens und seiner Kämpfe vor unseren Augen.

Die riesigen Bäume wachsen senkrecht in Richtung Sonne, und es scheint, als wolle jeder den anderen überflügeln. Doch ein dichtes und noch ehrgeizigeres Unterholz aus Pflanzen windet sich um ihre Stämme und umschließt sie in einer zähen Umarmung. Dann windet und kriecht es zwischen den ausladenden Zweigen hindurch, erreicht die höchsten Wipfel und bedeckt sie, wo es schließlich unter dem glühendsten Blick der Sonne seine zahlreichen Blätter und Blüten entfalten kann.

Dem Baum, der derart umzingelt und vom unheilvollen Griff der Kletterer erstickt ist, mangelt es an Licht und Atem. Der Saft fließt nur in geringen Mengen durch seinen Organismus und er siecht im Schatten der dichten Ranken dahin. Insektenschwärme verschlimmern seinen Schmerz, indem sie seine Rinde als Nahrung und Nester nutzen. Reptilien treiben in den Höhlungen seines Stammes Liebe, und schließlich kommt der Tag, an dem der leblose Riese mit einem fürchterlichen Krachen umfällt und den mörderischen Parasiten mit sich nimmt, der das Opfer seiner eigenen Zähigkeit ist, die ihn erst in die Sonne gehoben und ihn dann unter der fauligen Last seines früheren Stützers zermalmt hat.

Es handelt sich um wütende Umarmungen von Neid und Eifersucht, um Egoismus-Rausch im Pflanzenreich, um seltsame Ausdrücke von gewaltigem Hass und Liebe, von Unterdrückung und Rache.

In all diesen Myriaden von Pflanzen kriecht der unbändige Drang, so hoch wie möglich zu klettern und den ersten, brennendsten, vielleicht verderblichsten, aber auch großzügigsten Kuss der Sonne zu empfangen. Und sie alle beeilen sich, anzukommen, als fürchten sie, auf ihrem Weg ebenso von dem riesigen Baum überholt zu werden, der Jahrhunderte überdauern soll – wenn seine massiven Wurzeln nicht von seinen winzigen Feinden zerstört werden – wie von jenen schlanken Gewächsen, die nur einen Monat oder einen Tag alt sind.

„Noch höher! Immer höher!", scheint die grünblättrige Menge zu rufen, „Excelsior!"

Die Sonne dringt nur dort unter dieses Gewirr von Vegetation, wo die Hände der Wilden oder Blitze und Orkane eine Öffnung geschaffen haben.

Im trüben Licht der feuchten Atmosphäre nehmen die endlosen Reihen hoher, gerader Stämme, manche kräftig, manche schmal, die seltsamsten Formen an, die die Fantasie des Betrachters anregen können. Mal sind es Säulenhallen, geschmückt mit herabhängenden Girlanden, die sich in die Ferne erstrecken; mal sind es geheimnisvolle Seitenschiffe riesiger Tempel; mal sind sie der unvollendete Entwurf eines riesigen Architekten, dessen Vorhaben durch einen plötzlichen, mystischen Befehl gestoppt wurde. Wie fruchtbar die Vorstellungskraft des Künstlers auch sein mag, er würde hier immer neue und großartige Inspiration durch den fesselnden Anblick der jungfräulichen Schönheiten der Natur finden.

Das stehende Wasser der Teiche, um das die Frösche quaken und die Blutegel kriechen, ist reichlich mit Seerosen, Schilf und anderen Wasserpflanzen übersät.

Auf den uralten Stämmen uralter Bäume haben sich ganze Orchideenfamilien in kleine Spalten der Rinde eingenistet und blühen dort in den leuchtendsten Farben: Rot, Violett, Blau und auch Weiß.

Überall herrscht ein freudiges Übermaß an Leben und Kraft. Jeder Tag beginnt oder endet den Zyklus der Zeit, der den Pflanzenbewohnern des Dschungels bestimmt ist, denn da es keinen regelmäßigen Wechsel der

Jahreszeiten gibt, beenden die Pflanzen und Blumen ihren Lauf gemäß der kurzen oder langen Existenz, die ihnen die Naturgesetze vorschreiben, und man sieht ständig trockene und verwelkte Blätter und Blüten zu Boden fallen, während sich andere öffnen und an ihrer Stelle blühen. Diejenigen, die heute sterben, bieten der neugeborenen Generation Nahrung, und auf diese Weise werden die verschiedenen Arten unaufhörlich erneuert, ohne dass ein Gärtner den Boden vorbereiten muss.

Ebenso üppig ist die Tierwelt, denn es gibt Nahrung im Überfluss für alle.

Ein tiefes, ununterbrochenes Summen erfüllt die Luft; es kommt von den Zikaden, deren monotones Geräusch das Ohr ermüdet, und von Hornissen und Bienen aller Art, die unaufhörlich summen, während sie Säfte aus den Pflanzen saugen oder ihre Fühler in die reifen Früchte oder vielleicht in ein in der Nähe liegendes Aas stoßen. Der fagottartige Klang hört keinen Augenblick auf und erzählt dem Zuhörer, wie unzählig die Insektenpopulationen sind, die im Schatten ihres Dschungelverstecks leben und sich fortpflanzen. Andere unerklärliche Geräusche – fernes Krachen, mysteriöse Geräusche, die einem die Adern gefrieren lassen, Heulen, das einen erschauern lässt – unterbrechen für einen einzigen Moment die Mittagsstille. Woher kommen sie? Niemand kann es sagen.

Die verschiedenen Tiergeräusche, die im Wald zu hören sind, folgen einer Regel, die keine Ausnahme kennt.

Der Tag wird mit einem vollen Konzert aus den Kehlen gefiederter Sänger begrüßt. Diese Morgenhymne steigt in all ihrer unschuldigen Reinheit zum Himmel auf, während die wilden Protagonisten der blutigen Tragödien der vergangenen Nacht in ihre Höhlen schleichen und das Feld den sanfteren Pflanzenfressern überlassen.

Der Durianbaum.

Doch mittags, wenn die Sonne ihre heißesten Strahlen auf diesen riesigen smaragdgrünen Palast des Lebens wirft, verstummen die fröhlichen Stimmen und durch den Wald hallt nur das schläfrige Summen der Insekten wider.

Wenn der Abend naht, beginnen die Vögel wieder zu zwitschern und zu trillern, sie grüßen die untergehende Sonne und fliegen davon, um sich auszuruhen. Dann beginnen die Affen zu kreischen und zu schnattern, und bald darauf sind die Eulen und andere Nachtvögel an der Reihe, die die nun dichte Dunkelheit mit ihren rauen, unheimlichen Schreien noch schrecklicher machen. Nach und nach, während die Nacht tiefer wird, hallen Brüllen, Brüllen und Heulen in einem langsamen Crescendo von überall her wider, bis sie zu einem allgemeinen und entsetzlichen Aufruhr verschmelzen, der nicht schrecklicher sein könnte, wenn die Tore der Hölle auf Erden geöffnet würden.

Ich bin kein Künstler und schon gar kein Wissenschaftler, sondern ein einfacher Beobachter, der gerne alles zur Kenntnis nimmt, was der Bemerkenswertheit bedarf und was ich in verständlicher Form wiedergeben kann.

Nachdem ich im Rahmen meines Wissens die Besonderheiten des Waldlebens geschildert habe, denke ich, dass es gut ist, einige seiner Produkte auf praktischere Weise zu beschreiben - wenn man einmal von seinem magischen Charme und seinen mannigfaltigen Wundern absieht, die selbst aus jemandem ohne poetische Begabung einen Dichter machen würden.

Ich werde mit der Durian oder *Sumpà beginnen* , deren Frucht in unserem Land unbekannt ist.

Es handelt sich um einen sehr großen Baum, der eine Höhe von 40 bis 50 Metern erreicht und um den sich ein riesiger Pavillon aus üppigen, mit kleinen Blättern bedeckten Zweigen ausbreitet.

Man findet ihn manchmal einzeln und manchmal in Gruppen und er ist der einzige Baum, an dessen Vermehrung die Sakais Interesse haben, und diese Kultivierung, wenn wir es so nennen dürfen, wird von ihnen fast unbewusst betrieben, nicht aus irgendeinem sentimentalen Gefühl heraus, sondern eher aufgrund eines Gefühls und eines Aberglaubens. [4] Er bringt eine außerordentliche Menge an Früchten hervor, deren exquisiter Geschmack kaum zu übertreffen ist. Man hat berechnet, dass jeder Baum im Durchschnitt etwa 600 Durianfrüchte trägt, aber einige haben sogar die enorme Zahl von 1000 erreicht.

Wenn es sich um Beeren oder Nüsse handeln würde, wäre dies nicht so bemerkenswert, aber jede Frucht der Durian wiegt etwa zwei Kilogramm und ist so groß wie ein Kinderkopf. Aus diesem Grund ist es gefährlich, unter einem dieser Bäume zu stehen oder hindurchzugehen, wenn die Frucht ganz reif ist, denn eine so schwere Kugel, die aus einer Höhe von vierzig oder mehr Metern fällt, würde ausreichen, um einem den Kopf zu spalten, selbst wenn die langen Stacheln, mit denen er bedeckt ist, ihn nicht noch furchterregender machen würden.

Die Sakais sind ganz vernarrt in Durianfrüchte und Mr. Wallace schreibt, ihr delikater Geschmack sei so exquisit, dass sich die Kosten und Unannehmlichkeiten einer Reise Richtung Osten, die man eigens für diese Kostprobe auf sich nimmt, durchaus lohnen würden.

Diese Behauptung des englischen Autors ist vielleicht etwas übertrieben, aber ich für meinen Teil muss sagen, dass ich noch nie etwas Köstlicheres gegessen habe. Aber nicht jeder kann diese seltsame Frucht wegen ihres widerlichen Geruchs genießen oder schätzen, der sie auszeichnet und der bei einem schwachen Magen Übelkeit verursachen kann.

Stellen Sie sich vor, Sie hätten einen Haufen fauler Zwiebeln unter der Nase, und Sie werden nur eine vage Vorstellung von dem unerträglichen Geruch haben, der von diesen Bäumen ausgeht, und wenn man die Früchte öffnet, wird der widerliche Geruch sogar noch stärker.

Wenn die Durianfrüchte reif sind, also in den Monaten August und September, fallen sie zu Boden und werden eifrig von den Einheimischen aufgesammelt. Zur Reifezeit lassen sie Frauen und Kinder, Alte und Kranke in ihren Dörfern zurück und errichten ihr Lager im Wald rund um diese kostbaren Bäume.

Die Außenseite der Durian ist holzig und mit starken, fast einen Zoll langen Stacheln bedeckt. Das Innere besteht aus vielen kleinen Eiern, von denen jedes in eine dünne Folie eingewickelt ist, die beim Aufbrechen einen Brei mit der Konsistenz und Farbe von dickem Pudding freigibt. In der Mitte jedes Eies steckt ein großer Samen, der in Größe und Form an Mandeln erinnert, aber nicht so flach ist.

Sumpà" nennt, nicht beschreiben . Ich kann nur wiederholen, dass sie exquisit ist und jeder süßen Köstlichkeit, die ein Koch oder Konditor zubereitet, weit überlegen ist. Es gibt nichts Vergleichbares, und beim Essen nimmt man nicht den geringsten Geruch wahr, da der unangenehme Gestank nur von der Schale kommt und je schlimmer dieser ist, desto feiner ist der Geschmack des Fruchtfleisches.

Diese Frucht ist zu leicht verderblich, um sie in ferne Länder zu exportieren, selbst wenn sie auf den europäischen Märkten Anklang finden würde. Der Grund dafür ist ihr fürchterlicher Geruch. Dieser schützt sie jedoch nicht vor der Gefräßigkeit der Affen und ihrer Nagetiere, insbesondere der Eichhörnchen, denen es trotz der furchtbaren Stacheln gelingt, ein Loch in die Schale zu bohren und einen Teil des Inhalts herauszuknabbern, so dass der Rest im Inneren verrottet.

Meines Wissens ist die Durianpflanze nicht anfällig für Krankheiten, die sich auf die jährlich zu erntende Fruchtmenge auswirken könnten. Diese hängt ganz davon ab, ob während der Blütezeit der Wind stark geweht hat oder nicht.

Dieser „König der Bäume", wie er von den Sakai genannt wird, wächst und gedeiht bis zu einer Höhe von fast tausend Metern. Seine Früchte werden konserviert, indem sie nach dem Herauspicken der Samen in große Bambusröhren gepresst werden.

Die Sakais tauschen diese originellen Marmeladentöpfe häufig gegen andere, bei ihnen ebenso wertvolle Artikel wie Tabak und Perlen ein.

Eine andere Frucht, die so köstlich ist, dass man fast sagen könnte, sie könne mit der Durian konkurrieren, ist die *Plè Lòk* .

Der Baum, an dem er wächst, kann nicht zu den Riesen des Waldes gezählt werden. Er hat große und lange Blätter, die denen des Orangenbaums ähneln, aber während sie oben schwarz glänzend sind, sind sie unten noch glänzender grün.

Die Frucht, die zwischen September und November reift, ist so groß wie ein Pfirsich, aber sie ist von einer sehr dicken Schale umgeben (außen fast schwarz und innen rostrot), ähnlich wie unsere Walnüsse. Das Fruchtfleisch ist in viele Viertel geteilt, die jeweils von einer sehr dünnen Schale umschlossen sind. Es sieht aus wie schneeweißes Gelee und schmilzt tatsächlich sofort im Mund, sodass nur ein kleiner Kern übrig bleibt. Der Geschmack ist süß und äußerst angenehm.

Die Schale wird von den Sakai zur Herstellung eines Farbstoffs zum Bemalen ihrer Gesichter und auch zur Zubereitung eines Dekokts als Heilmittel gegen Durchfall und Magenschmerzen verwendet.

Die Sakais sind von dieser Frucht außerordentlich angetan, wie es eigentlich jeder Europäer sein dürfte, der an die feinsten Süßigkeiten gewöhnt ist. Dies gilt umso mehr, als sie weder schadet noch zu Verdauungsstörungen führt, selbst wenn man sie in großen Mengen verzehrt.

Außer diesen beiden großen Herren des Waldes möchte ich auch den *Ple Pra erwähnen* , einen Koloss, der die Sakai bescheiden, aber ohne Habgier mit hervorragenden Kastanien versorgt.

Trotz meines Wunsches ist es unmöglich, die vielen anderen Bäume und Früchte zu beschreiben, die den Reichtum des Waldes ausmachen, da dies zu lange dauern würde. Weiter unten, in einem den Giften gewidmeten Kapitel, habe ich einige der in dieser Hinsicht gefährlichsten genannt, aber zwischen denen, die die Diener des Todes sind, und denen, die dem einfachen Dschungelbewohner das Leben ermöglichen, gibt es unzählige Arten, denen man nur schwer eine bestimmte Klasse zuordnen kann.

Viele dieser letzteren werden von den Eingeborenen mit Misstrauen betrachtet, vielleicht ohne Grund, aber wer weiß, aus welchem seltsamen Glauben sie vom Vater auf den Sohn überliefert wurden? Und wer ist im Herzen des Waldes da, um solche Blätter und Früchte zu studieren und Experimente an ihnen durchzuführen, um festzustellen, ob sie vollkommen essbar sind?

Ich zum Beispiel bin der Meinung, dass die Früchte der *Giù ù ba a* sicher und in großem Umfang verwendet werden können .

Er sieht aus wie ein kleiner Kürbis, außen grün und innen gelblich-weiß. Aus seinem Fruchtfleisch wird eine Art Öl gewonnen, das, wenn es gekocht wird, nicht unangenehm schmeckt und auch nicht schadet. Aber der *Giù ù ba a* ist ein Schmarotzer, und unter diesen Parasiten wimmelt es von Giften, weshalb die aus ihm gewonnenen Früchte nur ungern verzehrt und wenn möglich ganz vermieden werden.

In den tiefsten Winkeln des malaysischen Waldes sind noch immer unvorstellbare Schätze verborgen; unschätzbare Schätze für die medizinische Wissenschaft und die Industrie.

Könnten die Botaniker nur die genauen therapeutischen und giftigen Eigenschaften einiger dieser Pflanzen entdecken, von denen viele den Botanikern völlig unbekannt sind, wie viele neue und wirksame Heilmittel könnten gefunden werden, um das Arzneibuch der zivilisierten Völker zu bereichern!

Die Landwirtschaft in all ihren vielfältigen Zweigen könnte hier unermessliche Schätze an Fruchtbarkeit finden!

Abgesehen vom Reis, der ein wunderbares jährliches Produkt liefert, dem Mais, der zwei Ernten pro Jahr bringt, und den Süßkartoffeln, die drei Ernten liefern, gibt es noch die Yamswurzel, die Sikoi -*Pflanze* [5] , das Zuckerrohr, Kaffee, Pfeffer, Tee, die Banane, die Ananas, Indigo, Sago, Tapioka, Gamber, verschiedene Sorten Kautschuk, riesige Bäume für den Schiffsbau und so weiter.

Der Parakautschuk , aus dem unsere Guttapercha gewonnen wird, wächst wunderbar im malaysischen Boden und erfordert sehr wenig Pflege oder Kosten.

Es gibt die *Ramie* , deren Fasern nach und nach die Seide ersetzen, die wir aus Kokons gewinnen, oder die, wenn sie mit ihnen vermischt werden, ein hervorragendes Material ergeben. Es ist ein Kraut mit langen, faserigen Stängeln, die, wenn sie gut ausgeklopft und gebleicht werden, zu einer weichen Wollmasse werden. Nach dem Kardieren kann man daraus feinste Fäden spinnen, die so glänzend und geschmeidig sind wie Seide selbst.

Die Durian.

Diese Pflanze gedeiht in Perak in großem Ausmaß und ihre Stängel können zweimal im Jahr abgeschnitten werden. Sie muss nur kultiviert werden, und schon erhält die Industrie ein neues und wertvolles Element. Tatsächlich gibt es nur wenige, die nicht wissen, dass die meisten chinesischen Seidenstoffe aus Ramiefasern gewebt werden , aber ihr Nutzen könnte noch viel größer sein, wenn sie zum Studienobjekt von Personen gemacht würde, die in der Lage sind, daraus gewinnbringende Ergebnisse zu ziehen.

Ich glaube, es gibt nur wenige Länder, die von der kapriziösen Natur so begünstigt wurden wie die Malaiische Halbinsel. Sie scheint Freude daran gehabt zu haben, ihre Schätze an Flora und Fauna sowie unterirdische Schätze preiszugeben, denn es werden mehrere Gold- und Zinnminen betrieben, und außerdem werden ständig Blei, Kupfer, Zink, Antimon, Arsen und viele andere Metalle gefunden, neben einigen reichen Adern von Wolfram, obwohl eine richtige Lagerstätte des letztgenannten Erzes noch nicht entdeckt wurde.

Wenn es gelänge, die noch trägen, aber ehrlichen Kräfte der Sakais zu nutzen und sie der Landwirtschaft zuzuwenden, könnten all diese natürlichen Reichtümer auf die Weltmärkte gebracht werden und ein spärliches, aber gutes Volk, das für große Fortschritte empfänglich ist, könnte nach und nach zivilisiert werden.

Der oben erwähnte Parakautschuk stellt einen der größten Reichtümer der malaiischen Landwirtschaft dar .

Sowohl der Boden als auch das Klima sind für den Anbau auf der Halbinsel sehr günstig, so dass ein Baum bei besonderer Pflege und Aufmerksamkeit innerhalb von vier Jahren die für die Produktion dieses wertvollen Artikels erforderliche Reife erreicht, oder, wenn man ihn seinem natürlichen Wachstum überlässt (wie in Ceylon), in fünf oder sechs Jahren, während es anderswo acht oder sogar zehn Jahre dauert.

Vor nicht allzu vielen Jahren ließ die britische Regierung im Rahmen eines einfachen Experiments eine begrenzte Fläche mit aus Brasilien mitgebrachten Samen bepflanzen. Das Ergebnis war ermutigend genug, um das Institut für Tropenforschung – das unter der Schirmherrschaft der Universität Liverpool mit dem Ziel gegründet wurde, den Kolonialhandel zu entwickeln – dazu zu bewegen, Plantagen anzulegen, die in einer Saison nicht weniger als 150.000 Pfund Gummi lieferten.

Vor etwa drei Jahren wurden 60.000 Morgen Land mit Para- Kautschuk bepflanzt ; die Regierung stellte das Saatgut zu einem sehr niedrigen Preis zur Verfügung.

Man schätzt, dass jeder Acre je nach Bodenbeschaffenheit und Lage 125 bis 250 Bäume umfasst.

Diese Plantagen vermehren sich weiterhin überraschend schnell, und man kann heute sagen, dass auf einer Fläche von 200.000 Acres vier Millionen Bäume zu finden sind.

Wenn man bedenkt, dass jeder Baum im Durchschnitt 5 bis 6 Pfund Gummi liefert und dass der aus Perak stammende Gummi - dessen chemische Reinheit nachgewiesen wurde - auf dem Markt mit 6/10 pro Pfund notiert wird - während der beste Gummi aus anderen Ländern nicht über 5/7 hinauskommt -, kann man die enorme Summe, die aus dem Para-Kautschuk aus Perak gewonnen wird, ziemlich genau schätzen.

Man ging allgemein davon aus, dass dieser wertvolle Baum leiden würde, wenn er eine Höhe von über tausend Metern übersteigen würde, doch auf der Malaiischen Halbinsel wächst und gedeiht er sogar in Höhen über 1.600 Metern, insbesondere der sogenannte *Ficus elasticus* und der Gummibaum.

Die britische Regierung tut ihr Bestes, um diesen Anbau auszuweiten, und „ihr Bestes" bedeutet in diesem Fall wirklich „das Allerbeste", denn neben der Vergabe von Land und der Bereitstellung von Saatgut zu niedrigen Preisen unterstützt die Regierung diesen Wirtschaftszweig, in den so viele Millionen investiert werden, durch den Bau schöner, breiter Hauptstraßen sowie durch die Instandhaltung von Eisenbahnlinien für den Gütertransport und die Festlegung von Mindesttarifen für den Transport.

Vielleicht wird mir jemand vorwerfen, ich sei in meinen Bemerkungen zur Arbeit der britischen Regierung in diesem abgelegenen östlichen Protektorat zu parteiisch, aber da ich viele Jahre lang zur immer stärker werdenden landwirtschaftlichen und kommerziellen Entwicklung der Halbinsel beigetragen habe und den stetigen Vormarsch der Zivilisation mit den praktischsten und sichersten Methoden miterlebt habe - etwa durch die geduldige Erziehung der Eingeborenen zur Liebe zur Arbeit und eine prompte und gewissenhafte Rechtspflege -, kann ich nur die aufgeklärte und wohltätige Tätigkeit der Engländer in diesen Gegenden bewundern.

Nachdem ich diese Bemerkung über die Plantagen, die sich mittlerweile weit über den Wald ausbreiten (die Axt der Holzfäller rodet ständig neue Landstriche für landwirtschaftliche Betriebe), abgeschlossen habe, möchte ich, dass Sie mit mir in den Dschungel zurückkehren, der noch fast unberührt ist und wo die Natur uneingeschränkt über die dichte tropische Vegetation herrscht.

Nachdem ich bereits kurz und ungeordnet über die Reichtümer gesprochen habe, die hier kostenlos angeboten werden – nicht die Reichtümer von Midas und Pymalion, denn Mutter Natur verweigert ihren Kindern nicht die Nahrung, selbst wenn sie diesen wunderbaren Tempel ihrer Fruchtbarkeit entweihen –, ist es angebracht, Ihre Aufmerksamkeit nun auf zwei große Freunde von Reisenden im Wald zu lenken. Der eine ist der Bambus und der andere eine Kletterpflanze namens „Wasserrebe".

Der Bambus, den wir nur als eine der Pflanzen kennen, die in einem großen, gepflegten Garten am wenigsten Beachtung finden, oder als polierter Spazierstock, als Beine eines kunstvollen Tisches mit unsicherem Gleichgewicht oder als Tabakdose, die von chinesischen oder japanischen Fingern geschickt bearbeitet wird, wird im freien Wald zu einem kolossalen Bewohner. Seine zuerst zarten und biegsamen Stäbe werden so groß und stark, dass sie als Wasserleitungen verwendet werden können. Es ist eine kräftige und invasive Pflanze, die den umgebenden Boden mit neuen Trieben bedeckt, während sie sich unter ihren langen Wurzeln ausbreitet und alle lebenswichtigen Nährstoffe aufsaugt, die in der Erde um sie herum zu finden sind.

Für einen Waldbewohner ist Bambus so notwendig wie Nahrung selbst. Er liefert leichte, solide Hütten; er macht Blasrohr, Pfeil und Köcher; er dient zum Wassertransport und zur Obstkonservierung; er ist ein sicherer Behälter für giftige Säfte; er ist Flasche und Glas und schließlich liefert er den einheimischen Köchen einen Kochtopf, den nur sie benutzen können, weil sie den Kniff haben, ihr Essen zu kochen, ohne den Bambus zu verbrennen.

Ich habe oft versucht, dasselbe zu tun, aber das Ergebnis war immer, dass Topf und Eintopf zusammen verbrannt sind.

Der Bambus verfügt außerdem über eine geheime Tugend von unschätzbarem Wert für den durstigen Wanderer, dem die Hitze der tropischen Sonne zu schaffen macht: Er ist ein perfekter Wasserspeicher.

Durch das Bohren eines Lochs direkt unter den Gelenken jedes Stocks sprudelt mehr als ein halber Liter klares Wasser heraus, das zwar nicht sehr frisch, aber gesund und gut ist. Es schmeckt ziemlich bitter und dient sowohl zur Wiederherstellung der Kräfte als auch zum Löschen des Durstes.

Auch die Wasserrebe fungiert im Dschungel als Samariter. Wie alle anderen ihrer Art umarmt diese Kletterpflanze einen riesigen König des Waldes grausam (und raubt ihm so seine Kraft) und fällt dann in üppigen Girlanden von ihren Zweigen, wobei sie bei jedem Lufthauch schwankt und raschelt.

Durch einen Schnitt am Ende eines der zum Boden herabhängenden Zweige fließt frisches Trinkwasser heraus.

Es ist vielleicht überflüssig hinzuzufügen, dass dieses große Bedürfnis des Wanderers auch aus anderen Quellen stammt: aus den Bächen, die hier und da entlang plätschern, und aus den riesigen Blättern, die beim Austrocknen eine bestimmte Menge Regenwasser absondern.

Der Dschungel bietet Nahrung und Getränke in wunderbarer Fülle und Vielfalt, doch wehe dem, der ihn nicht gut kennt, denn er bietet auch den Tod in tausend unerwarteten und verführerischen Formen an!

Wie oft habe ich in der feierlichen, matten Mittagsstunde, wenn Vögel und Tiere vor Hitze schlummerten, im Schatten gestanden und den Wald nach seinen ersten Übertretern und ihren Nachkommen gefragt! Doch meine Fragen blieben unbeantwortet; in seiner überwältigenden Größe interessiert er sich nicht für die tragischen Wechselfälle des Tier- oder Pflanzenlebens, er macht keine Aufzeichnungen, im Gegenteil, er löscht schnell alle Spuren vergangener Ereignisse.

Ich habe vergeblich gefragt: Woher kamen jene, die in den dunklen Tiefen seiner bewaldeten Hügel Schutz und Einsamkeit fanden? Wie viele Jahrhunderte haben sie in diesen einsamen, wilden Gegenden gelebt? Ich habe gefragt, ob dieser scheue und verstreute Stamm nicht die Überreste eines einst großen und starken Volkes waren, das von einer jüngeren, stärkeren und wilderen Rasse in den Schatten gestellt wurde? Manchmal, wenn ich mit bewunderndem Blick die seltsamen architektonischen Formen der massiven Stämme und anmutigen Ranken betrachtete, phantastisch, aber immer majestätisch, habe ich den Wald gefragt, ob er nicht auf den Ruinen einer längst vergangenen und verlorenen Zivilisation entstanden sei und ob diese gleichen Formen nicht eine unerklärliche Erinnerung an die gigantischen Schöpfungen verschwundener Genien seien, von denen ich in meiner Vorstellung schwache Blicke zu erhaschen schien?

Doch der Wald blieb stumm und bewahrte sein undurchdringliches Geheimnis.

Nur hier und da zeugten niedrigere Baumgruppen als die umliegenden und dazwischen liegende Flächen, die offenbar einst Lichtungen gewesen waren und noch nicht vollständig vom Dschungel bewachsen waren, vom Nomadentum der Sakai auch in anderen Zeitaltern. Kein anderes Zeichen der Vergangenheit, und meine vielleicht absurde Frage wiederholt sich. Stehe ich vor der wilden Kindheit eines Volkes oder der erschöpften Senilität einer Rasse, die im Laufe der Jahrhunderte aus den Augen verloren wurde? Wenn letzteres der Fall ist, wäre dann nicht ein Relikt ihrer Existenz übrig geblieben? Ein Fragment aus Stein oder Beton, in das die Figuren ihrer Zeit eingraviert sind? Ist es möglich, dass alles vor den Augen des modernen Menschen unter der üppigen Üppigkeit von Gras und Buschwerk begraben wurde? Oder bin nicht ich es, der vergeblich träumt unter dem Eindruck der stummen Erhabenheit des Waldes und der Tausenden von Stimmen, die heute sein Echo erwecken und morgen keins zurücklassen?

Fußnoten:

[4] In einem anderen Kapitel, in dem ich den Aberglauben und Glauben der Sakais beschreibe, habe ich von ihrem Brauch gesprochen, eine Woche lang nach der Beerdigung ihrer Toten Nahrung, Tabak usw. auf den Gräbern zu deponieren. Natürlich verrottet alles, was nicht von Tieren oder Insekten gefressen wird, an Ort und Stelle, und die Samen der Früchte finden ihren Weg in den Boden. Aus diesem Grund sprießen viele neue Bäume in Gruppen, die ihre erste Nahrung aus der Auflösung der Leiche beziehen.

[5] Der *Sikoi* wächst auf hohen Bergen und die Frauen müssen ihn mit großer Sorgfalt reinigen, bevor er gekocht wird. Es ist ein Getreide, das unserer Hirse ähnelt und gute Nährwerte hat.

Die Sakays mischen es mit Wasser und machen daraus eine Art „Polenta“, die sie wie üblich in ihren Bambustöpfen kochen. Es ist ihr Lieblingsgericht, wenn es mit Affenfleisch, Ratten, Schlangenstücken, Eidechsen, Käfern und verschiedenen anderen Insekten gegessen wird, die für jedes Museum, das sie besitzt, von seltenem entomologischen Wert wären.

Da ich nichts von der widerlichen Verbindung wusste, die dem *Sikoi* zu Beginn meines Aufenthalts bei den Sakays einen so würzigen Geschmack verlieh, aß ich es mit Genuss, nachdem ich es mit etwas Salz gewürzt hatte, ein Mittel, das bei meinen Bergfreunden nicht oft verwendet wird. Aber als ich erfuhr, welche Zutaten ihm Geschmack verliehen, lehnte ich es ab, so freundlich ich konnte, um ihre Empfindlichkeiten nicht zu verletzen, denn mein Magen rebellierte gegen das Durcheinander.

KAPITEL VII.

Die Fallen des zivilisierten Lebens – Fausts Anrufung – Die Gefahren des Waldes – Schlangen – Ein gefährliches Abenteuer – Fleischfressende und pflanzenfressende Tiere – Der „Sladan" – Der Mann des Waldes.

Der junge Mann, der sich unvorsichtig in die geheimnisvollen Teile von Drury Lane wagt – wo Laster und Verbrechen einen klassischen Ruf haben – oder durch das alte Quartier Latin von Paris schlendert (wo einige der Straßen alles andere als sicher sind) oder der sich aus irgendeinem Grund in einem dieser fragwürdigen Labyrinthe wiederfindet, die es in den zivilisiertesten italienischen Städten noch gibt, würde sicherlich nicht weniger riskieren, als wenn er sich den Gefahren des Waldes stellen würde. Der Pfeil, die Falle, der Angriff von Tier und Reptil können mit Mut und Ruhe abgewendet oder pariert werden, aber die Übel, die den Menschen unter den heuchlerischen Euphemismen der Gesellschaft bedrohen (die immer bereit ist, ihre Anfechtbarkeit zu rühmen), schaden nicht nur dem Körper, sondern, was noch schlimmer ist, dem Geist.

Diejenigen, die diesem Leiden erliegen, beklagen oft, dass der Tod nicht schnell genug kommt, um ihr Fleisch zu töten, nachdem ihre Seelen und ihr Intellekt schon vor langer Zeit getötet und verzehrt wurden.

Im Dickicht des Dschungels erhebt sich der Geist und wandert frei umher; es gibt keine Hemmungen oder Grenzen für seinen Flug. Er ist berauscht von den einfachen und heiteren Freuden des Lebens; er ist durchdrungen von einem Strom neuer, kraftvoller Energie, der einem das Gefühl gibt – allein, im Reich der Natur – entweder ungeheuer groß oder unendlich klein, außerordentlich gut oder erbärmlich böse.

Es ist nicht ratsam, sich auf einer Reise durch den Wald von der Philosophie lange aufhalten zu lassen, aber es gibt Momente, in denen das innere Leben so intensiv ist, in denen Gedanken und Gefühle so ungestüm sind, dass dieses flüchtige Atom Zeit allein ausreicht, um eine unauslöschliche Epoche in der Existenz der Menschen zu markieren. Wer weiß, ob die berühmte Anrufung jemals den fiebrigen Lippen des Arztes entgangen wäre, wenn Mephistopheles Faust in den Urwald geführt und ihn dort seinen Spekulationen überlassen hätte?

Aber... was ist das für ein Zischen? Es ist nicht der Geist, der leugnet; es ist eine Schlange, die ich auf meinem Weg gestört habe und die mein Philosophieren nicht angenehm fand (wie vielleicht Sie, lieber Leser), und deshalb werde ich meinen Exkurs abbrechen.

Der Wald ist voller Reptilien. Es gibt unzählige Arten von Schlangen, große und kleine, giftige und harmlose. Man könnte fast sagen (besonders in der Ebene), dass jeder Busch und jeder Baum einen dieser Bewohner hat.

Die häufigsten Arten sind *Tigi Riló* , Tigi *Paà* und *Tigi Dolò* , am meisten gefürchtet sind jedoch *Sendok* und *Bimaà* .

Kochen im Bambustopf.

Normalerweise greift keine dieser Schlangen einen Menschen an, wenn sie nicht belästigt werden. Sie bleiben entweder zusammengerollt in der Nähe eines Baumes oder baumeln träge von einem seiner Äste herab, wobei sie ihn mit ihrem kräftigen Schwanz festhalten. Daher ist es notwendig, sehr vorsichtig vorzugehen und aufmerksam nach oben und unten zu schauen, um sie nicht zu stören.

Wenn die Schlange anstößt, stürzt sie sich blitzschnell auf den unglücklichen Täter, umschließt ihn und erstickt ihn mit ihren Windungen und beißt ihn mit ihren scharfen Zähnen, selbst wenn sie nicht vergiftet sind. Wie alle anderen Tiere wird sie wild und versucht aus Angst zu töten. Wer sie stört, ist ein Feind, den es zu besiegen gilt.

Wenn du aber ohne Angst und ohne Eile, mit langsamen, gleitenden Schritten an ihm vorbeigehst und darauf achtest, deine Hände und Arme nicht zu bewegen, wird er dich weitergehen lassen und keine Notiz von dir nehmen.

Und das kann ich aufgrund der Experimente bestätigen, die ich selbst mit dem schrecklichen *Sendok durchgeführt habe* .

Eines Tages gelang es mir auf diese Weise, ganz nah an einem dieser giftigsten Reptilien vorbeizukommen und es beinahe zu berühren. Es bewegte sich nicht, als ich vorbeischlich, verlor mich aber keinen Augenblick aus den Augen. Ich bin ganz sicher, dass ich ein toter Mann gewesen wäre, wenn sich meine innere Angst durch die geringste Geste verraten hätte.

Manchmal gelang es mir, ganz, ganz vorsichtig einen etwa zwei Meter langen Stock darauf zu legen. Nun, die schreckliche Schlange entfaltete einfach träge ihre Windungen und glitt sanft darunter hervor. Das Ergebnis wäre ganz anders ausgefallen, wenn ich den Stock grob auf ihren Kopf gelegt hätte!

Daraus können Sie ersehen, dass die Gefahr durch Schlangen weitaus geringer ist, als man aufgrund der spannenden Abenteuer glauben könnte, die einem Freunde (zwischen gebratenen Kastanien und einem Schluck Wein) gemütlich um ein gemütliches Kaminfeuer herum erzählen. Diese Abenteuer haben sie in den Märchenseiten jener Geschichtenerzähler gelesen, die das anständige Publikum mit den schönsten oder furchterregendsten Beschreibungen von Orten, Menschen und Tieren, deren Namen sie kaum kennen, in die Irre führen.

Schlangen werden immer mit Stöcken angegriffen und niedergeschlagen, mit Ausnahme der sehr großen, die mit Lassos gefangen werden, wie ich in einem anderen Kapitel erklären werde. Es ist ein schnelles und einfaches Mittel, um sich in wenigen Minuten von einem giftigen Feind zu befreien, was immer gelingt, wenn die Angst nicht dazu führt, dass Auge und Hand ihr Ziel verfehlen, denn Präzision beim Schlag ist alles, was nötig ist.

Vor nicht allzu langer Zeit hatte ich ein Abenteuer mit einem dieser Reptilien, das mein letztes zu sein drohte. Ich schlenderte ruhig durch den Wald und hatte weder eine Waffe noch einen Stock bei mir. Meine Gedanken waren weit weg, aber ein Rascheln und ein lautes Zischen holten sie schnell zurück und hielten mich inne. Eine große, giftige Schlange stand direkt vor mir! Aufgerichtet, mit offenem Maul und heraushängender Zunge, die Verkörperung des Hasses, stand sie da, bereit zum Angriff. Meine Lage war hoffnungslos und nur ein Wunder der *Kaltblütigkeit* konnte mich retten. Ich fixierte die Augen fest auf die Schlange, beugte sehr langsam und mit der langsamstmöglichen Bewegung meine Knie und kauerte mich auf den Boden, wo ich ebenso langsam und methodisch nach einer Art Stock tastete, mit dem ich meinen Gegner schlagen konnte. Als ich gefunden hatte, was ich wollte, richtete ich mich auf die gleiche vorsichtige Weise auf und schlug mit einer plötzlichen, schnellen Bewegung mit aller Kraft auf das Tier ein. Zum Glück traf mein Schlag und ich hatte einen neuen Gegner im Dschungel.

Der Reisende auf Malaiisch, dem ängstliche Gefühle nicht völlig fremd sind, täte gut daran, seinen bequemen Posten im Eisenbahnwaggon zwischen einem Ort und dem anderen nie zu verlassen oder sich wenigstens in sicherer Entfernung vom Wald aufzuhalten, denn obwohl dessen Gefahren stark übertrieben wurden, gibt es dennoch einige, die ein starkes Herz und starke Nerven erfordern.

Wenn es kein Großwild gibt, das Ihren Mut und Ihren Puls auf die Probe stellt, gibt es immer eine Horde kleinerer Tiere, die Sie veräppeln und Ihre Widerstandskraft auf die Probe stellen. Eine Ratte beißt Sie im Schlaf in die Ferse; die Blutegel saugen Ihr Blut; alle möglichen Insekten stechen Sie. Diese kleinen lästigen Vorfälle reizen Körper und Geist und können Fieber verursachen, aber eine Dosis Chinin und eine Kompresse auf der Wunde zeigen bald eine gute Wirkung.

Doch es genügt nicht, körperlichen Gefahren tapfer entgegenzutreten, physische Schmerzen zu ertragen und die Demütigungen, die einem die winzigen Bewohner dieser Regionen zufügen, mit Würde zu ertragen. Denn der Dschungel verlangt auch gewisse moralische Tugenden, die von der Zivilisation nicht immer geschätzt oder bewundert werden, ja über die sie im Gegenteil oft lacht.

Die große Zauberin, für die man eine seltsame Nostalgie empfindet, wenn man einmal ihre Großartigkeit und ihre Schrecken erlebt hat, tötet den Mann, der in seinen Gewohnheiten nicht maßvoll ist.

Um das Leben im Wald zu verlängern, ist eine maßvolle Ernährung die wichtigste Voraussetzung. Der Magen darf nie überladen werden und es dürfen keine starken Getränke zu sich genommen werden.

Indem ich dieser Lebensweise folgte und mir nur sehr selten ein Glas Wein gönnte, gelang es mir, im Jahr 1889 bei ausgezeichneter Gesundheit zu bleiben, als auf der Insel Nias eine Epidemie wütete und unter den Eingeborenen traurige Verwüstungen anrichtete.

Der menschliche Organismus, insbesondere der eines Europäers, ist zahlreichen Unannehmlichkeiten ausgesetzt, die Krankheiten hervorrufen können: der brennenden Sonne, die das Gehirn zu kochen scheint, den kalten Nächten und starkem Tau, den heftigen Stürmen, die ganz plötzlich über dem Kopf hereinbrechen, und der Nahrung, die man ertragen muss, auch wenn sie nicht wirklich hygienisch ist.

Aus diesem Grund ist eine strikte, auf Mäßigung basierende Regelung unabdingbar.

Es stimmt, dass ich in meiner Waldhütte eine Auswahl der besten Weine und Whiskys habe, auch wenn es unwahrscheinlich ist, dass ich meinen Freunden ein Glas anbieten kann. Doch diese Flaschen bleiben gut verkorkt und warten darauf, dass sich ihr rechtmäßiger Besitzer unwohl fühlt und ein Schluck ihres Inhalts ihm seine verlorene Kraft zurückgibt, ohne dass er auf Medikamente zurückgreifen muss.

Die größten Gefahren im Dschungel sind jene, denen man nicht ungestraft begegnen kann; jene, die jede Verteidigung wirkungslos machen, wenn man überrumpelt wird.

Ich spreche von den Tigern und Panthern, die sehr zahlreich und verwegen sind; von den Bären, die sich hier nicht so scherzhaft benehmen wie auf unseren Straßen und in unseren Menagerien, sondern an Blutdurst mit anderen wilden Tieren wetteifern; vom Nashorn, dem Elefanten, dem schrecklichen *Sladan* , den wilden Hunden, die, wild wie Wölfe, in großen Rudeln umherstreifen.

Eine Abhandlung über Tiger und seine Artgenossen scheint mir kein ausreichend interessantes Thema für meine Leser zu sein, die auf Messen und in Museen schon viele davon gesehen und ihren Charakter und ihre Gewohnheiten aus naturkundlichen Büchern oder aus der (nicht immer korrekten) Beschreibung von jemandem kennen, der das Land, in dem sie leben, erst einmal betreten hat. Ich muss jedoch den *Sladan besonders erwähnen* , den einzigen Überlebenden einer fast ausgestorbenen Fauna.

Dieses Tier gehört zur Klasse der Pflanzenfresser, ist aber wilder als alle anderen Fleischfresser. Es tötet nicht aus Hunger oder zur Selbstverteidigung, sondern einfach nur um des Tötens willen.

Es handelt sich um eine Art Büffel oder Bison mit zwei sehr kräftigen, stark angesetzten Hörnern auf seinem stämmigen Kopf. Dieses Tier besitzt eine solche Kraft und Beweglichkeit, dass es alle anderen wilden Tiere siegreich angreifen kann. Nur dem Elefanten gelingt es manchmal, ihn mit Mühe zu bezwingen.

Sein Bau befindet sich in den entlegensten und unzugänglichsten Teilen des Waldes und er durchstreift Tag und Nacht die Gegend und zerreißt die Luft mit seinem schrecklichen Gebrüll. Man kann nie sicher sein, ihm nicht zu begegnen, und ihm zu begegnen bedeutet entweder, ihn zu töten oder getötet zu werden.

Er ernährt sich sehr von den zarten Trieben der Süßkartoffeln und besucht deshalb oft die Felder der Sakais, die aus Angst vor diesem gefürchteten Feind nicht viel anbauen. Normalerweise verwüstet der *Sladan* die Kartoffelfelder jedoch nachts.

Die Wildheit dieses Tieres übertrifft die aller anderen, denn während Löwe, Bär und sogar Tiger und Panther gewisse Gefühle von Respekt, Dankbarkeit oder Furcht zeigen, zeigt der *Sladan* niemals das eine oder das andere. Es scheint fast, als sei in ihm der ganze Hass einer aussterbenden Tierrasse gegen jedes Lebewesen konzentriert, dessen Art noch dazu bestimmt ist, auf der Welt zu bleiben.

Und doch leben ganz in der Nähe der Reviere dieser Helden der Wildheit, die immer auf der Suche nach Blut und Gemetzel sind, andere ruhige und harmlose Tiere. Von den Wildschweinen (die im Vergleich zum *Sladan* wie ein Lamm aussehen könnten), den Wildziegen oder den Hirschen, die in großer Zahl vorkommen, will ich gar nicht reden, aber es gibt kleine vierbeinige Nagetiere aller Art, Größe und Felle, außerdem ganze Scharen von Affen verschiedener Gattungen. Sie gehören zur Ordnung der Pflanzenfresser und sind tagsüber auf Nahrungssuche unterwegs. Wenn die ersten Schatten der Nacht die Helden nächtlicher Tragödien aus ihren Höhlen locken, verstecken sie sich.

Eine geschwätzige Vogelpopulation belebt den Wald; sie sind Insektenfresser, Körnerfresser und Allesfresser, aber alle sind wunderschön in ihrer reichen und wunderbaren Farbvielfalt. Unter ihnen sind der Fasan mit seinem orientalischen Gefieder und der Kakadu mit seiner quengeligen Stimme als die größten bemerkenswert.

Zu Ehren des anbrechenden und des vergehenden Tages wird ein lustiges Konzert gegeben, doch lange bevor die Raubvögel ihre Flügel ausgebreitet haben und wie Phantome durch die Dunkelheit schweben, verstummen die hübschen Weihnachtssängerinnen mit ihrem Trällern und verstecken sich vor den Schrecken der Nacht.

Ein Schmetterlingssammler würde angesichts der prachtvollen Arten, die durch die Luft flattern und huschen, in Ekstase geraten, und die zahllose Vielfalt unterschiedlicher Insekten wäre ein besonderes Studium wert; unter den letzteren sind die merkwürdigsten mimetischen Tatsachen nachgewiesen, die sich der unvoreingenommene Geist eines Politikers nur vorstellen kann!

Und doch ist das Leben im Wald inmitten so vieler Gegensätze, inmitten so vieler Gefahren, die außergewöhnliche Geistesgegenwart und starke Nerven erfordern, voller Charme und Verlockungen.

Der Geist wird gestärkt und erhoben durch diesen andauernden, offenen und ausgeprägten Krieg, der so ganz anders ist als die deprimierenden Kämpfe gegen Engstirnigkeit und Tigerherzen, die das Stadtleben kennzeichnen.

Es kommt sehr selten vor, dass man im malayischen Wald einem Menschen begegnet. Man kann wochenlang wandern, ohne einer Menschenseele zu begegnen. Einmal jedoch traf ich zufällig auf ein Wesen, das im strengsten Sinne des Wortes ein primitives Wesen war.

Falle für Reptilien und Ratten.

Eines Tages stapfte ich mit meinem Sakai-Diener dahin, als ich am Fuße des Hügels (Chentok) eine kleine Hütte sah und sie besuchen wollte. Darin fand ich einen Mann. Als er mich sah, griff er nach seinem Blasrohr – einem erbärmlich aussehenden Instrument – und seinen vergifteten Pfeilen und wollte gerade davonlaufen. Ich ließ meinen Begleiter ihm hastig ein paar gekochte Kartoffeln und ein wenig Mais anbieten, was er wortlos annahm und gierig zu verschlingen begann.

In diesen kurzen Augenblicken machte ich mir ein Bild von dem armen Geschöpf. Er war entsetzlich dünn; sein Skelett war unter der schmucklosen Haut deutlich zu erkennen; seine tiefliegenden Augen funkelten vor Misstrauen und Unruhe aus seinem fleischlosen Gesicht, und sein langes schwarzes Haar lag in wirren Massen um seinen Hals.

Ich hatte den wahren Typ eines wilden Waldmenschen vor mir, weniger lebhaft und weniger redselig als sein Bruder, der Affe.

Ich gab ihm etwas Tabak, den er gierig in seinen Mund stopfte, und dann eilte er, seine Waffe festhaltend, davon, ohne eine einzige Silbe hervorzubringen, obwohl ich ihm viele Dinge in seiner eigenen Sprache fragte.

Er brachte auch in keiner Weise seine Zufriedenheit oder Dankbarkeit für das zum Ausdruck, was er erhalten hatte, sondern verschwand stumm, verächtlich und lautlos im dichtesten Teil des Dschungels.

Mein kleiner Sakai war über diesen seltsamen Menschen und seine Vorgehensweise nicht ganz so überrascht wie ich, da er ihn schon einmal gesehen hatte und mir einiges über ihn erzählen konnte.

Er war unter dem Namen *Alà Lag* oder der Zauberer bekannt. Er hatte keine Frau, keine Kinder, keine Freunde und lebte ganz allein, weit weg von allen. Er wanderte durch den Wald und ernährte sich von wildem Honig und den Früchten, die er auf dem Boden fand. Wenn er zufällig Wild gefangen hatte, zündete er ein kleines Feuer an und tat so, als würde er es kochen, aber in Wirklichkeit aß er es roh. Manchmal kam er an eine Siedlung, betrat dann die erste Hütte, die ihm im Weg lag, bat mehr mit Gesten als mit Worten um Essen und machte sich, nachdem er es bekommen hatte, wieder auf den Weg.

Die guten Sakais hatten Mitleid mit dem armen Vagabunden und versuchten oft, ihn dazu zu bewegen, bei ihnen als Bruder oder Gast zu bleiben, doch er lehnte alle ihre Vorschläge stets entschieden ab, und sie waren der Meinung, dass nicht einmal das Alter etwas gegen die Menschenfeindlichkeit dieses armen, harmlosen Wesens haben könne, das sich so hartnäckig von allen seinen Artgenossen abschottete.

Ich dachte bei mir: Ist der arme Kerl weise oder verrückt, wenn er versucht, so allein zu leben, wie die Natur ihn geschaffen hat, in der grenzenlosen Freiheit seines heimatlichen Dschungels, wo er vor Wahnvorstellungen und Sorgen sicher ist?

Männer, die kaum weniger wild sind als er, empfinden Mitleid mit ihm, wenn er vorbeigeht. Niemand würde es wagen, eine so harmlose Seele auszulachen oder zu verletzen, und so darf er ungestört von Hütte zu Hütte wandern, wobei seine Exzentrizitäten und sein seltsames Verhalten ihm Schutz bieten.

Dies ist bei zivilisierteren Menschen nicht immer der Fall.

KAPITEL VIII.

Ein offizieller Termin – Eine Inspektionstour – Verloren im Wald – Ich finde einen Philosophen – Lykurg und seine Gesetze – Ein zufriedener Geist ist ein ständiges Fest – Eine Nacht unter den Tigern – Auf dem Berumbum – Ich schlafe mit einer Schlange – Der Letzte von vielen – Sicher vor Fallen und Pfeilen – Die Krönung von König Edward VII.

Nachdem ich einen regelmäßigen Handel mit Forstprodukten aufgebaut und mich auf dem Gebiet des Plantagenanbaus versucht hatte, verspürte ich den starken Wunsch, das gesamte von den Sakai-Stämmen bewohnte Land zu erkunden, um seine Reichtümer besser einzuschätzen und gleichzeitig den Charakter dieses Volkes, von dem ich nur eine begrenzte Anzahl kannte, besser kennenzulernen.

Von Bidor aus reiste ich weiter nach Sunkei Selin und Pahang, und als ich 1901 zufällig in Tapah war, wurde mir die Regierungsstelle des Superintendenten der Perak Sakais angeboten.

Der Vorschlag befriedigte einen kleinen Ehrgeiz, dessen ich mir vorher nicht wirklich bewusst gewesen war. Ich nahm ihn daher mit großer Freude an, umso mehr, als ich mich geschmeichelt fühlte, dass die britische Regierung einem Italiener so viel Vertrauen entgegenbrachte.

Meine erste Amtshandlung bestand darin, Nachforschungen über einen schweren Streit anzustellen, der unter den in der Ebene lebenden Sakais ausgebrochen war und mehrere Todesopfer gefordert hatte.

Angesichts der guten Natur dieser Menschen war dieser Umstand so ungewöhnlich und außergewöhnlich, dass er eine Untersuchung durchaus wert war.

Zwei Bretak Sakais stiegen von den Höhen herab, die Perak und Pahang trennen, und fanden Gastfreundschaft bei einer Familie jener Sakais, die ständig mit Fremden in Kontakt sind. Als die beiden Gäste sahen, wie sie etwas Salz aus einem Bambusrohr nahmen und aßen, baten sie darum, es auch probieren zu dürfen. In jeder Hütte der Dschungelwilden wäre dieser Wunsch erwartet worden, aber diese anderen hatten im Umgang mit ihren Nachbarn Selbstsucht und andere Fehler gelernt und antworteten einfach, dass Salz jedem schade, der nicht daran gewöhnt ist.

Diese Ausflüchte, die einer Ablehnung gleichkamen, beleidigten die Bretaks, da sie gegen den Brauch der Sakai verstießen, alles, was sie besaßen, wie Brüder zu teilen. Sie bestanden auf ihrem Recht und bekamen schließlich eine Handvoll Salz, die sie ihnen widerwillig gaben.

Nachdem die Bretaks gegangen waren, gingen die anderen Männer zu ihren Fallen und brachten vier große Ratten mit, die sofort gekocht und reichlich gesalzen wurden.

Es geschah, dass eine der Frauen, die schon seit einiger Zeit krank war, zwei davon aß und sich dadurch eine so schwere Verdauungsstörung zuzog, dass sie nach ein paar Tagen nicht mehr zurechtkam.

Auf der Suche nach Früchten und Blumenzwiebeln.

Die Sakais dachten sofort, dass ihr plötzlicher Tod auf einen bösen Zauber der Bretaks zurückzuführen sein musste, die sich für die Zurückhaltung, ihnen das Salz zu geben, rächen wollten. Sie beschlossen schnell, dass das Verbrechen mit dem Tod bestraft werden sollte, und machten sich auf die Suche nach den vermeintlichen Tätern. Sobald sie in Reichweite waren, griffen sie sie mit einer Salve vergifteter Pfeile an. Die anderen verteidigten sich natürlich und der Konflikt endete mit drei Toten.

Im Laufe der Zeit erfuhr die Regierung von der Angelegenheit und beauftragte den *Pengulu* (malaiischen Häuptling), Nachforschungen anzustellen, um die Verantwortung festzustellen. Doch er weigerte sich, einzugreifen.

Kaum war ich zum Superintendenten ernannt, erhielt ich den Befehl, mich mit der Sache zu befassen, und mir wurde eine Eskorte bewaffneter Soldaten zur Verfügung gestellt, um die Schuldigen festzunehmen. Aber diese Vorgehensweise war nicht meiner Meinung, wie ich in meinem Bericht erklärte. Die Tatsache war völlig außergewöhnlich und die Folge eines beklagenswerten Aberglaubens. Indem wir jemanden einsperrten, hätten wir das große Übel der Unwissenheit nicht geheilt, sondern nur den Samen des Hasses gegen den weißen Mann gesät, denn die gefängengenommenen Männer konnten nicht lange in Abgeschiedenheit leben und ihr vorzeitiger Tod würde niemals verziehen werden.

Da die britische Behörde meiner Ansicht positiv gegenüberstand, konnte ich allein hingehen und die Rechtmäßigkeit des Falles klären. Anschließend gelang es mir, eine völlige Beruhigung aller Beteiligten zu erreichen.

Ich war erst seit kurzer Zeit in meinem neuen Amt, als ich beschloss, eine Inspektionsreise durch das mir anvertraute Gebiet zu unternehmen, und ich kann mich wirklich an keine andere meiner Reisen erinnern, die so voller Ereignisse und emotionaler Erlebnisse gewesen wäre. Zwei davon werden mir nie aus dem Gedächtnis verschwinden.

Ich war ganz allein unterwegs und verließ mich vielleicht zu sehr auf mein Wissen über den Dschungel, und die Möglichkeit, dass ich mich im Wald verirren könnte, kam mir nie in den Sinn.

Und doch handelt es sich hier um eine der größten Gefahren, die jedem begegnen können, denn sie stellt möglicherweise die Zusammenfassung aller anderen Gefahren dar.

Wer im Wald geboren ist und aufwächst, ist dieser Gefahr mit Sicherheit nicht ausgesetzt, denn aus einem kleinen Schnitt in einem Baum, einem abgebrochenen Schilfrohr, einem herabhängenden Ast, dem kleinsten Zeichen, das dem schärfsten europäischen Auge entgehen würde, weiß der Eingeborene genaue Hinweise auf die einzuschlagende Richtung zu ziehen. Wohin er auch geht, vergisst er nie, eine Spur seines Weges zu hinterlassen, um ohne Unsicherheit und Zeitverlust den Weg zurück zu finden. Auf diese Weise wandern die Sakais mit erstaunlicher Sicherheit durch den Dschungel, als würden sie auf einem gut vorgezeichneten Pfad wandeln.

Die gleiche erstaunliche Vielfalt der Waldlandschaft, die der Wald dem Blick bietet, verleiht ihm im Kopf eines Weißen eine gewisse Einheitlichkeit. Die riesigen Bäume, die sich, so weit das Auge reicht, einer nach dem anderen erstrecken; die sich überall windenden Schlingpflanzen und Kletterpflanzen; die riesigen Büsche und blühenden Dickichte; die Senken und Vertiefungen im Boden und die kleinen Teiche, über denen das Grün von Schilf und Binsen ebenso triumphiert wie die leuchtenden Blumenfarben. Der Europäer erfasst all dies mit einem einzigen Blick in seiner Gesamtheit, kann aber wie der Sakai den Unterschied zwischen diesem Baum und jenem, diesem Tal und dem anderen nicht erkennen. Und wenn der arme Mann allein ist, wird er sich mit Sicherheit verirren; und wenn er sich verirrt, besteht nur eine sehr geringe Chance, dass er jemals wieder herauskommt.

Der Abend nahte rasch; die Vögel sangen ihre letzten Lieder des Tages, und in der ersten Stunde einer kurzen Dämmerung herrschte jene feierliche Ruhe, die dem Wald besonders eigen ist, wenn seine unschuldigeren Bewohner beginnen, sich für die Nacht zu verbergen, und die wilden Tiere der Dunkelheit noch nicht auf der Suche nach Beute unterwegs sind.

Es wurde spät und ich beeilte mich, meine Hütte zu erreichen, aber so sehr ich mich auch beeilte, sie kam nie in Sicht. Ich konnte das überhaupt nicht verstehen, bis ich plötzlich (mit welcher Bestürzung, das kann sich mein Leser ausmalen) bemerkte, dass ich den Spuren eines Bären gefolgt war, und glaubte, sie stammten von einem Menschen.

Erschrocken schaute ich mich nach allen Seiten um und musterte jeden Teil prüfend. Ich ging ein Stück hierhin und dorthin, dann ging ich denselben Weg wieder zurück und versuchte ängstlich, einen Hinweis auf die richtige Richtung zu finden.

Ach, die Wahrheit war eindeutig : Ich hatte mich tief im Wald verirrt, und was noch schlimmer war, es war bei Einbruch der Nacht!

Nach und nach trocknete der Schmerz meine Kehle aus und kalter Schweiß stand mir auf der Stirn. Was konnte ich tun? Wenn ich auf dem Boden bliebe, wäre ich den tödlichen Liebkosungen eines wilden Tieres ausgesetzt. Wenn ich dagegen auf einen Baum kletterte (was keine leichte Sache wäre, da ich eine Kletterpflanze finden müsste, die stark genug wäre, um mein Gewicht zu tragen), wäre ich dann nicht ebenso dem tödlichen Griff einer Schlange ausgesetzt?

Je dunkler es wurde, desto mehr wuchsen meine Verwirrung und Angst. Ich begann verzweifelt zu schreien und rief mit einer so durchdringenden Stimme, wie ich sie mir noch nie hätte vorstellen können, um Hilfe. Es war meine einzige und letzte Hoffnung.

Müde, hungrig, durstig und entmutigt schrie ich weiter, so laut ich konnte, und schließlich schien es mir, als ob eine menschliche Stimme aus der Ferne auf mein wildes Geschrei antwortete. Noch einmal brüllte ich aus voller Kehle und lauschte dann. Ja, es gab keinen Zweifel; jemand hatte mich gehört, und mit der Schärfe der Verzweiflung drehte ich mich in die Richtung des Geräuschs und eilte weiter.

Es dauerte nicht lange und ich stieß auf eine einsame Hütte, in der, wie ich feststellte, eine sechsköpfige Familie lebte.

Ich erzählte von meinem gefährlichen Abenteuer, und man gab mir Essen (das sicherlich nichts für empfindliche Mägen war) und Wasser. Im Gegenzug reichte ich etwas Tabak herum. Dann zündete ich, ruhig angesichts der Nacht, mit einem Seufzer der Erleichterung meine Pfeife an, meinen stets treuen Begleiter auf Reisen, und begann mit dem alten Mann, dem Oberhaupt der Familie, zu plaudern.

Ich habe absichtlich auf die Abneigung der Sakais gegenüber der Arbeit hingewiesen und ihn nach dem Grund dafür gefragt.

Ganz ruhig und ohne das geringste Zögern antwortete er:

„Warum sollten wir uns die Mühe und Strapazen der Sklavenarbeit auferlegen? Gibt uns die Erde nicht spontan mehr als genug für unseren Bedarf, ohne dass wir sie mit Geräten quälen müssen? "

Das Argument war logisch, aber ich lächelte und bemerkte:

„Mir scheint nicht, dass die Erde alles hergibt, ohne dass man sie bearbeiten muss. Wenn man Reis oder Tabak haben möchte, muss man diejenigen darum bitten, die ihn anbauen."

Der alte Mann erwiderte schnell:

"Und was macht das schon? Wir haben das Recht, etwas zu verlangen, denn beides wächst auf unserem Boden. Indem wir unseren schönen Wald für Plantagen abholzen, berauben wir uns des Wildes und des Obstes; indem wir unsere Teiche austrocknen, haben wir keinen Fisch mehr zu essen; indem wir unser Land bebauen, werden wir immer weiter in Richtung der Berge getrieben, auf der Suche nach der Nahrung, die unsere Väter sättigte, doch der Fremde, der zu uns kommt, tritt den Weg, den wir mit unseren Füßen zurückgelegt haben. Ist es dann nicht gerecht, dass wir eine gewisse Entschädigung erhalten, dass bestimmte unserer Bedürfnisse berücksichtigt werden? "

Auf der Suche nach tierischer Nahrung.

"Povera e nuda vai, filosofia", [6] murmelte ich vor mich hin und bewunderte den alten Mann, unwissend und nackt, der in den rauhen, gebrochenen Sätzen seiner armseligen Sprache mit größter Einfachheit Fragen des Bürgerrechts löste, die ein Universitätsprofessor kompliziert und sogar schwierig gefunden hätte. Ich fuhr jedoch fort:

„Aber wenn niemand zu euch käme, der eure Pfade beschreitet; wenn niemand einige Streifen eures Waldes kultivieren würde, wie wollt ihr dann an Kaliko, Tabak und Reis kommen? "

Mit einem Kopfschütteln beeilte sich mein bescheidener Gastgeber zu antworten:

„Kann der Mensch nicht ohne diese Kleinigkeiten leben? Versorgt uns der Wald nicht mit Fleisch, Fisch und Geflügel? Bringt er für unseren Gebrauch nicht Wurzeln, Knollen, Trüffeln, Pilze, essbare Blätter und erlesene Früchte hervor? Bieten uns seine Bäume nicht Schutz und ihre Rinde nicht eine Hülle für unseren Körper, wenn es nötig ist ? Was könnte man sich mehr wünschen? "

Ich war verblüfft! Aber als ich bemerkte, dass mein neuer Freund in Plaudereilaune war, eine Tatsache, die ich innerlich auf die Wirkung des gleichen Tabaks zurückführte, dessen Notwendigkeit er gerade noch verneint hatte, den er aber mit sichtlichem Vergnügen rauchte, lenkte ich das Gespräch auf eine andere Richtung und fragte, warum seine Leute nicht in anderen Teilen der Halbinsel zu finden seien.

"Wir lieben unseren Wald und unsere Freiheit zu sehr, um diese Grenzen jemals freiwillig zu verlassen", antwortete er ruhig und in überzeugtem Tonfall, "und wenn unsere Leute, wie es in der Vergangenheit manchmal geschah, gezwungen waren, ihren Eroberern zu folgen und ihnen zu dienen, brachten sie ihren Herren wenig oder gar keinen Nutzen, denn wenn sie eine Chance fanden, zu ihren Verwandten zu fliehen, taten sie dies, und wenn nicht, starben sie innerhalb kurzer Zeit an gebrochenem Herzen. Was unsere Kinder betrifft, würden wir sie lieber selbst töten, als sie in die Hände unserer Nachbarn fallen zu lassen. Jetzt, da wir vom *Orang Putei beschützt werden* " (er meinte die britische Regierung), "leben wir und unsere Familien in mehr Frieden als zuvor".

Als ob ihn schmerzhafte Erinnerungen überwältigten, wurde er still und traurig. Nach einer Minute fuhr er mit dumpfer Stimme fort, als spräche er zu sich selbst: „Früher waren diese Gegenden nicht so verlassen, und bevölkerungsreiche, wohlhabende Dörfer lagen über den Wald verstreut. Aber unsere Ruhe und unser Wohlstand erregten den Neid anderer Stämme, die uns ihnen unterwerfen und wie Sklaven arbeiten lassen wollten. Also griffen sie uns bewaffnet an und plünderten, verbrannten und zerstörten alles, was uns gehörte. Wir wurden zerstreut und gezwungen, in isolierten Hütten zu leben, die an den unzugänglichsten Orten errichtet wurden, um nicht die Aufmerksamkeit anderer Menschen auf sich zu ziehen."

Er hielt erneut inne und fügte dann hinzu:

„Wir haben jetzt nichts mehr zu verlieren außer unserer Freiheit, die uns wertvoller ist als das Leben selbst, und dafür sind wir bereit, bis zum Äußersten zu kämpfen, selbst wenn unsere Körper auf dem Boden liegen bleiben und Tiere und Vögel davon fressen können."

Ein grelles Licht entzündete die Augen des alten Sakai, was Böses für jeden verheißen hatte, der versuchte, die Ruhe ihres gegenwärtigen Wanderlebens zu stören. Und ich begriff, wie viel stärker diese harmlosen Menschen in ihrer Zerstreuung waren, als wenn sie in Dörfern zusammengepfercht wären. Wenn Angreifer diese einsamen Hütten angreifen würden, würden sie feststellen, dass ihre Besitzer dem Angriff mit der ganzen Wildheit wilder

Tiere sofort entgegentreten würden, und selbst wenn niemand vor dem Massaker gerettet werden würde, um die schrecklichen Nachrichten in anderen Lagern zu melden, wäre durch den Lärm von Feuerwaffen und Schreien Alarm geschlagen worden. Infolgedessen würden die anderen Sakais sofort alle Zeichen ihrer Behausung zerstören und tiefer in den Wald vordringen, der für sie kein Geheimnis birgt. Gegen Nacht würden sie durch das hohe Gras schleichen, bis sie den Feind fanden, der uns als Ziel für ihre vergifteten Pfeile dienen würde. Wie gut ihre Feinde auch mit Gewehren und Revolvern umgehen können, sie wären immer im Nachteil, denn diese Waffen verraten die Position des Schützen, doch der tödliche Pfeil fliegt aus der Dunkelheit und lässt den Ort, von dem er kommt, im Unklaren.

Nichts könnte in der Kriegsführung verheerender sein als ein Angriff mit Giftpfeilen mitten im Wald während der Nacht. Ihre Männer würden reihenweise fallen, ohne sich irgendwie verteidigen zu können.

Anschließend ließ ich mir von dem alten Mann etwas über ihre Bräuche hinsichtlich Ehe und Familienorganisation erzählen.

„Indem jede Familie für sich lebt", sagte er, „ohne einem Oberhaupt oder einer Autorität außer dem Ältesten (sei es Vater oder Großvater) unterworfen zu sein, ist unser Frieden gewährleistet. Es gibt keine Streitereien, keine Eifersucht oder schlechte Gefühle, denn alle sind gleich, alle leben auf die gleiche Weise und jeder teilt seinen Besitz unter den anderen auf, so dass es auch keine Ungerechtigkeit gibt."

Ich erhob den Einwand, dass diese vollkommene Gleichheit unmöglich bestehen könne, da die gleichen Rechte und Pflichten in der Haushaltsführung nicht auf die gesunden und starken Familienmitglieder in gleicher Weise angewendet werden könnten wie auf die schwachen und kränklichen. Aber ich musste meinen Gedanken auf verschiedene Weise wiederholen, bevor der Sakai den Sinn verstand, dann rief er aus:

„Ah, ich nehme an, Sie sprechen von einer Art Missbildung oder Defekt. Bei uns ist das eine oder das andere so selten, dass es für einen Sakai schwer wäre zu verstehen, wenn Sie von Männern sprechen, die sich in Form oder Robustheit von ihm unterscheiden. Wenn jedoch der böse Geist dafür sorgt, dass eines unserer Kinder missgebildet oder mit einem Defekt geboren wird, wird es mit der für seinen Zustand erforderlichen Sorgfalt behandelt, aber es kann seine Gebrechlichkeit nicht auf andere übertragen, weil ihn erstens unsere Bräuche zwingen, ein Leben in Keuschheit zu führen, und zweitens keine Frau unseres Stammes einer Verbindung mit ihm zustimmen würde."

Oh, Lykurg, dachte ich, deine weisen Gesetze finden hier, unter den Wilden, eine weniger brutale Anwendung. Wer ohne Liebe stirbt (und da die Sakais nicht zu starken Leidenschaften neigen und von Natur aus keusch sind, ist das kein sehr großes Opfer), wird vielen das Unglück ersparen und ein ganzes Volk vor dem Verfall bewahren.

Nachdem der alte Mann vom bösen Geist gesprochen hatte, fragte ich abrupt, wer dieses gefürchtete Wesen sein könnte.

„Er besitzt alles", antwortete er und senkte die Stimme, als fürchtete er, gehört zu werden. „Er ist im Wind, im Blitz, im Erdbeben, er ist in den Bäumen und im Wasser. Manchmal dringt er in unsere Hütten ein und lässt jemanden sterben. Dann begraben wir unsere Toten tief unter der Erde, lassen ihnen Nahrung und ihren Besitz zurück und fliehen von der Stelle, denn es ist gefährlich, unter dem Blick des Geistes zu bleiben."

Nachdem wir unser Gespräch beendet hatten, das ich Ihnen getreu wiedergeben wollte, obwohl der Sakai sich in den kurzen, monotonen Phrasen ausgedrückt hatte, die seiner Sprache eigen sind, die nur wenige Wörter und Verben enthält, bereiteten wir uns darauf vor, dem Beispiel der anderen Mitglieder der Familie meines Gastgebers zu folgen, die während unseres ruhigen Gesprächs eingeschlafen waren. Doch bevor ich die Augen schloss, ließ ich die Theorien des alten Försters noch einmal in Erinnerung kommen und fand darin einen so treffenden Ausdruck von Rechtschaffenheit, einfacher, aber starker Logik, Geist und Intelligenz, dass ich sie nur bewundern und ihnen zustimmen konnte.

Ein Mischlings-Sakai.

Ich fragte mich, ob die Philosophie der Gelehrten nicht schlechter war als die dieses Wilden, der sein Dasein auf die Befriedigung materieller Bedürfnisse beschränkt sah, ohne sich mit eingebildeten Bedürfnissen zu quälen und ohne seine Nerven, Muskeln, sein Herz und sein Gehirn im täglichen Kampf um das zu verausgaben, worauf er verzichten konnte. Und ich fragte mich, ob er in dieser vollkommenen Trägheit, in dieser Immunität gegen alle Gefühle der Sinnlichkeit, des Hasses, des Ehrgeizes oder der Rivalität nicht tausendmal glücklicher sein musste als wir in der zivilisierten Gesellschaft, die wir unser Glück suchen und unsere Launen, unsere Torheiten inmitten von Aufregung und starken Emotionen befriedigen, die in einem ständigen Fieber von Misstrauen, Eifersucht und Neid leben, vielleicht Reichtümer anhäufen, aber die Seele verkümmern lassen, die nicht einmal für einen Tag den höchsten Segen der Gelassenheit genießen kann?

Was ist näher an der Wahrheit (dachte ich mir): derjenige, der sich in die Reihe der Natur stellt wie einer ihrer Nachkommen, der alles Lebensnotwendige direkt aus ihren nie versiegenden Vorräten erhält und sich dadurch auf die Stufe des bescheidensten ihrer Geschöpfe herablässt, oder wir, die uns damit abmühen, ein Modell der Vollkommenheit zu erschaffen, ein Männchen, das jeder auf seine eigene Weise schmücken möchte – mit seinen eigenen Tugenden oder seinen eigenen Fehlern?

„Ein zufriedener Geist ist ein ständiges Fest". Dieses Sprichwort wurde durch die Person des alten Sakai bestätigt. Als Feind jeglichen Fortschritts passte er sich logischerweise seiner Umgebung an und beschränkte seine Wünsche auf das, was er sicher erreichen konnte.

Aber warum predigen wir, die wir in unserer Zivilisation nach Fortschritt hungern und dürsten, unseren jungen Menschen ständig dieses Sprichwort und veranschaulichen es ihnen bei jeder möglichen Gelegenheit?

Das liegt vielleicht daran, dass wir allerorts auf harte Widersprüche stoßen, die von Leuten vorgebracht werden, die mit all ihrem Eifer das Wahre mit dem Absurden zu versöhnen suchen, um das Wahre als Ersatz für das Absurde durchzusetzen. Diese Leute benutzen diese Maxime für ihre eigenen Zwecke und um andere auszunutzen. Dieser Wilde hingegen, aufgewachsen in den mütterlichen Armen der Natur (die ohne Betrug oder Veränderung gibt und nimmt, hervorbringt und verursacht), war in sich so zufrieden mit dem, was sie ihm gab und befahl, dass es nicht nötig gewesen wäre, ihm eine Vorschrift, die spontan seinem Herzen entsprang, mit den Lippen beizubringen.

Mein lieber Leser wird vielleicht die Achseln zucken, wenn er nur daran denkt, dass ich so kurz nach einem so schrecklichen Abenteuer den Willen zum Philosophieren habe. Nun, ich gestehe, dass ich nach einem anderen, noch schrecklicheren Abenteuer, nicht den Drang dazu verspürte.

Ich hatte meine Hütte am Nachmittag verlassen, um die Arbeiten an einer Straße zu inspizieren, die ich in der Nähe eines kleinen Sakai-Dorfes am Fuße eines Berges bauen ließ. Als ich die Stelle erreichte, rief ich wie gewohnt laut, um die notwendigen Befehle zu geben; aber niemand antwortete. Ich fragte mich, was das zu bedeuten hatte, und stieg zu der Gruppe von Hütten hinab, die ich leer und halb zerstört vorfand. Ich nahm an, dass einer der Bewohner vom Tod heimgesucht worden war und dass die anderen gemäß ihrer Gewohnheit ihre Behausungen hier verlassen hatten, um weit weg von dem vom bösen Geist heimgesuchten Ort neue zu errichten.

Diese Entdeckung ärgerte mich und beunruhigte mich, denn die Sonne würde bald untergehen, und ein kilometerlanger Marsch durch den Wald, allein und ohne Licht, war nichts Gutes zu erwarten.

Ein Treffen zur Feier der Krönung von König Edward VII.

Ich stieg eilig zu meiner vorherigen Position auf, um den Weg wiederzufinden, den ich gekommen war. Der Himmel verdunkelte sich rasch durch den wilden Tanz schwerer schwarzer Wolken, und es dauerte nicht lange, bis sie ihre Schleusen öffneten und der Regen in Strömen fiel, begleitet von blendenden Blitzen.

Ich marschierte weiter, so gut ich konnte, aber unter meinen Füßen bildeten sich rasch Flüsse aus Wasser, die alle Spuren verwischten und mich die Orientierung verlieren ließen. Gleichzeitig begann mich die Angst zu plagen, mich erneut zu verirren.

Nur zu schnell wurde mir bewusst, dass meine Unruhe berechtigt war, denn es war inzwischen Nacht geworden und weder der Blitz noch meine Streichhölzer konnten mir den Weg zeigen, dem ich folgen sollte.

Dann überkam mich die furchtbare Angst, die ich bei der anderen Gelegenheit empfunden hatte und die eine so schreckliche Wirkung auf die Seele hat, dass man nicht einmal mehr denken kann.

Ich drehte mich hierhin und dorthin, ohne auch nur die geringste Ahnung zu haben, wonach ich suchte.

Ich stolperte über das hohe Gras und rollte mehr als einmal in eine Mulde voller Brennnesseln und Dornen, die mir schrecklich in Gesicht und Händen stachen und kratzten. Ich kletterte jedoch fast sofort wieder heraus, beseelt von einem feurigen Selbsterhaltungstrieb, zog mir die Dornen aus dem Fleisch, die mir am meisten weh taten, und begann blutbefleckt und entnervt erneut, meinen Weg im Dunkeln zu ertasten.

Bei einem meiner Stürze spürte ich, wie ein riesiges Tier über meinen Körper galoppierte. Was war das? Ich dachte, es müsse ein Wildschwein sein.

Ich blieb eine Zeit lang erschöpft und schmerzerfüllt auf dem Boden liegen. Meine Kraft und Energie schienen mit jeder Minute zu schwinden und der verrückte, verzweifelte Gedanke schoss mir durch den Kopf, mich nicht mehr zu bewegen, sondern einfach im Regen liegen zu bleiben und auf den Tod oder das Tageslicht zu warten.

Von den hohen Bäumen regnete es Schalen, Hülsen und Früchte auf mich herab, die Reste eines Festmahls, das die Affen auf den dicken Ästen feierten, die ihnen Schutz vor dem schlechten Wetter boten, und aus der Ferne ertönte ein leises, dumpfes Geräusch wie das tiefe Grollen, das oft Naturkatastrophen vorausgeht.

Das Leben im Dschungel hatte mich gelehrt, was dieses furchtbare Brüllen bedeutete. Es wurde durch das laute Gebrüll Tausender wilder Tiere verursacht, die aus ihren Höhlen hervorstürmten und zu der blutigen Versammlung eilten, die sie jede Nacht abhielten.

Das gab mir die Kraft, eine Höchstanstrengung zu unternehmen. Ich stand auf und taumelte weiter, ohne zu wissen, wohin ich ging, und verließ mich ganz auf den Zufall.

Aber am Ende musste ich mich aufgeben und jede Hoffnung, meinem schrecklichen Schicksal zu entgehen, verließ mich. Ich konnte nicht mehr schreien, aber es wäre sinnlos gewesen, denn der immer lauter werdende Lärm hätte verhindert, dass andere und ich etwas anderes hören konnten. Es gelang mir, mich gegen einen Felsen zu stützen und mit aller Kraft, die mir noch blieb, klammerte ich mich mit einer Hand daran fest, während ich mit der anderen den Kragen meiner dünnen Leinenjacke hochschlug und versuchte, mein Gesicht zu bedecken.

Habe ich das getan, um die nahende Gefahr und das unausweichliche Schicksal nicht zu sehen, das mich schnell überholte? Ich weiß es nicht; ich erinnere mich nur an die Tat, nicht aber an den Gedanken, der sie auslöste.

Egal, ob ich wollte oder nicht, ich habe alles gesehen.

Ganz in der Nähe erhellten einige große phosphoreszierende Pilze die Dunkelheit mit ihrem schwachen, gespenstischen Lichtschein.

Der Tumult, der Krawall, das Getrampel schienen immer lauter und näher zu werden. Es war, als ob eine endlose Schar von Dämonen und bösen Geistern anrückte.

Schreckliches Krachen, wütendes Brüllen, wildes Geheul und furchtbare Katzenschreie drangen deutlich an mein Ohr. Ich hätte schwören können, dass sich alle wildesten Bewohner des Waldes in meiner Nähe versammelt hatten. War diese Überzeugung eine Folge des Schreckens, der mich übermannt hatte, oder war es eine schreckliche Tatsache?

Zwei brennende Kugeln blitzten durch die Nacht, und ein unheimlicher Schrei ließ meinen armen Körper, obwohl er vor Entsetzen erstarrt war, erneut aufschrecken.

Hier war ein Tiger, vielleicht 45, vielleicht 18 Meter von mir entfernt!

Ich versuchte erneut schwach, mein Gesicht zu verbergen. Es wäre mir lieber, der Tod überfiele mich plötzlich, als die Augenblicke seines Eintreffens zu zählen.

Ich rückte näher unter den Felsen und klammerte mich mit der linken Hand daran fest, deren Nerven, Muskeln und Nägel sich vor Angst in Stahl verwandelt hatten.

Ein paar Minuten grausamer, atemloser Spannung …

Ich war ein wenig erstaunt, dass ich noch am Leben war: Da waren zwei Tiger, die teuflisch ein Liebesduett brüllten. Wer hat nicht schon einmal einen Schauer über den Rücken laufen gespürt, wenn, gemütlich in einem warmen Bett, die Mitternachtsstille von zwei verliebten Katzen auf dem Dach oder im Hof unterbrochen wird, die ihre Stimmkraft und die Geduld ihres Zuhörers auf die Probe stellen? Stellen Sie sich vor, Sie wären an einen nassen Stein gelehnt, während ein Tigerpaar seine Liebesgefühle in fast derselben Sprache ausdrückt, aber in Tönen, die ihrer Größe angemessen sind!

Würden sie in der Glut ihrer Leidenschaft das köstliche Mahl bemerken, das ich für sie zubereitete?

Nicht weit entfernt brüllte der unerbittliche *Sladan* wild. War er zu sehr auf dem Weg zu meinem Märtyrerort?

Meine langsame Folter unter dem blassen Schimmer der phosphoreszierenden Pilze muss Stunden gedauert haben, aber ich hatte kein Zeitgefühl mehr und auch keine Gefahr. Nur die entsetzliche Angst vor dem Fleisch ließ mich den Felsen fest umklammern, ohne die geringste Bewegung zu machen.

Ich wusste nicht, wann die Tiger verschwanden oder wann die gewaltige Menge an Raubtieren den Rückzug antrat.

Das erste Lebensgefühl hatte ich, als die beiden Morgenboten, der *Steinpilz Plôt* und der *Steinpilz Riò*, mit ihren Tönen den Anbruch eines neuen Tages ankündigten.

Dann rührte ich mich. Meine Glieder waren von der langen Unbeweglichkeit und der Kälte taub, die durch den Regen und den Tau, die mich bis auf die Haut durchnässt hatten, noch intensiver wurde.

Ich zitterte vor Fieber und war von meinem langen Fasten und den Schrecken, die ich durchgemacht hatte, geschwächt. Ich wusste kaum, wie ich von dem Ort wegkommen sollte, an dem ich so viele Stunden der Qual ertragen hatte. Und doch war es notwendig, dass ich mich so schnell wie möglich bewegte.

Der Dschungel war erfüllt von fröhlichen Stimmen; alle harmlosen, unschuldigen Geschöpfe, die seine gastfreundliche Region bevölkerten, begrüßten den neuen Tag mit lautem Jubel, und ihre Freude fand in mir ein Echo, denn sein tausendfach gesegnetes Licht würde mir den Weg in die Sicherheit zeigen.

Später erfuhr ich, dass mich mein Pech zu einem Felsen in der Nähe einer heißen Wasserquelle geführt hatte, wo die Könige, Königinnen, Prinzen und Prinzessinnen des Waldes gewöhnlich ihre Soireen abhielten!

***

Ich musste mich einige Tage ausruhen, bevor ich mich von den physischen und psychischen Schocks jener schrecklichen Nacht erholt hatte, und noch einige Zeit danach begleitete mich mein treuer kleiner Sakai auf meinen Inspektionstouren durch Perak, denn mit ihm bestand keine Gefahr, verloren zu gehen.

Drei Arten tätowierter Bretak Sakais.

Eines Tages erreichten wir den Gipfel des Berumbum, wo wir die Nacht bei einigen Familien verbrachten, die dort Zuflucht gesucht hatten. Ich war entzückt von dem sternenklaren Himmel, der ruhigen Luft und der milden Temperatur, die ich auf dieser Höhe vorfand und die meine Gedanken über Ozeane und Kontinente hinweg zu dem Meer fliegen ließen, das mein Ligurien widerspiegelt. Dort oben wird die nächtliche Stille nicht durch die blutrünstigen Schreie wilder Tiere unterbrochen, und nachdem ich so lange von ihrem fernen Lärm in den Schlaf gewiegt worden war, und besonders nach den starken Emotionen, die ich erst vor kurzem erlebt hatte, war diese tiefe Ruhe für mich so voller sentimentaler Eingebungen, dass mein Geist, anstatt zu schlafen, in die Vergangenheit wanderte und sich mit Freude und Trauer an jene Abende süßer Intimität erinnerte, die ich einst im Schoß meiner Familie verbrachte, die damals zahlreiche war, heute aber durch Tod und andere Ereignisse geschwächt ist.

Als ich schließlich einschlief, wachte ich erst am Morgen auf.

Sobald ich aufgestanden war, nahm mein junger Sakai-Diener das Kissen, das ich immer bei mir trug, und begann es zu schütteln, doch er wich mit einem erschrockenen Schrei zurück, als eine kleine, etwa einen Meter lange Schlange, die zu einer sehr giftigen Art gehörte, unter dem Kissen hervorfiel.

Das liebe kleine Biest hatte auf demselben Kissen geschlafen wie ich, vielleicht um mir zu beweisen, dass seine Artgenossen sehr verachtet werden und dass sie nie auf die Idee kommen würden, einen zu beißen, wenn man sie in Ruhe lassen würde, ohne sie zu stören.

Zehn Sakai-Familien hatten dort oben ihr Lager aufgeschlagen und ich forderte sie alle auf, aus dieser Höhe von 1.500 Metern herunterzukommen und sich der Landwirtschaft zu widmen, denn die Kälte in der Nacht ist manchmal unerträglich und die armen Dinger müssen darunter leiden, da sie keine Kleidung haben, die sie warm hält.

Aber alle meine Überredungsversuche waren erfolglos.

Ich setzte meine Reise fort und es muss etwa zehn Uhr vormittags gewesen sein, als in der Ferne ein alter Mann auftauchte, der mir, soweit ich es im Halbdunkel des Waldes verstehen konnte, Zeichen der Freundschaft gab.

Ich ging auf ihn zu und sah, dass dort, wo er stand, einst ein Dorf gestanden hatte, dessen trostloser Anblick jedoch einen seltsamen Kontrast zu der reichen Natur bildete, die es umgab.

Der einsame Bewohner dieses verlassenen und verfallenen Ortes bot uns etwas Obst an und ich fragte ihn nach dem Grund für die ramponierten Hütten und die allgemeine Verwüstung. Er erzählte mir mit Trauer in der Stimme, dass das Dorf von bewaffneten Feinden verwüstet worden sei. „Viele meiner Brüder wurden getötet und viele andere wurden als Sklaven verschleppt und der Rest ist in sicherere und unzugänglichere Gegenden geflohen, aber ich konnte es nicht übers Herz bringen, diesen Ort aufzugeben, an dem ich geboren wurde, an dem ich aufgewachsen bin... ".

Dies war in der Tat ein seltsames Gefühl für jemanden, dessen Volk entweder aus Gewohnheit oder aus Aberglauben größtenteils ein Wanderleben führte!

Bewaffnete Feinde! Und wer waren sie? Sicherlich gehörten sie zum Abschaum der Nachbarvölker, von denen ich bereits gesprochen habe. Menschen, die, obwohl von allen Seiten von Zivilisation umgeben, dennoch unzivilisiert bleiben; Menschen, die, von ihren ehrlichen und fleißigen Landsleuten gemieden, den freien Wald zu einem Feld für ihre niederträchtigen Leidenschaften machen, und die nun, da sie ihren bösen Gelüsten aufgrund der strengen Maßnahmen der Regierung nicht meh durch Plünderung und Blutvergießen freien Lauf lassen können, den armen Sakais weiterhin auf viele abscheuliche und heimtückische Arten Schaden zufügen, ohne immer die Strafe auf sich zu ziehen, die sie verdienen.

Wer waren sie? Wer sind sie? Von Natur aus Kriminelle, wie man sie in den meisten unserer Großstädte findet; Menschen mit wilden Instinkten; Männer, die ihre Tage lieber inmitten von Laster und offener Korruption verbringen, als ein Leben in Ehre und Reichtum zu führen.

Keiner dieser Verbrecher ist in reinrassigen Sakai-Stämmen zu finden, man kann sie jedoch unter den Bewohnern der Ebene antreffen, wo es eine Rassenmischung gibt, das Ergebnis jener erzwungenen Ehen, die aus der Verzweiflung der Sakai-Frauen entstanden, als sie gefangen genommen wurden. Bei den Kindern aus diesen Ehen kann man oft den natürlichen Drang zu Gewalt und Raub erkennen, den sie von ihren Vätern geerbt haben.

Ich selbst hatte einen Beweis dafür.

Als Inspektor wechselte ich oft von einem Lager zum anderen, manchmal in der Ebene und manchmal in den Bergen, und da die Pfade gut ausgetreten waren, unternahm ich diese kurzen Reisen häufig allein.

So geschah es, dass ich eines Tages in der Hütte eines dieser Mischlinge Halt machte – wo mehrere echte Sakais lebten, die aus ihrer Dschungelheimat gekommen waren, um Produkte auszutauschen – und auf meinem Rückweg wurde ich von einem meiner guten Freunde eingeholt, der mir anbot, mich ein Stück weit zu begleiten.

Als wir zusammen gingen, bemerkte ich, dass er sehr vorsichtig vorging und sich ständig misstrauisch umsah. Plötzlich packte er mich am Arm und zeigte auf einen Stock, der direkt vor mir in den Boden gesteckt war und von dem einige Blätter herabhingen. Da ich seine Aktion nicht verstand, trat er ein oder zwei Schritte vor und zeigte mir eine gut versteckte Falle, die mit einem vergifteten Pfeil aufgestellt war.

Es war quer über den Weg gelegt worden und ich wäre bestimmt darüber gestolpert, wenn mich mein Begleiter nicht daran gehindert hätte. Er meinte nur, es müsse für das Wild präpariert worden sein und verließ mich bald darauf.

Doch später erfuhr ich, dass er damit nicht die Wahrheit gesagt hatte, denn die Falle war von dem niederträchtigen Bastard, in dessen Hütte ich übernachtet hatte und von dem ich später ein Foto machen konnte, das ich meinen Lesern hier präsentieren kann, eigens für mich aufgestellt worden.

Dieser Mann hatte nicht den geringsten Grund, Groll gegen mich zu hegen, aber er wurde von jenem Geist des Hasses angetrieben, der alle Übeltäter dazu bringt, diejenigen loszuwerden, die ihnen bei ihrem schlechten Leben im Weg stehen könnten, und da er wusste, dass ich vorhatte, ihm in ein paar Tagen wieder über den Weg zu laufen, hatte er die Falle dort aufgestellt, um mich zu töten. Er war jedoch so zufrieden mit dem, was er getan hatte, dass er das Geheimnis nicht für sich behalten konnte, und als seine Frau (eine echte Sakai) davon erfuhr, schickte sie meinen Freund in den Hinterhalt und rettete mich so.

Wäre dies in diesem Moment entdeckt worden, hätte der Schurke seine Sünde höchstwahrscheinlich mit dem Leben bezahlt.

zwischen einem Vollblut-Sakai und einem Mischling erkennen : Ersterer ist bereit, sein Leben zu riskieren, um ein Verbrechen zu verhindern, das Letzterer kaltblütig vorsätzlich geplant hat.

<hr>

Etwas Ähnliches passierte mir bei einer anderen Gelegenheit, als ich alleine in meine Kabine zurückkehrte.

In Tapah wurden Vorbereitungen für die Krönungsfeier von König Edward VII. getroffen und ich, als einer der Kolonialbeamten Seiner Majestät, war natürlich an den Vorgängen interessiert und es schien mir richtig, dass eine Vertretung meiner Freunde, der Wilden, die unter meiner Verwaltung standen, mich zu diesem Anlass in die Stadt begleiten sollte. Ich war daher bei so vielen wie möglich vorbeigekommen, um ihnen zu sagen, dass sie bereit sein sollten, mir zu folgen, wann immer ich es ihnen mitteile.

Gegen Abend ging ich ruhig weiter, ziemlich müde von meinem langen Marsch, und lauschte dem schönen Gutenachtgesang der Vögel, als ich plötzlich von einem vergifteten Pfeil, der von einer unbekannten Hand abgeschossen worden war, in den Bauch getroffen wurde. Da ich die schreckliche Kraft der Waldgifte erkannte, gab ich mich verloren und das wäre ohne Zweifel auch der Fall gewesen, wenn mir das Schicksal nicht geholfen hätte. Ich drückte energisch die Wunde, als einer meiner treuen Sakais herankam. Als er hörte, was geschehen war, rief er aus:

„Dies ist das Werk eines *Mai-Gop* , denn einer unserer Pfeile wäre direkt durch Sie hindurchgegangen, und außerdem würde Ihnen keiner von uns etwas antun, weil Sie gut zu uns sind."

Der freundliche Kerl saugte meine Wunde aus und erkannte an der rötlich-schwarzen Farbe, dass es sich bei dem verwendeten Gift um eine Mischung aus *Legop*- und *Ipok*- Säften handelte, die äußerst tödlich wirkte.

Er brachte mich schnell ins Dorf und hatte innerhalb weniger Augenblicke ein Gegenmittel vorbereitet, indem er eine Prise Kalk mit zerkleinerter Holzkohle mischte und die Mischung dann mit dem Urin seines kleinen Jungen befeuchtete.

Er wusch die Wunde sorgfältig mit dieser seltsamen Lotion, sodass sie gut eindrang, und riet mir, sie nicht zu berühren.

Ich ließ ihn gewähren, da es meines Wissens kein besseres Heilmittel gab, obwohl ich wenig bis gar kein Vertrauen in die Mischung hatte.

Einige Tage lang litt ich sehr, aber schließlich heilte die Wunde (die alle Voraussetzungen für eine tödliche Wunde hatte). War das den Vorzügen von Kalk, Kohle oder Urin zu verdanken?

Lassen Sie die Jünger des Äskulap entscheiden!

wurde bekannt, dass ich das Opfer eines jener bösartigen Menschen geworden war, denen die Kriminalität bereits in die Wiege gelegt wurde.

Aber ist der Hass auf Übeltäter nicht etwas, worauf jemand stolz sein kann, der als Belohnung die Hingabe und Zuneigung der Bescheidenen und Guten erhält?

So wurde ich im Jahr 1901 vom britischen Residenten (in meiner Funktion als Superintendent der Sakais) eingeladen, an den Feierlichkeiten zu Ehren der Thronbesteigung von König Edward dem Siebten teilzunehmen.

Wie ich bereits sagte, hatte ich gedacht, es wäre schön, eine kleine Gruppe meiner Waldfreunde mitzunehmen, und mein Wunsch wurde so gut erfüllt, dass ich, als die Zeit gekommen war, etwa 500 Männer, Frauen und Kinder aus verschiedenen Stämmen um mich versammelte und mit dieser Truppe von Anhängern nach Tapah hinabstieg.

Hier wurde den armen Dschungelbewohnern ein außergewöhnlich freundlicher Empfang bereitet, und diese wiederum taten gern ihr Möglichstes, um die von ihnen geweckte Neugier zu befriedigen, und zeigten mit großem Vergnügen die Wirkung ihrer starken Gifte an Vögeln, die sie mit bemerkenswerter Geschicklichkeit im Flug trafen.

Die Männer zeigten ihr Geschick beim Treffen der Zielscheibe mit ihren Pfeilen und beim erfolgreichen Erklimmen der rutschigen Stange und die Frauen stellten ihr musikalisches Talent unter Beweis, indem sie ihre *Ciniloi spielten* .

Auf diese Weise erhielten sie eine Menge Dollar und wurden von den in Tapah lebenden englischen Damen und Herren mit Geschenken und Aufmerksamkeiten überhäuft.

Die Frauen wurden zum Stand der Behörde eingeladen und kamen mit Halsketten und Ketten aus bunten Perlen zurück, die sie mit kindlicher Freude bewunderten.

Nicht viel weniger zufrieden war ich mit dem guten Eindruck, den meine einfachen Freunde durch ihr nettes Verhalten und ihre bescheidenen Manieren machten.

Fußnoten:

[6] „Philosophie, arm und nackt gehst du“. Dies ist ein Zitat des italienischen Dichters Petrarca. *Anmerkung des Übersetzers.*

KAPITEL IX.

Der Ursprung der Sakai – Hypothese und Legende – Körperliche Merkmale – Dickes Haar, bunte Blumen und lästige Gäste – Erbliche Antipathie – Die fünf Sinne auf zwei reduziert – Essen und Trinken – Ruhiges Leben – Intoleranz gegenüber Autoritäten – Schwiegermutter und Schwiegertochter – Logische Faulheit – Ein Sakai-Journalist – Die Geschichte einer Matratze.

Paolo Mantegazza, der wissenschaftliche Dichter, schreibt:

„Der Mensch quält sich ewig mit unbeantworteten Fragen: Woher stammt unsere Spezies ursprünglich? Wann begann dieses Leben?

„Das ist seine wahre Erbsünde, und es ist auch die Quelle seiner wahren Größe. Er ist nur ein einzelnes Glied in einer endlosen Kette; er ist nur ein unmerklicher Moment, umschlossen von einer Vergangenheit, die er nicht kennt, und einer Zukunft, die er nie sehen wird. Aber er verspürt das Bedürfnis, zurückzublicken und zu fragen: Wo haben wir angefangen? Und nach vorne zu blicken und zu fragen: Wo werden wir enden? “

Auch ich habe oft ähnliche Forderungen gestellt, allerdings nicht in Bezug auf mich selbst, denn ich bin nicht geneigt, metaphysische Überlegungen anzustellen, sondern in Bezug auf die Sakais, die mir unbewusst ein schwieriges Problem auferlegten: Wer sind sie? Woher kommen sie?

Es gibt absolut nichts, was auf sie hindeutet, und in Ermangelung positiver Fakten können wir nur auf mehr oder weniger wahrscheinliche Hypothesen zurückgreifen, bis uns eine genaue Untersuchung der Herkunft dieses primitiven Volkes eine überzeugende Theorie präsentieren kann.

Doch um diese Studien durchführen zu können, müsste man mitten unter ihnen leben (und nicht viele könnten sich an die verschiedenen Unannehmlichkeiten eines solchen Lebens gewöhnen), denn der lebende Sakai verlässt niemals seinen Heimatwald, und einen toten zu diesem Zweck zu besitzen, wäre nahezu unmöglich. Wer versuchte, eine Leiche wegzutragen, würde sich einer ernsten Gefahr aussetzen, denn nach Ansicht dieser Buschmänner gibt es keinen größeren Frevel, als einen toten Körper zu berühren oder den Boden umzugraben, in dem ein Skelett liegt.

Daher besteht offenbar keine Chance, in dieser Angelegenheit zu einer eindeutigen Schlussfolgerung zu gelangen.

Es wird allgemein angenommen, dass in der Antike ein Volk namens Benuas, das sich den Gesetzen des damals blühenden und zivilisierten Indiens nicht unterwerfen wollte und aus Angst, in die Sklaverei zu fallen, durch Indochina zog, bis es die malaiische Halbinsel erreichte. Auch hier wurden sie von der Zivilisation verfolgt und umzingelt, und so wandten sie sich, anstatt sich an den reichen und freundlichen Küsten niederzulassen, dem Wald zu und schlugen dort ihr Lager auf. Diese Version ihrer Einwanderung würde erklären, warum die Sakais nicht die geringste Ahnung vom Meer hatten, das sie nie erwähnen, nicht einmal in ihren Legenden oder Aberglauben.

Sie mieden jeden Kontakt mit den anderen Bewohnern des Landes, das sie als Zufluchtsort gewählt hatten, und versteckten sich im Dschungel. Auf diese Weise bewahrten sie ihre Unabhängigkeit und die Reinheit ihrer Rasse.

Einige Jahrhunderte später, in einer Ära des Fanatismus, wurden sie mit dem Ziel angegriffen, sie zum Islam zu bekehren. Das einzige Ergebnis waren Feuer und Blutvergießen, und nach jedem Konflikt flohen die überlebenden Sakais tiefer in die Wälder (in jene Teile, die noch nie zuvor erforscht worden waren) oder in die natürlichen Festungen der entfernten Berge.

Wenn diese Hypothese stimmt, müssen die Sakais ein sehr altes Volk sein. Es ist eine anerkannte Tatsache, dass arabische Kaufleute bereits im 8. Jahrhundert mit den Bewohnern der Halbinsel Handel trieben und dass zwischen ihnen und Hindustan ein sehr enger Kontakt bestand. Obwohl es keine stichhaltigen Beweise, keine Analogien in Sprache, Bräuchen oder Glauben gibt, auf die sich eine solche Vermutung stützen ließe, wurde bisher auch nichts Gegenteiliges bewiesen, während viele der unter den Sakais vorherrschenden urzeitlichen Aberglauben auch heute noch bei anderen Stämmen zu finden sind, die in der Nähe von Buddha- und Brahma-Gläubigen leben.

Eine andere Legende, die von den Kurumbus selbst aufrechterhalten wird, lässt vermuten, dass die Sakais zu diesem einst mächtigen Volk gehören, das nun zersplittert und verstreut ist. Tatsächlich gibt es auch heute noch viele Volkslieder unter den Malayen, in denen die Kurumbus und die Sakais miteinander vermischt werden.

Dr. Short beschreibt in seinen ethnologischen Studien über Indien bestimmte Merkmale und Gewohnheiten der im Wald lebenden Kurumbus, die völlig mit denen der Sakais übereinstimmen.

Ich meine damit diejenigen, die Physiognomie, Körperbau und Statur betreffen, die primitive Art des Getreideanbaus, die Auswahl der Nahrungsmittel und die Leichtfertigkeit beim Essen, die dazu führt, dass auf Übermaß ein Mangel folgt.

Natürlich sind diese Ähnlichkeiten kein Beweis dafür, dass die beiden Völker derselben Herkunft sind, aber sie verleihen der Frage einen gewissen argumentativen Wert.

Was mir sicher scheint, ist, dass die Sakais nichts mit den Malayen oder den verschiedenen anderen Rassen, die sie umgeben, gemeinsam haben. Dies kann vielleicht auf den Kontakt zurückzuführen sein, den diese untereinander haben, was zu einer Veränderung von Sitten, Traditionen und Blutreinheit geführt hat. Ich finde jedoch viele Merkmale, die sie mit den mongolischen und kaukasischen Rassen (Indern und Semiten) verbinden, und es gibt vieles an ihnen, das anderen Völkern ähnelt, die in Indochina und Indien leben.

Man muss jedoch verstehen, dass ich nur von den Sakais der Berge spreche und nicht von denen der Ebenen, die durch ihre Vermischung mit Kampongs, Malaien und chinesischen Ghedes ihre besonderen Merkmale weitgehend verloren haben.

Doch lassen wir nun alle vagen Annahmen beiseite, die ich aus verschiedenen Gründen erwähnen musste (nicht zuletzt vielleicht wegen des Bedürfnisses, das wir alle verspüren, die Vergangenheit unseres Nachbarn zu erforschen), und betrachten wir lieber den Sakai, wie er im 20. Jahrhundert ist.

Offensichtlich hat er das Vergehen von neunzehn oder mehr Jahrhunderten nicht bemerkt, da sie ihm kein Erbe hinterlassen haben.

Der Sakai ist also von eher kleiner Statur, aber ausreichend kräftig und wohlgeformt, mit Ausnahme der unteren Gliedmaßen, die ihn leicht O-beinig machen.

Die Ursache dieser geringfügigen Deformation ist in der seit frühester Kindheit bestehenden Angewohnheit zu suchen, sozusagen auf den Fersen zu sitzen und dabei die Knie weit auseinander zu lassen.

Diese Haltung ist jedoch keine Besonderheit der Dschungelbewohner, da ich häufig Italiener in der gleichen Position gesehen habe, diese lehnen sich jedoch mit den Schultern an einem Baum oder einer Wand ab, sodass die Beine weniger belastet werden.

Wenn sie essen oder etwas hören, das sie interessiert, verharren die Männer und Frauen der Sakai stundenlang in dieser Haltung, ohne die geringste Ermüdung zu zeigen.

Ihre Füße sind ziemlich groß und gut gewölbt. Die große Zehe ist deutlich von den anderen abgesetzt und sehr kräftig.

Die Muskeln ihrer Arme sind nicht sehr stark entwickelt und manchmal sind diese Körperteile im Verhältnis zum Rest des Körpers zu lang. Ihre Hände sind ebenfalls sehr lang und schlank. Die Brustmuskeln hingegen sind sehr gut entwickelt, was wahrscheinlich auf die ständige Angewohnheit zurückzuführen ist, auf der Suche nach Nahrung oder aus anderen Gründen, die ihr nomadisches Leben mit sich bringt, auf Bäume, Felsen, Spalten und dergleichen zu klettern.

Insgesamt zeigt die Gestalt des Sakai keine große Vitalität, vielleicht weil er normalerweise dünn ist und aufgrund der Art der Nahrung, die er zu sich nimmt, und der Kälte, die er nachts erleidet, einen dicken Bauch hat. Aber er ist viel robuster und größer (die durchschnittliche Größe eines Erwachsenen beträgt etwas über anderthalb Meter) [7] als die anderen Stämme und Rassen um ihn herum, die in engem Kontakt mit der Zivilisation stehen. Diese Tatsache lässt einen fast glauben, dass die Zivilisation der körperlichen Entwicklung eines Individuums abträglich ist.

Diese Aborigines sind mit einer erstaunlichen Beweglichkeit ausgestattet. Dies zeigt sich beispielsweise, wenn sie gewisse Spalten hinaufklettern, die wir für unmöglich halten würden, und auch, wenn sie mit einer Behändigkeit von einer Stelle zur anderen springen, die selbst unsere besten Turner beneiden würde.

Sie verfügen, wie bereits erwähnt, nicht über große Muskelkraft, sind jedoch unübertroffen in der Ausdauer, insbesondere bei langen Märschen, an die sie gut gewöhnt sind, da sie täglich etwa 32 Kilometer zurücklegen und dabei die keineswegs leichte Beute der Jagd auf ihren Schultern tragen, zusammen mit den verschiedenen Wurzeln und Knollen, die sie im Wald finden, sowie ihren unzertrennlichen Blasrohren und gut gefüllten Köchern.

Sie widerstehen auch sehr gut den Entbehrungen, denen sie manchmal durch ihre eigene Leichtsinnigkeit ausgesetzt sind. Alles, was sie mitbringen, essen sie sofort, sei es tierische oder pflanzliche Nahrung, und wenn sie es nicht allein aufessen können, laden sie Leute aus einem anderen Dorf oder Stamm ein, damit sie ihnen beim Aufessen helfen, und lachen über jede Idee der Haushaltswirtschaft, die ich ihnen vergeblich beizubringen versucht habe.

Aber liegen sie damit im Unrecht? Sie wissen mit Sicherheit, dass der Wald sie nicht verhungern lässt und dass es, wenn es keinen Reis, keine Durian, keine Mangostane usw. mehr gibt, nie schwierig ist, einen Fasan, einen Affen, eine Ratte, eine Schlange oder sogar ein Wildschwein zu fangen.

Würden sie italienische Opern kennen, wären ihre Lieblingszeilen sicherlich:

Wir wollen die genauen Umstände nicht nachvollziehen
. Heute sind die Daten nicht mehr gültig. [8]

und ihre Wahl wäre angemessen, denn wo sonst könnte die Erinnerung an die Borgias so gut sein wie in einem Land, das für seine Gifte berüchtigt ist?

Die Hautfarbe der Sakais liegt zwischen hellem und gebranntem Ocker. Die Tönung wird mit zunehmendem Alter dunkler (aufgrund der langen

Sonneneinstrahlung). Zu dieser Zeit wird der ganze Körper rau und faltig. Die Kinder haben eine viel hellere Farbe, bis sie ihr Leben im Freien beginnen.

Ein anderer.

Der Frauentyp unterscheidet sich kaum vom Mann. Sie ist eher kleiner, wie dies bei allen reinrassigen und gemischten mongolischen Rassen der Fall ist.

Als Mädchen hat sie eine runde Form und ist nicht ohne Anmut. Solange sie gesund und blühend ist, kann man sie im Wald als Schönheit betrachten, aber sie verwelkt bald wegen des ermüdenden Lebens, das sie führt, und auch wegen ihrer frühen Heirat, denn sie ist bereits Ehefrau, wenn unsere Mädchen in den frühen Teenagerjahren sind.

Die Jungs sind im Allgemeinen gesunde, kräftige kleine Kerle.

Der Kopf der Sakai hat die gleiche regelmäßige Form und Größe wie die der Mongolen. Die Wangenknochen sind jedoch weniger ausgeprägt als bei den Tataren und die Augen sind weiter geöffnet und weniger schräg.

Die Stirn ist weder zurückgezogen noch vorspringend und hoch und geräumig genug. Die Nase ist groß und an der Wurzel leicht abgeflacht. Der Gesichtswinkel ist ziemlich gleich dem der Chinesen.

Der wohlgeformte, nicht zu große Mund mit den ziemlich dicken Lippen würde durch zwei Reihen gesunder, regelmäßiger Zähne verschönert, wenn diese nicht durch das ständige Kauen von Tabak, Betelnüssen und Sirih so geschwärzt wären.

Das Kinn ist scharf.

Tatsächlich sind alle Gesichtszüge sehr ausgeprägt und die Kiefer stehen ein wenig vor. Das Gesicht ist jedoch nicht unangenehm und zeigt einen Ausdruck der Offenheit und Güte, der schnell Sympathie gewinnt.

Der Kopf ist mit üppigem, knackigem Haar bedeckt, das sehr schwarz ist, aber im Gesicht und am Körper sind nur wenige Haare zu sehen. Die seltenen Exemplare, deren Erscheinen unsere Jugend als Vorboten eines möglichen Schnurrbarts oder Barts begeistert begrüßen würde, werden von den Sakais in ihrer Freizeit ausgerissen!

Viele Damen wären sehr zufrieden, wenn sie die schönen Locken der Sakai-Frauen hätten, doch während bei uns eine kunstvolle Haargestaltung eine Anziehungskraft ausübt, die uns oft die weniger schönen Reize des Gesichts vergessen lässt, lösen die rabenschwarzen Locken dieser Frauen manchmal ein Gefühl des Ekels aus.

Sie kümmern sich nicht im Geringsten um diesen prachtvollen Schmuck, den ihnen die Natur geschenkt hat; wenn sie ihr Haar nicht schmutzig und zerzaust über die Schultern hängen lassen, binden sie es bloß mit einem Streifen bunter Upas-Rinde (ein Heilmittel gegen Migräne) notdürftig zusammen, stecken ein paar grob geschnitzte Kämme und Haarnadeln (Amulette gegen den bösen Geist des Windes) hinein und schmücken es mit frischen Blumen.

Aber ach! Unter dieser Schleife aus Naturband, unter diesen Kämmen und Blumen verbirgt sich eine kleine Welt ruheloser Bewohner, und die arme, primitive Eva ist gezwungen, sich hin und wieder heftig am Kopf zu kratzen.

Und nicht weniger wütend kratzt sich auch der Mann, obwohl er sich viel mehr Mühe mit seinem Haar gibt, es kämmt und glättet, um es vorne gut zu teilen und die Tätowierung zu zeigen, die den Scheitel kennzeichnet.

Häufig reiben sich sowohl die Männer als auch die Frauen die fein zerstoßene Wurzel einer Pflanze in den Kopf, der sie die Wirkung zuschreiben, ihre rauen, üppigen Locken weicher zu machen und die Insassen zu vernichten.

Sogar die Männer tragen manchmal Kämme und Haarnadeln.

Wie der Leser aus dem oben angeführten Beispiel verstehen wird, ist Sauberkeit bei den Sakai ebensowenig die höchste Eigenschaft wie bei anderen primitiven Völkern. Hygienepraktiken gehen Hand in Hand mit dem zivilen Fortschritt. Das Baden als Vergnügen oder Notwendigkeit ist ihnen völlig unbekannt, und diejenigen, die in den Bergen leben, haben die größte Angst vor Wasser. Die schäumenden Sturzbäche und lauten Kaskaden, die die Schluchten hinabstürzen, haben ihnen Angst eingeflößt, und da sie nicht die geringste Vorstellung davon haben, sich über Wasser halten zu können, trauen sie sich nicht, sich in die Nähe eines Baches zu wagen, wie ruhig er auch fließen mag, es sei denn, er ist so flach, dass sie den Grund sehen können.

Eine Sakai-Schönheit.

Sie haben nicht nur keine Ahnung vom Schwimmen, sondern auch keine Ahnung von anderen Mitteln, um sich auf der Wasseroberfläche zu halten. Sie haben keinerlei Kanus und wenn sie von einem Ufer zum anderen gelangen wollen, werfen sie entweder einen riesigen Baum in den Fluss, der ihnen als Brücke dient, oder sie laufen am Ufer entlang, bis sie eine Furt finden und von Stein zu Stein springend auf das gegenüberliegende Ufer gelangen können.

Ich bin froh, sagen zu können, dass meine Vorträge über Sauberkeit nicht ganz fruchtlos geblieben sind, denn viele junge Leute, vor allem die Frauen, waschen sich jetzt von Zeit zu Zeit und kommen zu mir und bitten um Seife. Das ist zwar kein großer Fortschritt, aber immer noch besser als nichts. Die Alten sehen die Neuerung beim Baden natürlich nicht mit Wohlwollen. Sie sind immer widerlich schmutzig, besudelt mit Asche und Erde vom Herumliegen rund ums Feuer, Tag und Nacht; der Geruch, der von ihnen ausgeht, lädt einen ganz sicher nicht ein, sich ihnen zu nähern.

Aber ihre Väter und Großväter haben sich nie gewaschen und so ist es ihre Pflicht, ihrem fragwürdigen Beispiel zu folgen.

Bei den Sakais sind die fünf Sinne praktisch auf zwei reduziert, denn während sie sehr schnell hören und sehen können, lässt sich das Gleiche für den Geruchs-, Tast- und Geschmackssinn nicht behaupten.

Die Schärfe der ersten beiden ist auf die ständige Notwendigkeit zurückzuführen, im Wald Augen und Ohren offen zu halten. Um vor Feinden auf der Hut zu sein, müssen sie diese entweder hören oder sehen.

Die Schwäche des Geruchssinns lässt sich vielleicht durch die schlechte Art und Weise erklären, wie die Männer und Frauen der Sakai ihre Nasen behandeln. Sie bohren Löcher in sie, die groß genug sind, um einen kleinen Bambusstab durchzustecken, den sie teils als Schmuck, teils als Talisman tragen, gegen ich weiß nicht genau welche Gefahr. Und nicht nur das, sie haben auch die Angewohnheit, mit ihrer Nase eine Art Flöte zu spielen, indem sie das rechte Nasenloch mit Blättern verstopfen. Daher ist es leicht zu verstehen, wie wenig Sensibilität dieser unglückliche Gesichtsanhang haben kann.

Da sie fast völlig nackt sind, ist ihre Haut nicht sehr berührungsempfindlich, da sie durch die Einwirkung von Sonne, Regen, Kälte und Tau hart und zäh geworden ist und so wetterfest ist wie die eines alten Seebären. Außerdem sind sie von Kindheit an daran gewöhnt, von Insekten und Brennnesseln gestochen, von Dornen und Brombeeren gestochen und gekratzt und von den trockenen, steifen Halmen des langen Grases ihrer Heimat geschnitten zu werden. Gewohnheit ist ihre zweite Natur.

Ihr mangelhafter Geschmackssinn ist eine Folge der weiter unten genannten Praktiken.

Eine weitere Schönheit von Sakai.

Für die Sakai-Küche sind weder viel Studium noch Erfahrung erforderlich.

Als pflanzliche Nahrung steht ihnen Süßkartoffeln, Yamswurzeln, Mais, Sikoi, verschiedene Zwiebeln und Knollen, die sie im Wald finden – so wie wir Trüffeln –, viele essbare Blätter und alle Arten von Früchten, Pilze, *Nanka*, *Guaccicous*, *Guà Pra* [9] usw. Reis ist ein importierter Luxus, den sie verwenden, wenn sie ihn bekommen können.

Hier sind die Zutaten für eine Vielzahl von Gerichten vorhanden, aber die Sakais kennen in der Kochkunst keine Abwechslung, und mit Ausnahme des Obstes, der Yamswurzeln und der Kartoffeln, die über der heißen Asche gekocht werden, wird alles mit ein wenig Wasser in Kochtöpfe aus großen Bambusrohren gegeben und zusammen mit Stücken von Schlangen, Ratten, Kröten, Eidechsen, Käfern und anderen ähnlichen Köstlichkeiten zur Geschmacksgebung zu einer Art Paste gekocht.

Die in Fallen gefangenen Affen, Hirsche, Wildschweine, Wildschafe und sonstigen Großwildtiere verbrennen sie einfach auf dem Feuer, ohne sich die Mühe zu machen, das Tier zu häuten, und essen es dann fast roh.

Sie würzen das Fleisch mit Salz, wenn sie welches haben, was nicht oft vorkommt, und mit einer Paprika, die den Mund brennen lässt. Der Gebrauch dieser Paprika und das ständige Kauen von Tabak und Betel haben den Gaumen der Sakais ruiniert und ihnen kaum noch Geschmackssinn gelassen.

Fische sieht man selten am Brett der Bergstämme (ich verwende das Wort im übertragenen Sinn, da das, was es bezeichnet, für sie nicht existiert), und zwar aus dem doppelten Grund, dass sie keine Angelausrüstung haben und aus Angst vor dem Wasser es so weit wie möglich meiden. Wenn es jedoch an anderer Nahrung mangelt, werfen sie ein paar zerstoßene *Ple-Pra hinein*, und die Fische, die von ziemlicher Größe sind und an die Oberfläche kommen, um daran zu beißen, werden geschickt mit einem Messer getroffen, wobei der Sakai sein Ziel selten verfehlt.

Der Einfachheit ihrer Küche entspricht die noch größere Einfachheit ihrer Getränke, die – in der Einzahl – sind .

Die Bewohner des Waldes trinken nichts als Wasser, aber dieses brauchen sie klar und frisch. Sollte es nicht vollkommen rein in Farbe und Geschmack sein, trinken sie es nicht. Sie suchen immer eine Quelle, um ihren Durst zu stillen und ihre Familien mit der nötigen Flüssigkeit zu versorgen.

Als ich noch neu bei ihnen war, kam es vor, dass ich mich über einen Sturzbach oder Fluss bückte, um etwas Wasser zu trinken, doch meine Gefährten protestierten heftig und erklärten, dass mir das sehr schaden könnte.

Sie haben Angst vor Giften in jeder Form, da sie auch vor Ansteckungsmöglichkeiten fürchten, und sie hätten sogar Angst, wenn sie beim Trinken ihre Bambusflaschen und -gläser mit den Lippen berühren würden. Sie sind sehr geschickt darin, den Inhalt in ihre Kehle zu gießen, ohne dass das Gefäß mit ihrem Mund in Berührung kommt, eine Leistung, die wir erst nach vielen feuchten Versuchen erreichen könnten.

Man möchte fast wünschen, unsere Zivilisation würde diese Hygienegewohnheiten der Wilden nachahmen. Wie viele Infektionen gäbe es dann weniger! Wie viel weniger Mikroben vergiften das Blut unserer armen Leute!

Die Sakais trinken keine Milch, nicht nur, weil es schwierig ist, welche zu bekommen, sondern auch aufgrund eines seltsamen Vorurteils, das ich nie ganz verstehen konnte.

Nach dem Abstillen schlucken sie keinen einzigen Tropfen Milch mehr.

Sie trinken auch keine alkoholischen Getränke, aus dem einfachen Grund, dass sie keine haben und nicht wissen, was sie sind.

Sollten sie jemals in den Genuss dieser Gerichte kommen und problemlos daran kommen, würden sie dann nicht genauso ein Verlangen danach verspüren wie alle anderen Wilden?

Sobald der Sakai seine karge Mahlzeit beendet hat, füllt er seinen Mund mit Tabak oder, wenn er keinen hat, mit Sirih.

Ausruhen von der Arbeit.

Es besteht aus einem oder zwei Blättern Betelnuss – einer Pflanze mit einer gewissen narkotischen Wirkung –, die mit Limette bestrichen und um ein wenig Tabak und ein Stück Arekanuss gerollt werden. Sowohl Männer als auch Frauen kauen diese Puddings mit großem Vergnügen und spucken den Saft von Zeit zu Zeit aus.

Die alten Leute, denen das Kauen aufgrund fehlender Zähne so gut wie unmöglich ist, geben die Zutaten in einen Bambusstab und zerstoßen sie, bis eine – in ihren Augen – köstliche Paste entstanden ist.

Der junge Sakai erreicht mit etwa 18 Jahren den Höhepunkt seiner Vitalität. Danach folgt eine kurze Phase des Bewegungsmangels, auf die ein rapider Leistungsabfall folgt, der meiner Ansicht nach darauf zurückzuführen ist, dass er fortwährend den Unbilden des Wetters ausgesetzt ist.

Schon bald nach der ersten Entbindung beginnt der Verfall der Frau. Im Alter von 13 bis 15 Jahren wird sie Ehefrau, und zwei Jahre später ist sie nur noch ein Schatten ihrer selbst. Sie ist dünn und hat eine faltige Haut, und von ihrer jugendlichen Frische und den attraktiven Eigenschaften, die sie als Mädchen hatte, ist nicht einmal ein Schatten übrig geblieben.

Aber was kümmert sie das? Ihr Mann ist ihr treu, mit einer Treue, die keine Heuchelei kennt; sie ist glücklich und stolz auf ihre Mutterschaft; sie kann immer noch tanzen und Akkorde auf ihrem *Krob anschlagen* , ein klagendes Liedchen auf ihrem *Ciniloi modulieren* und singen, während sie auf ihre Bambusstöcke schlägt, eine Begleitung, die selbst fein gestimmte Ohren quält. Und wenn ihre Schönheit auch bald verblasst, so ruft ihre Hässlichkeit doch nicht das geringste Gefühl des Ekels unter den Sakais des männlichen Geschlechts hervor, die ihre ganz eigenen ästhetischen Vorstellungen haben.

Es genügt zu sagen, dass die hässlichsten Frauen die schönsten und am meisten bewunderten sind.

Ich meine es ernst.

Sie und die Männer bemalen sich in grotesken Streifen und Hieroglyphen, die Heilpflanzen imitieren. Die hauptsächlich verwendeten Farben sind Rot und Schwarz. Manchmal fügen sie ein wenig Weiß hinzu, aber sehr selten Gelb.

Wenn ich Ihnen erzähle, dass diese seltsamen Muster nicht nur Ausdruck von Koketterie oder Eitelkeit sind, sondern auch dazu dienen, den bösen Geist zu vertreiben, können Sie sich gut vorstellen, wie jeder von ihnen versucht, seine Haut auf schrecklichere Art und Weise zu arabesken als der andere, um hässlicher auszusehen und mehr Bewunderung zu erregen.

Wie viele Menschen würden selbst in zivilisierten Gegenden gern auf diese Weise Bewunderung gewinnen, die ihnen ihr abweisendes Äußeres nicht einflößen kann!

Eine dieser künstlerischen Schöpfungen kann nicht länger als einen Tag überdauern. Sie wird sorgfältig abgekratzt und ersetzt.

Das Leben des Sakai ist ruhig und gelassen. Er verbringt nicht viel Zeit in der Hütte, denn jeden Morgen geht er in den Wald auf der Suche nach Wild und pflanzlicher Nahrung. Dabei wird er von seinen Jungen begleitet, die entweder mit dem Blasrohr üben oder mit einem spitzen Stock im Boden nach Wurzeln und Knollen graben, oder sie fangen Insekten und Reptilien, um die Körbe zu füllen, die sie auf dem Rücken tragen.

Wenn der Sakai nicht auf der Jagd ist oder Freunde und Verwandte in anderen Dörfern besucht, bleibt er ruhig in seiner Hütte, schläft, raucht, kaut ein schönes Pfund oder bereitet Gifte und vergiftete Pfeile vor.

Er ist gutmütig und gutherzig und streitet nie mit seiner Frau. Ich habe nie gehört, dass einer dieser Wilden seine Frau oder Kinder geschlagen oder sie in irgendeiner Weise misshandelt hätte, und auch nicht, dass er anderen Menschen Gewalt angetan hätte, es sei denn, es handelte sich um einen erklärten Feind oder jemanden, der seine Gefühle und seinen Aberglauben verletzt hat.

Eines Tages befahl ich einem Kind, etwas zu tun, ich weiß nicht mehr, was es tun sollte, und es antwortete mir unverschämt mit einem knappen *Nein* . Ich wandte mich an seine anwesende Mutter und sagte ihr, dass man dem Jungen eine Ohrfeige geben sollte.

Die Frau warf mir einen Blick zu, der sowohl Erstaunen als auch Ärger ausdrückte, und sagte dann: „Sie sind ein schlechter Mensch, wenn Sie meinem Sohn wehtun, obwohl er es nicht böse meinte! “

Doch trotz dieser Argumentation und der Milde gegenüber Kindern (die einen Pädagogen des Erziehungssystems in den Selbstmord treiben würde) sind die Sakais ihren Eltern und den Alten gegenüber ehrlich und respektvoll; sie behandeln ihre Familie liebevoll und sind – die armen Wilden – noch weit von einem solchen Grad der Zivilisation entfernt, dass sie eine widerspenstige Ehefrau oder einen lästigen Liebhaber in Stücke hauen und in einem geheimnisvollen Reisekoffer zu einem Bad im Meer oder in einem Metzgersack zu einem Süßwasserbad in einen geeigneten Fluss schicken würden.

Doch die Antwort des Jungen und die stillschweigende Zustimmung seiner Mutter waren nur die entschiedene Bestätigung jenes unbezwingbaren Freiheitsgeistes, der den Sakai beseelt und ihn tun lässt, was er will, aber nie, was andere ihm befehlen.

Selbst wenn Sie ihn als Führer oder Reisegefährten mitnehmen, ist es immer ratsam, ihn seinen eigenen Weg gehen zu lassen, ohne sich überhaupt einzumischen. Er wird sich ausruhen, essen, rauchen und weitergehen, wie es ihm beliebt, und wenn Sie ihm in seinem Wunsch widersprechen, wird er Ihnen den Rücken zukehren und Sie mitten im Wald zurücklassen.

Jeder Akt seines Lebens offenbart und kennzeichnet diesen Unabhängigkeitswahn. Ich möchte einen seltenen Fall anführen. Wenn eine Schwiegermutter und eine Schwiegertochter sich aufgrund ihrer unterschiedlichen Charaktere nicht einigen können, kommt es weder zu tragischen Szenen noch zu kleinen Streitereien; das junge Paar packt einfach seine spärlichen Habseligkeiten zusammen, zerstört seine eigene Hütte und marschiert los, um eine neue in ausreichender Entfernung zu bauen, um lästige Berührungen oder die Möglichkeit weiterer Missverständnisse und Zwietracht zu vermeiden.

Es ist so: Niemand wird sich dem Willen eines anderen unterwerfen und selbst bei der Regelung einer bestimmten Frage muss die Angelegenheit fallen gelassen werden, wenn nicht alle derselben Meinung sind.

Schwiegersöhne und Schwiegertöchter lieben ihre Schwiegerväter und Schwiegermütter durchaus und umgekehrt , und sie alle respektieren einander und können friedlich zusammenleben, aber keiner kann seinen eigenen Willen durchsetzen, ohne einen Streik zu beschließen.

Sie wenden dasselbe einfache Mittel an, wenn in der Ehe keine große Harmonie herrscht. Mann und Frau können sich als Ehemann und Ehefrau nicht ganz einig sein? Sie lassen sich fröhlich scheiden, anstatt ihr Leben durch ständige Streitereien und die Abneigung, die sie beide verspüren, zu vergiften, das zu tun, was der andere will.
Wie viel müssen zivilisierte Menschen hinsichtlich des menschlichen Geistes noch von Wilden lernen! Glauben Sie nicht auch, lieber Leser?

Man geht allgemein davon aus, dass die Sakai von Natur aus faul sind. Das ist ein Irrtum, denn ihre sogenannte Faulheit ist nichts anderes als das Ergebnis der Umstände, unter denen sie leben.
Wenn sie erst einmal für ihre tägliche Nahrung gesorgt haben und einen guten Vorrat an Giften und Pfeilen angelegt haben, was bleibt ihnen dann noch zu tun in den Tiefen des Waldes, wo es keinen Durst nach Reichtum (weil er ihnen unbekannt ist), nach Ehre (von der sie nicht die geringste Ahnung haben) oder nach Macht (die ihre individuelle Unabhängigkeit verleugnet) gibt?

Herstellung vergifteter Pfeile.

In ihren Teilen gibt es kein Rennen um Reichtum, Positionen oder Ruhm, keinen Kampf ums Überleben, der bei uns eine unerschöpfliche Quelle des Fortschritts und zugleich einen Anreiz für Verbrechen und Korruption darstellt.

Der von Heinrich IV. geäußerte Wunsch, dass jeder seiner Untertanen sein eigenes Geflügel im eigenen Topf kochen dürfe, wurde bei den Sakais mehr als erfüllt.

Sie kochen ihr Geflügel nicht, weil es nur als Tauschmittel gezüchtet wird, aber es kommt selten vor, dass sie nicht ein gutes Stück Affen-, Schlangen-, Hirsch- oder Wildschweinfleisch genießen können, das ihnen viel besser schmeckt. Wenn (ein sehr seltener Fall) jemand nicht da ist, geht er zur nächsten Hütte, tritt wortlos ein und setzt sich, ohne gegrüßt zu werden. Ihm wird etwas Essen vorgesetzt, das er verschlingt, ohne dazu aufgefordert zu werden, und dann geht er, wie er gekommen ist, ohne dass jemand ein Wort sagt, außer vielleicht (aus übertriebener Höflichkeit) einem gemurmelten „ *abor* " (was „sehr gut" bedeutet und von den Sakais als „Auf Wiedersehen" verwendet wird), das der Besucher beim Weggehen sagt.

Der Sakai versteht nicht, warum man arbeiten soll, wenn es nicht notwendig scheint, aber was er für unbedingt notwendig hält, tut er mit Eifer und gutem Willen. Was auch immer sie zu tun haben, sie arbeiten alle zusammen, das Familienoberhaupt, die Ältesten, die jungen Männer, die Jungen, jeder hilft nach besten Kräften mit. Wenn sie fertig sind, legen sich die Ältesten der Gruppe hin, um zu dösen und Tabak oder Sirih zu kauen, die anderen Männer hocken herum, um zu plaudern und Gifte vorzubereiten oder

Blasrohre und Pfeile herzustellen, während die Kinder spielen und die Frauen sich mit dem Kochen beschäftigen.

Die Begriffe „träge" und „faul", die fälschlicherweise auf diese Wilden angewendet werden, lassen sich mit gleicher Kraft auch auf viele andere anwenden, die im Strudel der zivilisierten Gesellschaft leben.

Wir sehen in uns häufig unerschöpfliche Energiereserven, die sich entfalten, wenn Ehrgeiz oder reines Bedürfnis danach verlangen. Doch wenn das eine oder das andere befriedigt ist oder die Notwendigkeit einer solchen fortwährenden Anstrengung nicht länger zwingend erscheint oder das gewünschte Ziel erreicht oder die Zukunft völlig gesichert ist, dann weicht die Energie nach und nach einem Verlangen nach Ruhe.

Wie ich bereits sagte, sorgt der Sakai nie für den nächsten Tag. Seine Arbeit beginnt und endet mit dem Tag. Geben Sie ihm etwas Tabak und in seinem Glück wird er die ganze Nacht wach bleiben, um ihn zu rauchen oder zu kauen.

Er arbeitet nur im Verhältnis zur Dringlichkeit des Augenblicks und wirft sich dann auf den Boden, um auszuruhen, denn Betten und Stühle sind für ihn unbekannt und nicht immer werden getrocknete Blätter und Gräser als Ersatz dafür verwendet.

Die Entwicklung unserer Gesellschaft hat uns im Gegenteil zu diesem merkwürdigen Zustand geführt: Wer überhaupt nicht arbeitet und folglich keine echte Erschöpfung hat, von der er sich ausruhen kann, liegt auf einem weichen Federbett, um dort seine im schnellen Leben und in der Ausschweifung vergeudeten Kräfte wiederherzustellen, während ... Aber ich sollte besser damit aufhören, sonst werde ich womöglich für einen gefährlichen Klassenagitator gehalten!

Ich möchte nur so viel sagen: Könnte der Sakai einen Blick in einige unserer Häuser und Paläste werfen, würde er eilends in seinen eigenen Wald zurückkehren, und wenn er gezwungen wäre oder wüsste, wie er seine Eindrücke niederschreiben sollte, würde er sicherlich mit den Worten beginnen: „Die Menschen des Westens sind verweichlicht, faul und träge."

Doch es wäre falsch von ihm, Verallgemeinerungen zu ziehen, denn es sind Männer aus dem Westen, die seinen Wald erobert haben.

Ich werde dieses Kapitel mit dem Geständnis einer Reue beenden. Aus Mitleid mit diesen armen Geschöpfen, die auf dem kalten Boden schliefen, aneinandergekauert, um sich gegenseitig zu wärmen, schenkte ich eines Tages einer Familie aus Sakai eine Haarmatratze.

Alle nahmen darauf Platz und schliefen tief und fest, doch am Morgen schmerzten ihre Knochen so sehr, dass sie mir in aller Eile und ohne ein einziges Wort des Dankes meine Matratze zurückgaben.

Und ich könnte ihnen dies nicht verdenken.

Jungen üben Schießen.

Fußnoten:

[7] Etwas mehr als fünf Fuß. Anmerkung des Übersetzers.

[8]

Lassen Sie den morgigen Tag für sich selbst sorgen, wenn wir den heutigen Tag genießen können.

[9] Letzteres ist eine Art Eichel, die lange haltbar ist. Zu einer öligen Paste zerstoßen ist sie geschmacklich nicht ganz unangenehm.

KAPITEL X.

Die Sakai-Frau – eheliche Treue – ein Leben voller Arbeit – Verlobung und Hochzeit – Liebe unter den Sakai – Scheidung – Küssen verboten – Keuschheit – Bigamie – Mutterschaft und ihre Exzesse – Vorzeitig gealtert – Mode und Koketterie.

Die Frau, die von Dichtern und anderen mit ritterlichen Gefühlen mit fast jeder Art von Tier verglichen wurde, das fliegt, kriecht, schwimmt oder läuft, ist bei den Sakai einfach eine Frau. Wenn diese guten Söhne des Ostens von ihr sprechen, verleumden sie weder die Taube noch die Gazelle, und sie verleumden weder den Tiger noch die Schlange, aber wenn sie geneigt sind, ihre Reize zu preisen, tun sie dies mit Zuneigung und Kürze. Und das ist nicht verwunderlich, wenn man bedenkt, dass das weibliche Geschlecht im Dschungel, obwohl es für unseren Geschmack nicht schön ist (aber sehr wohl nach dem Sakay-Kriterium), gut, fleißig und unbestechlich ist. Wären diese drei Tugenden in unseren Gegenden besser bekannt, würden sie der armen, leidenden Menschheit viel Prosa sowie Poesie ersparen, ohne der Kunst den geringsten Schaden zuzufügen.

Aus diesem Grund haben die Wilden in den malaiischen Staaten die Frau immer als treue Gefährtin ihres Lebens und als Mutter ihrer Kinder betrachtet und betrachten sie auch heute noch. Sie haben ihr nie die Sünde Evas zugeschrieben, die sie in anderen Ländern, wo man nur sehr wenig über die Heilige Geschichte weiß, zur Zielscheibe jeder beleidigenden, sarkastischen und schmähenden Bezeichnung gemacht hat. Sie haben nie, wie auf dem Konzil von Macon, darüber diskutiert, ob eine Frau eine Seele hat oder nicht; das wenige, das notwendig ist, um mit ihrer eigenen zu harmonieren, haben sie ohne jede Diskussion anerkannt und in der Fürsorge und Zuneigung, die sie ihren Lieben entgegenbringt, und in ihrer unerschütterlichen Treue gefunden.

Unter diesen unzivilisierten Menschen gibt es zwar keine ritterlichen Traditionen, aber auch ihre Frauen sind nicht dazu gezwungen, die Emanzipation anzustreben, denn da sie die gleichen Rechte wie die Männer haben, gibt es für sie keine, die sie einfordern könnten, und sie haben kein Unrecht zu rächen.

Jungen üben Schießen.

Die Männer ihrerseits ahnen nicht im Traum, was Demosthenes über die korrupten Athener seiner Zeit sagte. Diese Worte werden von einigen unserer führenden Männer im 20. Jahrhundert wiederholt und in die Tat umgesetzt: „Wir heiraten eine Frau, um eheliche Kinder zu haben und eine treue Haushälterin zu haben. Wir halten uns Konkubinen und bezahlen Huren für unsere Bequemlichkeit und die Freuden der Liebe."

Wie gesagt, bei den Sakais ist das eine Geschlecht nicht der Sklave des anderen. Sie leben in perfekter Harmonie. Der Mann wird als Oberhaupt der Familie betrachtet, obwohl es nichts zu verwalten oder zu lenken gibt, und die Frau zeigt sich ihm gegenüber hinreichend respektvoll, aber es besteht bei ihnen nicht die Sitte, dass man sich passiv einem Willen unterwerfen soll, mit dem man selbst nicht übereinstimmt.

Der Mann sorgt für Nahrung, indem er im Wald jagt, fischt, Früchte sammelt und ein wenig Land in der Umgebung bestellt; die Frau hilft ihm bei der Feldarbeit, folgt ihm manchmal in den Dschungel, bereitet seine Mahlzeiten zu und kümmert sich um andere häusliche Pflichten. Sie kümmert sich gut um ihre Kinder und ist sehr eifersüchtig auf sie. Wenn sie noch zu klein zum Laufen sind, schnallt sie sie mit langen Streifen Rinde auf ihren Rücken und lässt ihre Beine auf ihren Hüften ruhen.

Diese Belastung hindert das Kind nicht daran, sich zu bewegen und zu arbeiten. Bei längeren Märschen tragen die Eltern das Kind abwechselnd.

Sobald ein Junge das Alter von sechs Jahreszeiten (6 Jahren) erreicht hat, geht er aus der Obhut seiner Mutter in die Obhut seines Vaters über und beginnt unter dessen Anleitung Ausflüge in den Wald zu unternehmen, wo er Insekten fängt, Früchte und Blumenzwiebeln sammelt, nach und nach lernt, mit dem Blasrohr umzugehen, an der Jagd und dem Fischfang teilzunehmen sowie Gifte zu erkennen und bei ihrer Gewinnung mitzuhelfen.

Dies ist die Lernphase des kleinen Sakai.

Das Mädchen hingegen bleibt bei seiner Mutter und wird dazu erzogen, bei der Hausarbeit (?) mitzuhelfen, wobei es seinen Teil mit gutem Willen und heiterer Laune erledigt.

Sie begleitet ihre Mutter beim Pflanzen und Ernten von Kartoffeln und Yamswurzeln, beim Sammeln von Feuerholz und beim Füllen der Bambuseimer mit Wasser. Sie lernt kochen und sich um die Kleinen zu kümmern.

Schon früh beginnt für sie ein sehr aktives Leben. Ihre Arme sind noch schwach und sie kann einige der ihr zugewiesenen Gewichte kaum heben, aber allmählich entwickeln sie Mut für schwerere Gewichte.

Ihre ermüdenden Pflichten werden immer mehr, und doch nimmt sie als kleines Mädchen, als Jungfrau und auch als Frau alles mit leichtem Herzen hin und ist mit ihrem harten Leben so zufrieden, dass ich oft eines dieser guten, fleißigen Geschöpfe erklären hörte, sie sei vollkommen glücklich. Wie viele Damen im zivilisierten Europa und Amerika wären bereit, ein ähnliches Geständnis abzulegen?

Mit etwa 15 Jahren, wenn unsere Mädchen noch kurze Kleider tragen und die Bezeichnung „junge Dame" nicht immer würdig ist, ist die weibliche Sakai im Allgemeinen eine Ehefrau.

Schon im Säuglingsalter kann ein kleines Mädchen von seinen Eltern mit einem Jungen aus einem anderen Stamm verlobt werden. Wenn aber die Zeit kommt, die beiden jungen Menschen, die seit ihrer Kindheit verlobt sind, zu heiraten, und einer den anderen als Lebensgefährten nicht mehr mag, tauschen sie ein leises „ Nein" aus und die Verlobung ist damit endgültig beendet. [10]

Diese Ablehnung nimmt weder der eine noch der andere übel, denn sie sind sich völlig einig, dass es besser ist, keine Bindung einzugehen, wenn der Wunsch nicht auf Gegenseitigkeit beruht, da Kummer und Leid die sichere Folge wären.

Eine wunderbare Philosophie in all ihrer Einfachheit, die die kleine Sakai-Welt von einer enormen Zahl an Märtyrern und aufsehenerregenden Verbrechen befreit.

Bei der Wahl des Ehemannes ist das Mädchen frei. Natürlich wird ihr bereitwillig ein Rat erteilt, ob er dem Bewerber günstig oder nicht günstig sein mag, aber niemand kann sie zwingen, einen Mann zu heiraten, zu dem sie nicht geneigt ist.

Dieses völlige Fehlen von Zwang ist jedoch kein Wunder, denn im Wald gibt es keine Glücksritter, Mitgiften sind unbekannt, und es gibt keine Dianas, die sich der Jagd nach einer Pachtliste anschließen. Es gibt keinen Ehrgeiz in Bezug auf Titel , Position oder Abstammung, denn alle sind gleich. Sie sind menschliche Geschöpfe, in derselben Form erschaffen und mit demselben Lebensrecht ausgestattet. Es gibt keinen Unterschied im Blut unter ihnen, denn es ist immer rot.

Der junge Sakai, der eine Familie gründen möchte, verlässt in Begleitung einiger naher Verwandter (Großvater, Vater oder Brüder) sein eigenes Dorf und begibt sich in ein weiter entferntes Lager.

Es kommt oft vor, dass Hunger, Dämmerung oder andere Umstände diesen Pilger der Liebe und seine Gefährten dazu bewegen, bei der einen Hütte statt bei einer anderen Halt zu machen.

Sie treten, wie es ihre Gewohnheit ist, ein, ohne ein Wort zu sagen, setzen sich auf ihre Fersen und essen, was ihnen angeboten wird.

In der Zwischenzeit schaut sich der junge Mann um und mustert aufmerksam die Mädchen, falls es welche gibt, und wenn ihm eine gefällt, zeigt er sie einem seiner Gefährten, der sofort aufsteht und der glücklichen Jungfrau erzählt, was sein Verwandter wünscht.

sich gibt , murmelt sie: „ *Eh! eh ! ngot* " (Ja, ich bin bereit), ein Satz, der wie ein Schluckauf klingt, aber keiner ist.

Dann nähert sich der galante junge Mann dem Mädchen und bietet ihr eine Halskette aus Glasperlen und, wenn er welches hat, etwas Messingdraht zum Anfertigen von Armbändern an. Im Gegenzug erhält er von seiner zukünftigen Braut ein oder zwei Pfund Betel.

Ohne jede Verzögerung beginnen der Vater des Mädchens und der des jungen Mannes oder jemand, der sie vertritt, mit dem prosaischeren Teil der Angelegenheit, nämlich: Sie legen fest, welche Art von Geschenken der Bräutigam den Eltern und Schwestern seiner Gattin am Hochzeitstag machen soll, um sie für das Mädchen zu entschädigen, das er ihr wegnimmt.

Sie diskutieren, ob die Geschenke nur aus einem einzigen irdenen Kochtopf bestehen dürfen (ein Luxusartikel im Dschungel, wo Bambusutensilien allgemein verwendet werden) oder aus zwei, und ob ein Paar *Parangs* (Holzfällermesser) hinzugefügt werden sollen; außerdem müssen einige bunte Perlen, Messingdraht und vielleicht sogar ein Stück bunter Kattun vorhanden sein.

Nachdem diese sehr wichtigen Angelegenheiten geklärt sind, wird der Hochzeitstag festgelegt. Danach trennt sich das verlobte Paar ohne Tränen oder Seufzer, und der junge Mann kehrt mit seinen Verwandten in ihre Heimat zurück.

Der große Tag kommt.

Der Bräutigam begibt sich in Begleitung aller Männer seiner Familie und einiger Frauen zur weit entfernten Hütte der Braut und nimmt die versprochenen Geschenke mit.

Es versammelt sich eine große Anzahl von Sakais aus aller Welt, weil sie Freude und Leid, Überfluss und Hunger gleichermaßen und in brüderlicher Gemeinschaft teilen.

Der Älteste steht auf und sagt mit lauter Stimme:

„Hört, hört , alle, die ihr hier versammelt seid: Die von ferne waren, sind nun zusammen; die getrennt waren, sind nun vereint."

Dann nimmt das Brautpaar einander zärtlich an die Hand und ihnen wird etwas Reis auf einem Blatt gereicht. Die Frau nimmt ein paar Körner und steckt sie ihrem Mann in den Mund, und dann nehmen beide diese leichte, symbolische Mahlzeit vom selben Blatt zu sich. Die Hochzeitszeremonie endet hier, ohne Eingreifen von *Alà* oder irgendeiner Art kirchlicher oder ziviler Autorität. Wie beneidenswert sie sind!

Es folgt sofort ein Bankett, und die Gesellschaft stopft alles hinunter, was sie essbar findet. Das *Menü* besteht aus allen Arten von essbaren Speisen, die in der Sakai-Küche bekannt sind, und wenn sie sich bis zum Äußersten vollgestopft haben, tanzen und singen sie und entlocken ihren Instrumenten die schärfsten Töne, die je ein menschliches Ohr vernommen hat, während das wilde Schlagen von Bambusstäben den Klang von Holzglocken hervorbringt. Nach diesem Hochzeitsfest kehren die frischgebackenen Eheleute mit ihren Verwandten in ihre eigenen Hütten zurück, wo eine neue Hütte, ein Nest der Liebe, für sie vorbereitet wurde.

Die Liebe unter den Sakais wird nie zur Leidenschaft oder zum Delirium. Sie ist ein stilles, ruhiges Gefühl, eine physiologische Notwendigkeit, wie sie die gute Seele Schopenhauers interpretierte, zum großen Skandal einer bestimmten Klasse von Liebenden.

Männer und Frauen verbindet ein Gefühl herzlicher Sympathie, ein spontaner Akt ihres eigenen Willens, der niemals die geringste Einschränkung dulden würde.

Kein persönliches oder familiäres Interesse legt diesen wichtigen Schritt nahe oder bestimmt ihn. Das einzige, was im Dschungel Liebe erwecken (und eine Ehe herbeiführen) kann, ist das höchste und unantastbare Naturgesetz zum Schutz der Arten.

Was jedoch an den Verbindungen dieser guten, einfachen Menschen bewundert werden muss, ist die Treue, die ihnen ihr ganzes Leben lang treu bleibt.

Ich wiederhole, die Sakais sind keine sehr leidenschaftlichen Geister, und sie bringen der Venus auch keine übermäßigen Opfer, vielleicht weil die sinnliche Befriedigung sich dann einstellt, wenn die physiologische Entwicklung es erfordert, und nicht - wie es in der zivilisierten Gesellschaft allzu oft geschieht und dabei großen Schaden für Moral und Rasse anrichtet - nach einer langen und ermüdenden Wachsamkeit, immer in Erwartung der finanziellen Bedingungen, die die Gründung einer Familie ermöglichen .

Festzuhalten bleibt, dass sich weder Mann noch Frau zu einem anderen Partner als ihrem rechtmäßigen Partner hingezogen fühlen, was natürlich sehr zur Aufrechterhaltung der Treue zwischen beiden beiträgt.

Manchmal, aber sehr selten, kann es vorkommen, dass ein Paar aufgrund seiner unterschiedlichen Charaktereigenschaften nicht zusammenleben kann.

Es kommt zu keinen Wutausbrüchen, keinen heftigen Auseinandersetzungen und erst recht nicht zu gegenseitigen Schlägen.

Die beiden Beteiligten erklären lediglich, dass ihr Herz zu sehr unter einem Leben voller ständiger Missverständnisse leide, und sie beschließen, sich als gute Freunde zu trennen, in der Hoffnung, beim nächsten Mal mehr Glück zu haben.

Sie werden sich dann mit den besten und aufrichtigsten Wünschen für das zukünftige Glück des anderen verabschieden.

Von ihren Kindern nimmt die Frau nur das jüngste mit, das ihrer Fürsorge am meisten bedarf, überlässt die über sechs Jahre alten dem Vater und kehrt an ihren Heimatort zurück, wo sie liebevoll aufgenommen wird.

Oft sucht sie sich schon in den ersten Tagen der Trennung einen anderen Ehemann, ihr neuer Lebensgefährte adoptiert ihre Kinder und betrachtet sie als seine eigenen, woraufhin die Beziehung zum leiblichen Vater aufgehoben wird.

Wie man hier sieht, wird eine Scheidung ohne Eingreifen anderer vollzogen. Die Sakais sind ebenso frei zu heiraten wie zu trennen, wenn sie merken, dass sie nicht in Frieden und Ruhe leben können. Sie schreiben dem Herzen den gleichen Impuls der Vereinigung wie der Trennung zu. Es ist dann das Gefühl, das unter ihnen die Form eines Gesetzes annimmt und ihr Handeln regelt. Wie sehr ist es zu bedauern, dass ein ähnliches Gesetz in zivilisierten Ländern nicht anerkannt wird, wo das vom Gesetzgeber auferlegte Gesetz so viele unglückliche Wesen schafft und so viele Tragödien und so viel Schande hervorruft.

Schlafende Kinder.

Und doch gibt es trotz dieser einfachen Möglichkeit, eine Scheidung zu erwirken, nur sehr wenige, die darauf zurückgreifen. Dieser Umstand sollte denjenigen Gewicht verleihen, die sich vehement gegen eine Maßnahme wehren, die dem wirklichen Schutz der Familie so sehr dient. Ein Schutz in dem Sinne, dass ihre Bedingungen und Funktionen verbessert würden, ohne dass jene Rechte (durch ein Vorurteil, das als religiöse Vorschrift ausgegeben wird), die die Seele selbst geltend macht, zerstört und unterdrückt würden.

Der heilige Stand der Ehe wird heute von der Mehrheit mit skeptischer Zurückhaltung betrachtet, fast wie ein Abgrund, der Freiheit, Energie, Ehrenbedenken, Moral, Willensstärke und jede Güte des Gefühls verschlingt, das den Schiffbruch vieler Hoffnungen und Illusionen überlebt hat.

Bei den Sakais herrscht kein solches Gefühl. Die Männer binden ihre Existenz freiwillig an die einer Frau und heiligen ihren neuen Stand mit den aufrichtigen Tugenden der Treue und Keuschheit.

Aber – diese Tugenden sind den Wilden vorbehalten, und ich bin ein Wilder, wenn ich von ihnen spreche!

Lassen Sie mich also kurz zum Abschluss der Argumentation kommen. Scheidungen sind selten, da sie fast ausschließlich auf unvereinbare Temperamente oder anhaltende Unfruchtbarkeit beruhen.

Weder der Mann noch die Frau können sich damit abfinden, kinderlos zu bleiben. Bleibt ihre Verbindung ohne Früchte, besteht für sie keine Notwendigkeit mehr, zusammenzuleben.

In Ausnahmefällen kommt es vor, dass sich die beiden Parteien nicht über eine Scheidung einigen können. In diesem Fall wird die Entscheidung dem Ältesten überlassen, der das Urteil ohne Berufungsmöglichkeit verkündet.

Die unmittelbare Folge einer annullierten Ehe ist die Rückgabe der Geschenke, die der Ehemann der Familie der Ehefrau gemacht hat. Letztere verlässt sofort den Stamm, dem sie nach ihrer Heirat angehörte, und wird zu einer Fremden für diejenigen, die noch vor kurzer Zeit ihre engsten Verwandten waren.

Dies ist nicht das Ende eines Liebestraums, sondern die ruhige und vernünftige Entscheidung zweier Wesen, die feststellen, dass ihre Charaktere nicht übereinstimmen und dass sie keine Freude mehr an der Gesellschaft des anderen empfinden. Sie sind jedoch nicht grausam genug gegen sich selbst und ihre bessere oder schlechtere Hälfte (je nach Sachlage), um eine Verbindung vorzutäuschen und fortzusetzen, die sie unglücklich macht.

In unseren Gegenden dient die Frage der Kinder geschiedener Leute den Scheidungsgegnern als gewichtiges Argument und stellt ihre Anhänger vor ein schwieriges Problem. Für die Sakais ist die Lösung recht einfach. Das Alter der Kinder entscheidet, bei wem sie bleiben müssen, und diejenigen, die der Obhut des Vaters überlassen werden, werden von den Frauen in der Umgebung versorgt, die sie aus reinem Muttertrieb und ohne Hoffnung auf Belohnung mit mütterlicher Zärtlichkeit behandeln. Es ist, als ob ihre Mutter gestorben wäre und ihre natürlichen weiblichen Vormünderinnen die Schwestern oder die Mutter des Vaters würden. In Ermangelung dieser engen Beziehungen steht es dem Mann frei, sofort eine zweite Ehe einzugehen, wobei seine Trauerzeit geduldet wird.

Auf jeden Fall werden die Kleinen immer zum Gegenstand der liebevollen Aufmerksamkeit aller Frauen des Dorfes.

Die Sakai küssen sich nicht. Sie kennen weder den Kuss des Judas noch den des Romeo. Sie drücken ihre Sympathie und Liebe durch grobes Streicheln oder das Kratzen der Nase, des Halses oder des Kinns aus.

Dort im Dschungel gibt es keine Dichter, Romanautoren, Dramatiker oder Maler; hier würde sich ein neues (und originelles) Feld für die Exzellenz ihrer Künste eröffnen. Können Sie sich nicht vorstellen, lieber Leser, wie unwiderstehlich die Wirkung wäre, wenn sich Held und Heldin im leidenschaftlichsten Moment ihrer Liebesszenen nicht „ihre zitternden Lippen in einem aufregenden Kuss treffen", sondern sich gegenseitig wütend die Nase kratzen würden?

Obwohl es im Interesse der wahren Kunst für einige unserer Pseudokünstler ab und zu eine gute Sache sein könnte, in dieses ferne Land zu gehen, um dort nach starken Inspirationen zu suchen, die zumindest den Ruhm des gesunden Menschenverstands in zivilisierten Gegenden steigern würden, würde ich ihnen sicherlich nicht raten, in den malaiischen Wald auszuwandern, denn das wäre, als würden sie zum Hungertod verurteilt, da sie dort keinerlei Werkzeuge oder Materialien für ihre Arbeit finden würden. Es gibt keine Selbstmorde, Morde, Raubüberfälle, Ehebrüche, begehrte Erbschaften und unterdrückte Testamente, Fälschungen, verlorene Frauen und uneheliche Kinder, es gibt keine Alkoholtrinker, Opiumesser usw.

Selbst für einen „Sherlock Holmes" wäre es völlig unmöglich, seinen Appetit zu stillen, wenn er in diesen Gegenden erschaffen worden wäre.

Doch kehren wir nach diesem unfreiwilligen Streifzug zu meinen guten Freunden, den Wilden, zurück.

Die Sakais bringen ihre Liebe und Tapferkeit zum Ausdruck, indem sie Nase, Kinn oder Hals kratzen. Wenn sie jedoch eine sanftere Empfindung wie aufrichtige Zuneigung oder Freundschaft ausdrücken möchten, tun sie dies durch ein Lächeln und eine gleichzeitige Umarmung.

Ich habe manchmal sowohl Männer als auch Frauen beobachtet, die sich fernab ihrer besseren Hälften ein paar Liebkosungen und ein bisschen Nasekraulen gönnten, ebenso wie junge Männer, die nicht verlobt waren, aber ich kann mit vollster Sicherheit behaupten, dass diese Zärtlichkeitsbekundungen nicht weiter gehen; sie enden dort, wo sie begonnen haben.

Es mag seltsam klingen, aber es ist wahr. Beide Geschlechter haben ständig Kontakt. In kalten Nächten schlafen sie alle eng beieinander, um sich warm zu halten, und doch ist diese wahllose Nähe nicht schädlich.

Wie ich bereits sagte, ist Keuschheit eine natürliche Tugend bei den Sakais, und selbst die Tugend, die mit legitimer Liebe zusammenhängt, ist in ein schüchternes Geheimnis gehüllt. Weder Mann noch Frau neigen zu sexuellen Launen.

Sollte sich ein junger Mann in ein Mädchen verlieben, bevor er sein Blasrohr geschickt und gewinnbringend handhaben oder die gewohnheitsmäßig vorgeschriebenen Hochzeitsgeschenke beschaffen kann, wird er seine Liebste vielleicht zu einem Treffen im Wald überreden.

Es kommt äußerst selten vor, dass einem Mädchen durch eine solche Verabredung Schaden zugefügt wird, da es nicht in ihrem Charakter liegt, der Lust nachzugeben. Sollte dies jedoch vorkommen und die Tatsache bekannt werden, wird ohne Zeitverlust eine Heirat arrangiert. Die Frau, die einer Ehe mit ihrem Liebhaber nicht zustimmt oder von der bekannt ist, dass sie mit mehr als einem jungen Mann intim war, wird vom Rest ihres Volkes sehr verachtet.

In diesen Stämmen gibt es nur sehr wenige Junggesellen, aber diejenigen, die alleinstehend bleiben, verdanken dies einem moralischen oder physischen Defekt. Solche Personen leben bei ihren nächsten Verwandten.

An Polygamie denken die Sakais nicht, Bigamie hingegen ist kein absolutes Verbot, kommt aber nur sehr selten vor. Denn wenn eine Frau sieht, dass ihr Mann in eine andere verliebt ist, ist sie die erste, die die Scheidung vorschlägt, und es folgen keinerlei Beschuldigungen auf ihren Vorschlag.

„Dein Herz", sagt sie, „leidet mit mir, obwohl es sich mit ihr freuen würde. Nun gut, dann lass uns trennen, denn ich habe das Gefühl, dass ich mit einer anderen Frau von dir nicht glücklich leben könnte."

Dreiergespann größte Harmonie herrschen wird .

Die Sakai-Frauen werden mit dem Mutterinstinkt geboren und werden niemals auf das Stillen ihrer eigenen Babys verzichten, es sei denn,

Milchmangel oder eine schwache Konstitution zwingen sie dazu. Diese Ausnahmen sind jedoch außerordentlich selten und sie sind auf dem Höhepunkt ihres Stolzes, wenn ihre Kleinen Leben und Kraft aus ihren Brüsten saugen. [11]

Fälle völliger Unfruchtbarkeit oder übermäßiger Fruchtbarkeit kommen bei ihnen nur sehr selten vor, und kaum jemals bekommt eine Frau mehr als vier oder fünf Kinder.

Sie stillt und pflegt sie mit großer Zärtlichkeit und freut sich, wenn sie sieht, wie sie stark und gesund aufwachsen.

Kinder werden im Alter von sieben Monaten (ungefähr nach dem Mondkalender berechnet) bis zum Alter von zwei Jahren (zwei Obstsaisons) entwöhnt, im Allgemeinen jedoch, wenn sie etwa ein Jahr alt sind (eine Saison).

Die erste Nahrung, die das Baby bekommt, ist ein gut gekochter Brei aus einer bestimmten Knolle und den zarten Blättern einer kleinen Pflanze, deren Namen ich nicht mehr weiß.

Wenn sich der Kleine an sein neues Essen gewöhnt hat (ob er will oder nicht) oder anfängt, ein oder zwei Wörter zu brabbeln, bekommt er einen Namen, der ihn normalerweise an seinen Geburtsort, ein bestimmtes Ereignis im betreffenden Moment oder die Art und Weise erinnert, wie er ein Wort oft verwendet oder es falsch ausspricht.

Die Gutherzigkeit und mütterliche Güte der Sakai-Frauen erstreckt sich sogar auf junge Tiere, die ihrer Mutter beraubt wurden. Sie adoptieren sie und ziehen sie mit der gleichen Sorgfalt auf, die sie ihren eigenen Kindern oder menschlichen Waisen zukommen lassen.

Eines Tages ging eine Eberin in eine Falle und wurde selbstverständlich gekocht und gegessen. Doch bald darauf wurde ein Wurf gefunden, der dem Opfer gehörte, und die kleinen, gerade geborenen Tiere wurden von den Frauen des Dorfes aufgenommen und gepflegt.

Ich habe einmal einen großen Eber gesehen, der einem Sakai-Stamm wunderbar fügsam folgte und es sogar zuließ, dass die Kinder ihm Streiche spielten; er war von den Frauen aufgezogen worden.

Ich habe auch gesehen, wie Ratten, die von diesen Pflegemüttern aufgezogen wurden, nach Belieben von der Hütte weg und wieder weg gingen. Ich erinnere mich, dass die dunkle Dame des Hauses mich eines Nachts, als ich in einer dieser Hütten Unterschlupf gesucht und mir eine bestimmte Ecke für meine Nachtruhe ausgesucht hatte, warnte, ohne Einwände gegen meine

Wahl zu erheben, dass in der Nacht eine Ratte an dieselbe Stelle zurückkehren würde, um sich auszuruhen. Sie bat mich, dem armen Ding nichts zu tun, da es zur Familie gehöre, sie aber zu rufen, falls es mich störe.

Tatsächlich schlief ich schon tief und fest, als mich ein warmes Fell sanft streichelte, und als ich aufwachte, verstand ich, dass das liederliche Nagetier – fast größer als eine Katze – in den frühen Morgenstunden nach Hause zurückgekehrt war, als hätte man ihm einen Hausschlüssel gegeben.

Ich rief hastig die Frau, die es zärtlich aufhob und mit in den Schlaf nahm.

Es war ein Adoptivkind!

Ist das nicht der Gipfel mütterlicher Gefühle? Und grenzt das nicht an Torheit?

Die Geburt und das anschließende Stillen ihres ersten Kindes setzten der Anmut und Blüte einer Sakai-Frau ein Ende.

Ein Kind wird tätowiert.

Sie erfüllt die ihr von der Natur anvertrauten Aufgaben mit unvergleichlichem Eifer, muss sich aber gleichzeitig den schweren Pflichten widmen, die ihr der Mensch auferlegt, wodurch sie überarbeitet und durch übermäßige Müdigkeit erschöpft wird.

Mit dreißig Jahren sieht sie fast so alt und verwittert aus wie eine unserer hart arbeitenden Landsfrauen mit fünfzig, und diesen vorzeitigen Altersverlust kann das arme Geschöpf aufgrund ihrer extrem leichten Kleidung in keiner Weise verbergen.

„Der Schneiderbaum unseres großen Vaters Adam" hat für die Bewohner des Dschungels keine Blätter, denn sowohl Männchen als auch Weibchen tragen lediglich einen Streifen Rinde (der gut geschlagen wurde, um ihn biegsam zu machen), der um den Körper gewickelt und an den Hüften befestigt ist.

Der Gürtel der Männer ist nie breiter als vier Zoll, die Frauen tragen jedoch Gürtel von sechs bis acht Zoll Breite. Ein weiteres Stück Rindenstoff wird zwischen den Beinen hindurchgeführt und vorne und hinten an diesen Gürtel gebunden.

Obwohl die Frauen Töchter des Waldes sind, fehlt es ihnen nicht an einer gewissen Koketterie und sie schmücken ihre Gürtel oft mit Blumen oder medizinischen und wohlriechenden Kräutern, doch denken sie nie daran, einen keuschen Schleier aus großen Blättern anzufertigen, um damit jene Teile ihrer Person zu bedecken, die vor den Blicken der Öffentlichkeit verborgen bleiben sollten.

Das Kostüm, das sie auf den Fotos tragen, habe ich angefertigt, um meinen Lesern diese ockerfarbenen Evan in einem anständigeren Zustand zu präsentieren oder vielmehr ein wenig mehr im Einklang mit den Anforderungen der zivilisierten Gesellschaft, denn „den Reinen ist alles rein" und meiner Meinung nach ist die vollkommene Unschuld, in der diese Frauen nackt herumlaufen, dem Bewusstsein ihrer natürlichen Form vorzuziehen, das so viele unserer Gesellschaftsdamen und andere Frauen dazu verleitet, auf künstliche Mittel zurückzugreifen, um ihre Verehrer zu täuschen und sich einen Ruf als Schönheit zu erwerben.

Auch die Männer sind sogar zu beneiden, denn da sie überhaupt keine Unterwäsche tragen, können ihre besseren Hälften nie behaupten, „die Hosen anzuhaben", wie es bei uns manchmal der Fall ist.

Halsketten werden von Sakai-Mädchen und -Frauen sehr häufig getragen. Sie bestehen aus Perlen (die als die elegantesten gelten), Schlangenzähnen, Tierklauen, Muscheln, Beeren oder Samen.

Die Männer hingegen beenden ihre Toilette, indem sie ihre Handgelenke mit Armbändern behängen. Diese bestehen aus Messingdraht, Bambus oder *Akar Batù* und sollen sie vor dem Fieber schützen.

Ihre Gesichter sind stets durch farbige Streifen oder Hieroglyphen entstellt.

Es ist bei ihnen nicht üblich, Ringe durch die Nase zu tragen, sondern nur einen kleinen Bambusstab, der die Wirkung haben soll, ich weiß nicht genau welche Art von Krankheit oder Geist fernzuhalten.

Dabei bohrt die Mutter mit einem Stachelschweinborsten ein Loch durch den Nasenknorpel ihres Kindes und sorgt dann dafür, dass die Wunde schnell verheilt, ohne sich zu schließen. Anschließend führt sie ein leichtes Stück dieses Schilfrohrs hindurch.

Derselbe Eingriff wird an den Ohren vorgenommen, die sonst zwar gut geformt sind, sich aber verformen, da das Loch im Ohrläppchen sehr groß sein muss. Es genügt nicht, das Gewebe mit einer Schreibfeder zu durchstechen; man muss sofort ein kleines Bambusrohr einführen, am nächsten Tag ein größeres und so weiter, bis man an den Ohren Anhänger aus Bambus anbringen kann, die mit Blumen, Blättern und vielleicht sogar Zigaretten verziert sind.

Ein um den Kopf gewickelter Streifen *Upas* -Rinde verleiht der Toilette der Sakais den letzten Schliff. Glückliche Menschen! Sie müssen keine Schneider- , Schneider- oder Hutmacherrechnungen bezahlen!

Fußnoten:

[10] *Gne* würde im Englischen als *neay ausgesprochen . Anmerkung des Übersetzers.*

[11] Im Kapitel XIV habe ich über den Aberglauben dieses Volkes jene Vorstellungen erwähnt, die sich auf die Geburt eines Kindes beziehen, und die seltsamen Vorstellungen, die sie in Bezug auf dieses Ereignis haben.

KAPITEL XI.

Ein Sakai-Dorf — Der „Älteste" — Die Familie — Beziehungsgrade — Unbeschäftigte Humoristen — Auf dem Marsch — Zarte Herzen — Das Feuer entzünden — Eine Hekatombe von Riesen — Die Hütte — Haushaltsgegenstände und Geräte — Arbeit und Ruhe.

Ein richtiges Dorf, wie wir es verstehen, gibt es bei den Sakais nicht, aber ich musste das Wort verwenden, da mir kein besseres einfiel, um die Bedeutung zu erklären. Jede Hütte ist einige hundert Meter von der anderen entfernt, so dass ein Dorf insgesamt eine Fläche von zwanzig bis vierzig Meilen umfasst. Fast immer sind die Grenzen des Dorfgebiets durch Nebenwasserläufe gekennzeichnet (die echten Sakais lagern nie in der Nähe eines schiffbaren Flusses), die den Menschen, die an den Ufern leben, ihren Namen geben.

Nur die Breite eines Baches oder Sturzbachs trennt zwei dieser Siedlungen, die ich Dörfer genannt habe; daher ist die Entfernung viel geringer als die zwischen den beiden Enden eines einzelnen Dorfes.

Und doch haben sie, abgesehen von der nachbarschaftlichen und freundschaftlichen Beziehung, nichts miteinander zu tun, denn ein Sakai-Stamm verkehrt nicht gern mit einem anderen und erkennt keinen autoritären Ton an und nimmt keinen Rat an, es sei denn, er kommt von einem nahen Verwandten, und selbst dann muss er in der Form eines väterlichen Ratschlags oder einer liebevollen Ermahnung gegeben werden, denn sonst würde der Adressat wahrscheinlich sein eigenes Volk verlassen, um nicht noch mehr von ihm belästigt zu werden, und zu den Verwandten seiner Frau ziehen.

Die Bewohner eines Dorfes sind alle eine Familie und gehören der ersten, zweiten, dritten und sogar vierten Generation an, denn sie stammen alle vom selben alten Mann ab, der „Ältester" genannt wird und dem jeder Achtung und Respekt entgegenbringt.

Er ist es, der bei Streitigkeiten oder Zwistigkeiten (die sehr selten vorkommen) unter seinen Nachkommen als Richter oder Schiedsrichter fungiert, und das von ihm verkündete Urteil wird strikt respektiert. Er ist es auch, der den Platz für eine Lichtung auswählt, wenn die Sakais, wie es oft vorkommt, ihren Lagerplatz wechseln und ihr Dorf in einem ganz anderen Teil des Waldes errichten.

Ansonsten hat er, sofern er nicht noch arbeitsfähig ist, nichts anderes zu tun.

Zwischen den Ältesten der einzelnen Dörfer herrscht ein freundschaftliches Verhältnis, und sie stiften niemals Blutvergießen oder gar Konflikte zwischen ihren Stämmen an oder erlauben dies auch nicht.

Wenn nach dem Tod eines Ältesten noch zwei oder mehr Brüder am Leben sind, wird der älteste sein Nachfolger. Sollte es schließlich zu Missverständnissen zwischen ihnen kommen oder die Zahl der Dorfbewohner zu groß werden, wandert der andere in eine entlegene Ecke des Waldes aus, gefolgt von allen Familien, die in direkter Linie eng mit ihm verwandt sind, und bildet so den Kern eines neuen Sakai-Dorfes, das nie mehr als ein paar Hundert Einwohner zählt.

In den Ebenen hingegen kann man sehr viele Familien finden, die im selben Dorf zusammenleben, manchmal sogar bis zu dreitausend Personen.

Aber hier kann man die Sitten und Bräuche der echten Sakais nicht studieren und beobachten.

Trotz der Praxis, in Gruppen zu leben, wobei eine Familie von der anderen isoliert ist, wird die Brüderlichkeit der Rasse sehr stark empfunden, und wenn morgen eine gemeinsame Gefahr drohen sollte, würden sich alle wie ein Mann vereinen, um Widerstand zu leisten und sie zu überwinden. Außerdem wären sie immer bereit, einander in Zeiten der Not zu helfen.

Die Sakai erkennen nicht viele Verwandtschaftsgrade an.

Die männlichen und weiblichen Kinder desselben Vaters und derselben Mutter gelten wie bei uns als Brüder und Schwestern, aber auch die Söhne und Töchter von Brüdern (die bei uns nur Cousins wären) werden gleichgestellt und nennen alle ihre Onkel „Vater".

Für die Nachkommen weiblicher Kinder gelten völlig andere Regelungen, und das ist natürlich, denn die Mädchen eines Dorfes heiraten in ein anderes ein.

Die Kinder einer Frau dürfen keine verwandtschaftlichen Beziehungen zu den Brüdern ihrer Mutter haben und den Beziehungen zwischen ihnen und ihren Onkeln wird nur wenig Beachtung geschenkt.

Die Kinder von Schwestern gelten als Brüder und nicht als Cousins, und die Tanten werden alle als Mütter bezeichnet, selbst wenn sie in anderen Dörfern leben.

Die Frauen der Brüder nennen sich Schwestern und werden von ihren Neffen und Nichten mit dem Namen „Mutter" angesprochen, doch die Ehemänner der Schwestern haben keinen Anspruch auf eine Beziehung mit ihnen, außer auf herzliche Freundschaft.

Enkelkinder geben den Titel „Vater" auch ihrem Großvater und Urgroßvater und den Titel „Mutter" ihrer Großmutter, sodass diese beiden Worte, die für uns, die Sakais, eine so heilige Bedeutung haben, nichts weiter als gewöhnliche Bezeichnungen sind.

Zwischen den Eltern des Mannes und denen der Frau und auch zwischen letzteren (dem Vater und der Mutter der Frau) und ihren Schwiegersöhnen besteht keinerlei Bindung. Sie sind lediglich freundschaftlich miteinander verbunden.

Humoristen, die ihren Witz gern an der ewigen Schwiegermutterfrage proben, würden bei diesem Volk keinen Grund für ihre Scherze finden.

Die Schwiegertochter hingegen erkennt die Eltern ihres Mannes als ihren eigenen Vater und ihre eigene Mutter an.

Dies hindert sie jedoch nicht daran, noch immer eine innige Zuneigung zu den Menschen zu empfinden und zu pflegen, die ihr blutsverwandt sind und die Schöpfer ihres Daseins sind.

Sie besucht sie sehr oft und wird mit großer Freude empfangen. Zum Abschied geben sie ihr gute Wünsche und Ratschläge.

„Geh und folge deinem Mann! "

„Passen Sie auf, dass Sie unterwegs nicht hinfallen! ".

"Abbruch! ".

"Abbruch! ".

Soweit ich weiß, gibt es außer den von mir genannten keine weiteren Verwandten, die von den Sakais anerkannt werden, die auf den Waldhöhen leben, und selbst diese beschränken sich auf vier Namen: Vater, Mutter, Schwester und Bruder. Es ist jedoch sehr schwierig, Informationen über die Verwandtschaftsverhältnisse zu erhalten.

Wenn man das jugendliche Alter berücksichtigt, in dem sie heiraten und Kinder bekommen, und wenn man davon ausgeht, dass sie höchstens 60 Jahre alt werden (eine Berechnung, die rein auf Schätzung beruht, da eine genaue Ermittlung unmöglich ist), kann man sagen, dass jedes Dorf von der zweiten, dritten, vierten und sogar fünften Generation derselben Leute bewohnt ist.

Eine primitive Methode, Feuer zu machen.

Tatsächlich ist es offensichtlich, dass Sakai mit 32 Jahren Großvater, mit 48 Urgroßvater und mit 64 Ururgroßvater sein könnte, wenn man das Datum seiner ersten Vaterschaft auf 16 Jahre feststellt.

Je enger und direkter die Beziehung, desto stärker ist ihre Zuneigung.

Die zärtlichste Liebe, die ein Sakai seinem Sohn schenken kann, ergießt sich über ihn, besonders wenn das Kind noch klein ist. Doch mit der Zeit, im Laufe der Jahre und bei der Gründung neuer Familien kühlt sich die Wärme dieser Zuneigung etwas ab, vielleicht, weil seine Fürsorge nicht länger nötig ist.

Lieber Leser, ich habe Ihnen (so gut ich konnte) meine guten Freunde des malaiischen Waldes vorgestellt. Ich habe Ihnen ihre Tugenden und ihre Fehler, ihre Gewohnheiten und ihre familiären Bindungen gezeigt, und jetzt möchte ich, dass Sie mit mir dem kleinen Stamm folgen, der von einem Ende seines Territoriums zum anderen marschiert, um einen neuen Wohnort auszuwählen.

Der lange Zug bewegt sich ohne jede Ordnung. Jeder trägt etwas, das er nicht in dem verlassenen Dorf zurücklassen wollte. Die ganz kleinen Kinder sind auf den Rücken ihrer Mütter geschnallt, die anderen springen fröhlich um die Frauen herum, und die Alten gehen langsam weiter, manchmal auf ihre Stöcke gestützt.

Alle Männer und Jugendlichen sind mit tödlichen Stöcken und vergifteten Pfeilen bewaffnet.

Mehrere Hunde – kleinen Settern nicht unähnlich – begleiten die Gruppe und schlagen Alarm, wenn Gefahr droht. Mit ihnen leben in freundschaftlicher Vertrautheit Affen, Eichhörnchen und zahme Wildschweine, während die Hühner in den Schlafsälen gackern, in die sie aus Angst, im Dschungel verloren zu gehen, gebracht wurden.

Es handelt sich um einen ausgewanderten Stamm. Machen sie also eine lange Reise, weil sie so gut mit Nahrung versorgt sind?

Eine solche Annahme wäre falsch. Diese Hühner, Wildschweine, Eichhörnchen und Affen sind für die reisenden Sakais kein Vorrat an Lebensmitteln, sondern ihre Freunde und Gefährten, die sie mit viel Liebe aufziehen und als Teil der Familie betrachten.

Ein Sakai isst niemals ein Tier, das er selbst aufgezogen hat; das käme ihm wie ein Verbrechen vor. Er verwendet die Hühner (die etwas kleiner sind als die in Europa) allerdings als Tauschmittel für Tabak, Reis und andere Waren, aber er selbst würde nie eines essen, es sei denn, er wäre am Rande des Verhungerns.

Wie anders ist das im Vergleich zu zivilisierten Menschen, die Tiere und Geflügel züchten, um sie zu verzehren, die Hühner in Ställen mästen, Hähne auf grausame Weise in appetitliche Kapaune verwandeln, Gänse auf den Boden nageln, damit ihre Leber eine zusätzliche Leckerei für die Tafel liefert, und die poetische Liebe von Tauben schützen, um ihre Jungen zu kochen!

Oh ja! Wir schützen die Tiere, sogar die Vögel, die wild im Wald herumfliegen. Wir umgeben sie mit Aufmerksamkeit, wir erlassen Gesetze zu ihren Gunsten. Warum? Wozu ? Damit wir das Vergnügen haben, sie zu essen!

Es wird ein Halt eingelegt. Der Älteste untersucht mit Hilfe einiger Männer den Ort, um zu sehen, ob sich in der Nähe irgendwelche Blumen oder Unglücksvögel befinden. Wenn solche entdeckt werden, wird die Reise fortgesetzt, wenn jedoch keine zu sehen sind, wird sofort damit begonnen, ein Feuer zu entzünden.

Einen Baum fällen.

Man nimmt ein kleines Bambusrohr und bohrt ein Loch hinein, durch das man eine tuffige Substanz führt, die auf Palmen wächst und bei den Malayen unter dem Namen *Lulup bekannt ist*. Um dieses Rohr wird zwei- oder dreimal ein langes Stück sehr biegsamen indischen Rohrs gewickelt, und derjenige, der das Feuer anzünden will, hält nun die beiden Enden des letzteren fest, drückt mit dem Fuß fest auf das Bambusrohr und zieht kräftig und schnell erst an dem einen und dann am anderen.

Durch die heftige Reibung kommt es bald zur Verbrennung, denn das größere Schilfrohr wird so stark erhitzt, dass sich das Werg entzündet. Blätter und trockene Gräser werden darauf geworfen und der Älteste beobachtet den Rauch.

Wenn diese in einer geraden Spalte nach oben verläuft, ist die Position gut, andernfalls ist sie nicht geeignet.

Nachdem die Entscheidung auf diese Weise getroffen wurde, beginnen die Arbeiten im Ernst und es herrscht vor Ort fieberhafte Betriebsamkeit.

Die Männer beobachten sorgfältig, in welche Richtung die Bäume geneigt sind, und beginnen mit einer kleinen Axt (die wunderbar in das Holz schneidet) die Wurzeln der kleineren Bäume abzuhacken.

Danach greifen sie einen der prächtigsten Riesen des Waldes an. Mit primitiven, aber nicht weniger praktischen Bambusleitern erklimmen sie den Baum, den sie fällen wollen, und nachdem sie einige kräftige Stangen darum gepflanzt haben, errichten sie einige Meter über dem Boden eine raffinierte Plattform.

Dort oben verwenden sie wieder ihre kleine, aber schreckliche Axt, die spitz zuläuft und unglaublich widerstandsfähig ist. Sie ist von mittlerer Größe, misst kaum 20 cm in der Länge, 10 cm in der Breite und 5 cm in der Dicke. Fest an einem biegsamen Bambusrohr befestigt, haben die damit ausgeführten Schläge eine unglaubliche Kraft.

Die Sakais des Gebirges erhalten dieses Instrument (das sie nie als Angriffs- oder Verteidigungswaffe einsetzen) von ihren Brüdern in der Ebene, die es wiederum im Tauschhandel von den Malaien bekommen.

Wenn die Vorarbeiten abgeschlossen sind, wird der riesige Baum angegriffen (nur auf einer Seite) und sein Holz wird unter den in schneller Folge wiederholten, gewaltigen Schlägen bald zu Spänen zermahlen.

In der Zwischenzeit klettern flinke junge Männer den Stamm hinauf und binden nahe der Spitze zwei kräftige und sehr lange Indianerstäbe fest, deren Enden bis zum Boden baumeln. Sobald der Baum das geringste Anzeichen von Schwanken zeigt, eilen die Männer herab, fassen auf jeder Seite ein Rattan und ziehen den besiegten Koloss mit aller Kraft, rhythmisch und gleichzeitig, zu den anderen Bäumen, deren Wurzeln bereits herausgeschnitten wurden.

Eine Zeit lang scheint der riesige Baum all ihren Anstrengungen standzuhalten, dann beginnt er sich zu biegen und zu schwanken, zittert, als hätte ihn ein Zitteranfall gepackt; er wankt ein oder zwei Minuten und stürzt schließlich mit furchtbarer Gewalt um. Dabei werden die ihm am nächsten stehenden Bäume, die absichtlich präpariert worden waren, zu Boden geschleudert, und diese wiederum reißen diejenigen um, die dahinter stehen.

Alle sind an einen sicheren Ort geflohen, werden aber für eine Weile vom lauten Lärm fallender Stämme, gebrochener Äste, dem Knacken von Blättern und dem Zerbrechen der dichten Laubmassen, die die Schlingpflanzen zwischen den Zweigen verwoben haben, betäubt. Der Tumult ist unbeschreiblich. Reptilien, Vögel, Eichhörnchen und Insekten, die von der unerwarteten Katastrophe erschreckt wurden, laufen wild umher auf der Suche nach Schutz und erfüllen die Luft mit ihren Schreien und ihrem Summen.

Durch die Lücke im grünen Dach des Waldes scheint die Sonne triumphierend herein und beleuchtet die ausgestreckten Gestalten der gigantischen Opfer (die herumliegen wie vom Zorn Jupiters zerfetzte Zyklopen), die immer noch hin und wieder krampfhaft zusammenzucken, wenn ein riesiger Ast unter ihnen bricht, der ihr enormes Gewicht nicht länger tragen kann.

Die Öffnung ist gemacht, jetzt muss sie geräumt werden. Die Arbeit geht in fieberhafter Eile weiter, alle sind daran beteiligt.

Eine erhöhte Residenz.

Einer nach dem anderen werden Bäume entrindet und verstümmelt und mit Wundern an Kraft und Einfallsreichtum so weit wie möglich beiseite

geschoben, um mit ihnen rundherum eine solide und zuverlässige
Einfriedung zu schaffen.

Bevor es Nacht wird, werden in dem so vorbereiteten Raum Gruppen
provisorischer Hütten errichtet und große Freudenfeuer angezündet.

gelingt es den Sakais in wenigen Stunden, den Wald im Umkreis von
mehreren Meilen zu roden.

Am nächsten Tag beginnen sie von vorne und machen so weiter, bis die
Lichtung groß genug ist, um die erforderliche Zahl an Hütten aufzunehmen,
die, wie üblich, zwei- bis dreihundert Meter voneinander entfernt stehen.

Dies sind gewaltige Breschen, die sich da im Wald öffnen. Doch auch dieser
ist gewaltig und leidet nicht unter diesem Überfall auf sein Land, umso
weniger, als er mit seiner erstaunlichen Fruchtbarkeitskraft das verlassene
Dorf des wandernden Stammes bald von neuem mit Pflanzenleben
überziehen wird.

Die Hütte (*Dop*) des Ältesten ist der Mittelpunkt, um den herum alle anderen
errichtet werden.

Um sich gegen wilde Tiere und andere Bestien sowie gegen die Feuchtigkeit
des Sumpfbodens zu verteidigen, bauen die Sakais der Ebene ihre Hütten oft
entweder auf einem Baum oder aufgehängt zwischen dicken Pfählen.

Auf den Hügeln ist dies jedoch nicht erforderlich, und die primitive
Behausung wird auf dem Boden aus grünen Zweigen und Blättern errichtet.
Das Dach und die Wände sind von so geringer Festigkeit, dass sie nicht den
geringsten Schutz bieten. Wilde Tiere wagen sich in der Regel nie in offene
Räume und werden außerdem durch das grelle Licht der Feuer ferngehalten.
Das raue Klima auf diesen Höhen würde jedoch eine solidere Behausung für
mehr Komfort wünschenswert machen.

Dop der Sakai gibt es weder Möbel noch andere Haushaltsgegenstände . Sein
Bett besteht aus trockenen Blättern und derselben Rinde, die sie für ihre
Lendentücher verwenden und die auf dem Boden verstreut sind. Einige von
ihnen besitzen eine Bettdecke, die nur ein paar Pence wert ist, für die die
armen Geschöpfe jedoch Gold aufgewogen haben, indem sie Gegenstände
dafür getauscht haben. Die meisten besitzen nicht einmal diese Decke.

Die Feuerstelle befindet sich in der Mitte der Hütte und besteht aus vier
Holzstücken, die einen Erdhaufen umgeben und einschließen.

Drei darauf platzierte Steine dienen als Stütze für den Kochtopf.

Wie ich bereits sagte, haben sie weder Tische, Stühle, Hocker noch Schränke, und auch ihr Küchenzubehör ist sehr dürftig: ein oder zwei Tontöpfe (wenn sie diese nicht haben, verwenden sie Bambusrohre zum Kochen), ein paar grob gearbeitete Messer, ein paar Schüsseln aus Kokosnussschalen und einige Bambusgefäße, die als Eimer, Flasche und Glas dienen. Die Schöpfkelle, mit der sie ihr Essen verteilen, ist ebenfalls aus Kokosnussschalen.

Auf ihren Tellern befinden sich Bananen- oder andere für diesen Zweck geeignete Blätter, die nach dem Essen weggeworfen werden.

Oben in der Hütte hängen Blasrohre und gut gefüllte Köcher. Sie werden dort aufbewahrt, damit sie ein wenig Wärme abbekommen, was für die Wirksamkeit der Gifte als unerlässlich gilt.

Darüber sind, in das Grün eingeflochten, Rindenstreifen aufbewahrt, die als Wechselkleidung bei Bedarf dienen können, sowie die nie vergessenen Musikinstrumente der Sakais.

Eine Baumhütte.

Diese völlige Armut an Obdach und Hab und Gut ist meiner Ansicht nach sowohl auf das Nomadenleben dieser Menschen zurückzuführen (obwohl ich nicht wüsste, wie ich Ersteres von Letzterem unterscheiden soll) als auch auf ihre Trägheit und die übermäßige Einfachheit ihrer Bedürfnisse.

Wenn man die ständigen Wanderungen von einem Punkt des Waldes zum anderen verhindern könnte, würden die Hütten sicherlich sowohl hinsichtlich der Konstruktion als auch der Ausstattung verbessert werden.

Rund um die Hütte ist ein Stück Land für den Anbau von Kartoffeln, Yams und Mais vorbereitet, aber die Ernte ist sehr spärlich, und das Ganze wird häufig durch den Besuch eines *Sladan zerstört* . Auch hier widmet die gute Frau einen Teil ihrer Zeit der Geflügelzucht.

Wie alle Sakais schläft sie morgens, wann immer es ihr beliebt. Sobald sie aufsteht, bereitet sie mit Hilfe ihrer Töchter das Frühstück vor und serviert es, wie sie es für richtig hält, ohne dass man die geringste Bemerkung über die Qualität oder Quantität des Essens macht, das jedem gegeben wird.

Nach dem Frühstück geht jeder seinen eigenen Geschäften nach. Die Männer schießen, suchen nach Giften oder stellen Fallen auf. Die Frauen und Mädchen sammeln Knollen, Zwiebeln und Pilze oder fangen Insekten, Eidechsen und Frösche. Die Alten, die nicht mehr in der Lage sind, in den Wald zu gehen, bleiben zurück, kauen Tabak oder *Sirih* und passen auf die Kinder auf.

Sonnenaufgang und Sonnenuntergang leisten sich Gesellschaft!

Gegen Mittag kehren alle, die können, ins Dorf zurück. Diejenigen, die nicht können, hocken sich nach dem Essen im Wald auf den Boden, um sich auszuruhen. Es ist die feierliche Stunde der Stille und Ruhe, die von Mensch und Tier eingehalten wird.

Erst wenn die Sonne von oben herab nach Westen sinkt, wird die unterbrochene Arbeit oder der Marsch wieder aufgenommen. Beim ersten Anzeichen der Dämmerung, die sehr kurz ist, sieht man die Sakais eilig in ihre Hütten zurückkehren, wenn sie von der Arbeit oder aus anderen Dörfern zurückkehren, wo sie eine reichliche Mahlzeit und unbeschreiblicher Frieden erwartet.

KAPITEL XII.

Intellektuelle Entwicklung – Sakais der Ebene und Sakais der Berge – Faulheit und Intelligenz – Falschheit und der böse Geist – Die Sakai-Sprache – Wenn der „Orang Putei" wütend wird – Zeit zählen – Neue Kalender – Moralische Gaben.

Die intellektuelle Entwicklung der Sakai in den Bergen ist sehr begrenzt und erfordert daher wenig oder gar kein Studium, aber bei denen in der Ebene ist sie viel besser, und zwar aus zwei Gründen, die ich bereits erläutert habe: zum einen ihr Handel und der daraus resultierende Umgang mit zivilisierteren Rassen; zum anderen die Vermischung des Blutes aus der Konkubinat ihrer Eltern mit Fremden, wodurch die Reinheit ihres eigenen Blutes zerstört wurde. Nach der Errichtung des britischen Protektorats und der Abschaffung der Sklaverei in den Föderierten Malaiischen Staaten kehrten die Sakai-Männer und -Frauen in ihre Heimatorte zurück, wobei letztere die von ihren Herren geborenen Kinder mitnahmen und erstere Geschäftsbeziehungen mit ihren ehemaligen Besitzern aufnahmen, indem sie Waldprodukte gegen Kleinigkeiten von geringem oder keinem Wert tauschten.

Dies erklärt, warum wir bei den in den Ebenen lebenden Stämmen auf gewisse listige und böswillige Absichten stoßen, die in seltsamem Kontrast zu ihrem primitiven Einfallsreichtum und ihrer Aufrichtigkeit stehen. Aber obwohl sie im Vergleich zu ihren Brüdern in den Bergen als listig gelten und dies auch tun, werden sie selbst ständig von ihren geschickteren Nachbarn betrogen und getäuscht, die minderwertigen Tabak, Eisen, Kattun und anderen wertlosen Plunder gegen wahre Schätze aus Rattan, Rohr, Gummi, Giften, Früchten und Angelausrüstung eintauschen, die die Sakai der Ebene sehr geschickt herstellen.

Trotz dieser Schärfung ihres Verstandes durch den Aufenthalt unter ihren klügeren Nachbarn oder durch die Unaufrichtigkeit, die ihnen im Exil angeboren war, sind sie noch nicht in der Lage zu verstehen, welchen Nutzen sie daraus ziehen könnten, einen Wettbewerb zwischen ihren habgierigen Tauschhändlern zu schüren, und diese, jeder aus Eigennutz, sind sehr darauf bedacht, denjenigen nicht die Augen zu öffnen, die sich so bereitwillig betrügen lassen. Außerdem machen die Misshandlungen, denen sie einst ausgesetzt waren, und die unvollständigen Kenntnisse, die sie noch immer über die Bedeutung des britischen Protektorats haben, sie schüchtern und zu ängstlich gegenüber diesen habgierigen Kaufleuten, als dass sie es wagen könnten, sich in irgendeiner Weise über die Überheblichkeit zu ärgern, die ihnen schadet.

Trotz der Verderbtheit, die sie durch ihre Kameradschaft oder Beziehung mit verdorbenen Menschen infiziert hat, bewahrt der Sakai der Ebene noch immer etwas von seiner ursprünglichen Güte und Aufrichtigkeit. Man kann nur zu gut sagen, dass er, sobald er sich von diesen moralischen Belastungen befreit hat, die ihn schutzlos in den Händen der Skrupellosen lassen, einen neuen Schritt in Richtung Zivilisation getan hat, aber sein geistiges Erbe wird zwei Tugenden weniger haben.

Der Sakai, der im hügeligen Teil des Waldes Zuflucht gesucht hat, um den Einflüssen der Zivilisation zu entgehen, die ihn heute von allen Seiten bedrängen, bewahrt und verteidigt noch immer die ursprüngliche Reinheit seiner Rasse.

Seine geistige Entwicklung ist der seines in der Ebene lebenden Bruders unterlegen, da er sich von allem fernhält, was seine körperliche Faulheit und die völlige Trägheit seines Gehirns beeinträchtigen könnte.

Er lebt, weil der Wald ihm Nahrung im Überfluss bietet, und er führt ein müßiges Leben, versunken in zahllose Aberglauben, die *Alà* (der Zauberer) ihm auferlegt, stets unverändert zu bewahren.

Sollte es im Leben und in den Bedingungen dieser Sakais ganz plötzlich zu einer Veränderung kommen, könnten sie sich erst dann an eine andere Lebensweise anpassen, wenn der neue Weg unter extremen Leiden und Opfern viele Opfer gefordert hätte.

Und dennoch glaube ich, dass er trotz allem mit einer beträchtlichen Intelligenz ausgestattet ist, die derzeit zwar schlummert, sich aber entwickeln kann, wenn sie erst einmal geweckt ist. Mit viel Geduld hat er langsam (fast unmerklich) gelernt, seine seltsamen Ängste zu überwinden und jene merkwürdigen Vorstellungen vom Leben aufzugeben, die mir der alte Waldphilosoph offenbart hat.

Ich sage „fast unmerklich" – wie ich es selbst seit einigen Jahren tue –, damit kein Verdacht geweckt wird und *Alà* keinen Grund hat, sich gegen die Einführung moderner Ansichten durch Fremde aufzulehnen, die sich in den Stamm einschleichen, Personen, die er nicht mit wohlwollenden Augen betrachtet, insbesondere wenn sie weiß sind. Diese Art von Priester widersetzt sich hartnäckig jedem Element des Fortschritts und zwingt sein Volk, dasselbe zu tun.

Das Abendessen vorbereiten.

Ich habe meine Gründe, an die latente Intelligenz des Bergs Sakai zu glauben, da ich bei ihm eine große Begabung bemerkt habe, Geräusche, Bewegungen und sogar die Art, Dinge zu tun, nachzuahmen und auch zu lernen und sich daran zu erinnern, was man ihm beigebracht oder was er gesehen hat. Ich habe bei ihm auch eine ausgeprägte Rechtschaffenheit des Urteils und eine bemerkenswerte Schärfe der Beobachtungsgabe wahrgenommen, wenn seine abergläubischen Ängste seinen Geist nicht wie einen Schleier überziehen.

Aber er ist unverbesserlich faul und wird keine Arbeit verrichten, die ihn ermüdet, es sei denn, er tut es aus eigenem Antrieb. Der Geist der Unabhängigkeit in ihm ist so tief und unbezwingbar, dass er vielleicht auf einen Vorteil für sich selbst verzichtet, aus Angst, ihn durch die Befriedigung des Wunsches eines anderen zu erlangen.

Außerdem ist er sehr empfindlich; ein hartes Wort oder eine ungeduldige Geste genügen, um ihn zu beleidigen.

Dafür ist er gastfreundlich, großzügig, aufrichtig und verabscheut Falschheit und Intrigen. Wenn er manchmal lügt, tut er dies aus Furcht vor einem eingebildeten oder möglichen Übel, das ihm oder seinen Angehörigen sonst widerfahren könnte, wie zum Beispiel, wenn jemand, den er nicht kennt, nach seinem Namen fragt oder Informationen über seinen Wohnort sucht. In einem solchen Fall wird der Sakai mit fast kindlicher Unverschämtheit einen erfundenen Namen oder Informationen angeben, die der Wahrheit völlig widersprechen, weil er davon überzeugt ist, dass jeder Fremde einen bösen Geist mit sich bringt, den er auf die Person oder den Ort loslassen kann, den er sucht, und dass er, indem er nicht die Wahrheit sagt, sowohl den Mann als auch den Geist hintergeht, die ihm nichts anhaben können, da er nicht die Person ist, für die er sich ausgibt.

Wie man sieht, mangelt es ihrer Denkweise nicht an einem gewissen Einfallsreichtum, der zu der Annahme führt, dass man den Gehirnen der armen Dinger zu mehr Denk- und Auffassungsvermögen erziehen könnte.

Leider sind die Mittel sehr knapp, um neue Eindrücke auf die graue Masse zu hinterlassen, die in den knochigen Körpern ihrer gedankenlosen Schädel eingeschlossen ist. Die erste Schwierigkeit, auf die man stößt, ist die unglaubliche Armut ihrer Sprache, die die Kommunikation und Entwicklung einer Idee behindert.

Ich bemühe mich, diesen Mangel durch die Verwendung englischer Wörter und Ausdrücke zu beheben, da dies die Amtssprache in den geschützten malaiischen Staaten ist und die britische Regierung sie populär machen möchte.

Die Sakais verstehen die Bedeutung und verwenden die Begriffe auf die gleiche Weise, wie sie oft ein Wort auf Italienisch oder Genuesisch lernen, das ich manchmal ausspreche, wenn ich mit mir selbst spreche.

Ich kann mich noch gut an einen Tag erinnern, an dem ich in einem Moment der Verärgerung über etwas, das nicht richtig lief, „ *Sacramento* “ ausrief (ich entschuldige mich bei denen, die wissen, was für ein unanständiges Wort das ist).

Mein anwesender kleiner Diener sah mich erschrocken an, begann dann zu weinen und rannte wie verrückt davon, obwohl er nichts mit meiner schlechten Laune zu tun hatte.

Nun, was meinen Sie? Unter den Sakai-Jungen hat sich inzwischen herumgesprochen, dass der *Orang Putei* „ *Sacramento* ! “ sagt, wenn er wütend wird . Und sie wiederholen den Fluch mit dem Nachdruck und der Miene eines Soldaten, obwohl ich ihn ihnen nicht beigebracht habe und ich auch nicht gewollt hätte, dass sie den Ausruf lernen.

Die Sakai-Sprache ist, wie ich bereits sagte, wirklich sehr arm, so dass es unmöglich ist, längere Sätze zu bilden oder ein einfaches Gespräch zu führen , weil es keine Möglichkeit gibt, die verschiedenen Wörter miteinander zu verbinden.

Ein Gedanke wird durch ein einzelnes Wort oder vielleicht auch durch drei oder vier Wörter ausgedrückt, so dass viel Übung, Aufmerksamkeit und auch ein spezielles Studium der Mimik, die diese knappen Stimmlaute begleitet und erklärt, erforderlich sind, um dem Gedanken folgen zu können.

Eine Gruppe Bretak-Jungs.

Ihr Wortschatz ist bald erschöpft, denn er besteht nur aus den Wörtern, die unbedingt notwendig sind, um ihre täglichen Bedürfnisse, die Notwendigkeit der Verteidigung und ihre abergläubischen Gefühle auszudrücken. Sie weigern sich, irgendwelche Ausdrücke zu übernehmen, die ihre Brüder in der Ebene von anderen Rassen gelernt haben, da sie diese für ebenso unrein und gefährlich halten wie die Menschen selbst. Dies ist eine unerbittliche Anwendung der Maxime „ *timeo danaos et dona ferentes* “ durch Leute, die kein

Latein verstehen und die Existenz der Griechen ignorieren, aber ihre fremden Nachbarn genau kennen.

Es ist daher vergeblich, bei den Sakais jene poetischen Metaphern und jenen blumigen, bildlichen Sprechstil zu suchen, den wir allen Orientalen ohne Unterschied zuschreiben.

Ich bin weder Student noch Professor der Glottologie und gebe mich damit zufrieden, eine oder zwei Sprachen zu sprechen, ohne mir über deren Ursprung den Kopf zerbrechen zu müssen. Daher wage ich es nicht, über die mehr oder weniger entfernte Verwandtschaft der nicht allzu schönen Sakai-Redewendungen mit anderen zu urteilen. Doch schien mir ein so deutlicher Unterschied zwischen der malaiischen und der Sakai-Ausdrucksweise festzustellen, dass ich sie für völlig verschieden erklärt hätte.

Die neueren Studien des Deutschen W. Schmidt und die gründlicheren des Italieners A. Trombetti haben jedoch bewiesen, dass alle von den Bewohnern der Malaiischen Halbinsel gesprochenen Sprachen sowie jene, die auf den Nachbarinseln zu hören sind, miteinander verwandt sind.

Die meisten der von den Sakais verwendeten Wörter bestehen aus nur einer Silbe, mehrsilbige Wörter kommen nur sehr selten vor. Die Art und Weise, wie diese Akzente über ihre Lippen kommen, würde einen Ausländer sofort zu dem Schluss kommen lassen, dass ihre Aussprache am besten durch eine Salve von Schüssen übersetzt werden könnte.

Für die Neugierigen und Gelehrten habe ich hier eine kurze Liste der bei den Sakais gebräuchlichen Wörter hinzugefügt. Da ihre Sprache jedoch völlig von allen Regeln der Orthographie befreit ist, habe ich im Rahmen meiner Möglichkeiten versucht, eine phonetische Interpretation derselben zu geben.

Arm	—	*glahk*
Pfeil	—	*Grog*
" (vergiftet)	—	*Grog Mahng Tshegrah'*
" (nicht vergiftet)	—	*Grog pe' m tshegrah*
Bambus	—	*annahd'*
Banane	—	*erzähle*
Betelnuß	—	*blook*
Vogel	—	*chep*
Körper	—	*brock*

Geboren	—	*egoy (alphabetischer Laut von* e*)*
Blasrohr	—	*blahoo'*
Bruder	—	*tennah'*
" (Ältester)	—	*tennah' bop*
" (jünger)	—	*manang se ne (e klingt wie in* met, men*)*
Kind	—	*Kennon*
Zigarette	—	*rockò*
Kommen	—	*hawl aghit (a wie* Vater*)*
Abdeckung	—	*Tschenkop*
Tag	—	*und oben*
Tot	—	*daht*
Tod	—	*daht*
Hund	—	*kauen*
Ohr	—	*Abonnieren*
Erde	—	*in noos*
Abend	—	*danwee*
Teuflisch	—	*ne'ghne'e' (alphabetischer Laut von* e*)*
Auge	—	*maht*
Vater	—	*abbay', abboo', appah'*
" (vor dem Gesetz)	—	*tennah' amay*
Furcht	—	*sayoo neot*
Weiblich	—	*knah*
Fisch	—	*kah*
Flöte	—	*Abonnieren*
Feind	—	*kabaad bezahlen*
Fuß	—	*jehoo*
Wald	—	*dahraht*
Geflügel	—	*Kot*

Obst	—	*pla'*
Gut	—	*baer*
Gut	—	*Abonnieren*
Hagel	—	*tayho oontoy*
Hand	—	*tahk*
Schaden	—	*ne', ghne' e' (wie* böse)
Kopf	—	*kovey*
Herz	—	*nein*
Henne	—	*Kot*
Hügel	—	*Schleife*
Heiß	—	*Abonnieren*
Hunger	—	*Abonnieren*
Ehemann	—	*Pflege Überlieferung*
Hütte	—	*dop*
Erkrankung	—	*nahe*
Blatt	—	*slah*
Bein	—	*Abonnieren*
Blitz	—	*ausgeblutet*
malaiisch	—	*mein Gott*
Männlich	—	*krahl*
Mann	—	*singen nein*
Mandoline	—	*krob*
Mangostan	—	*spiel semmetah*
Viele	—	*jeho e*
Medizin	—	*penglie (dh wie in* Lüge)
Mond	—	*ghehcheck*
Affe	—	*dak*
" (mit langem Schwanz)	—	*raoh*

Mund	—	*Abonnieren*
Morgen	—	*Pfote*
Mutter	—	*amay, kennen, kenung*
" (vor dem Gesetz)	—	*tennah abbay*
Berg	—	*Menge, Schleife*
Nacht	—	*Sünde Ruder*
NEIN	—	*zahle bald*
Mittag	—	*Abonnieren*
Nase	—	*moh*
Alt	—	*mein Vater*
Eins	—	*nahnaw*
Menschen	—	*Mein*
Schmucklos	—	*Karren*
Teich	—	*Abonnieren*
Gift	—	*Abonnieren*
Köcher	—	*sperren*
Wut	—	*roh*
Regen	—	*mahanni*
Ratte	—	*Hallo*
Reis	—	*pah*
Fluss	—	*Abonnieren*
Jahreszeit	—	*moosin*
Singen	—	*Abonnieren*
Schwester	—	*Abonnieren*
" (Ältester)	—	*taynah kaynah*
" (jünger)	—	*kaynah*
Himmel	—	*sooey*
Schlafen	—	*Wette Wette*

Schlummern	—	*und tahk*
Schlange	—	*Abonnieren*
Zauberer	—	*ahlah*
Geist	—	*Ghenigh, geh.*
" (Teuflisch)	—	*ahtoo*
Stern	—	*perlmutt*
Sturm	—	*mögl*
Sonne	—	*Abonnieren*
Donner	—	*nghoo*
Donner	—	*nakoo*
Tiger	—	*mein Thema, mein Nein*
Tabak	—	*bahko*
Baum	—	*jehoo oo*
Zwei	—	*nahr*
Schlucht	—	*wawk*
Wasser	—	*Abonnieren*
" zum Trinken	—	*" Barren*
Hochzeit	—	*mehr lesen*
Gattin	—	*kay el*
Wild	—	*Klo*
Wille	—	*Barren*
Wind	—	*poy*
Frau	—	*knah, karedawl*
Ja	—	*Aye Aye.* [12]

Diese armselige Sprache, die aus kurzen Hustenanfällen zu bestehen scheint,
verliert ihre Rauheit nicht einmal im Gesang, wenn ich die musikalischen (?)
Klänge, die aus dem Mund der Sakais kommen, so nennen darf, denn richtige
Lieder haben sie nicht. Sie sind jedoch daran gewöhnt, etwas in der Art zu
improvisieren, in dem sie immer auf Tatsachen des Tages anspielen, aber da

es niemanden gibt, der diese Bruchstücke improvisierter Balladen sammelt, verschwinden sie so schnell aus der Welt der Erinnerungen, wie sie zusammengestellt wurden.

Aus diesem Grund waren alle meine Bemühungen vergeblich, unter ihnen ein Lied zu finden, das von Vater zu Sohn weitergegeben wurde und das durch die Bezugnahme auf ein mehr oder weniger weit zurückliegendes Ereignis als Hinweis auf die Legenden oder die Geschichte dieses geheimnisvollen Volkes dienen könnte. Aber nichts dergleichen existiert, und nicht einmal im Gespräch können sie etwas erzählen, das weiter zurückreicht als drei oder vier Generationen. Sie könnten Ihnen nicht sagen, ob die Sonne und der Wald schon existierten, bevor ihr Urgroßvater lebte. Man kann sich darüber allerdings nicht groß wundern, wenn man weiß, dass diese armen Bewohner der wildesten Teile des Dschungels kaum über drei hinaus rechnen können und keine Möglichkeit haben, die Zeit zu zählen.

Bei ihnen folgt auf die ersten drei Zahlen keine Reihe weiterer, die immer um eins ansteigen, sondern von *neer* (drei) kommen sie selten zu *neer nahnò* (drei eins), sondern springen stattdessen zu *neer neer* (drei drei), und durch diese Addition drücken sie die Zahl sechs aus. Sie verwenden die Wörter *neer neer nahnò* für sieben und springen dann wieder zu *neer neer neer,* was neun bedeutet.

Wenn eine Geburt, ein Todesfall oder ein anderes Ereignis eintritt, das gemäß der Tradition die genaue Dauer von sieben Tagen für die Durchführung bestimmter Zeremonien erfordert, nimmt der Sakai einen Streifen Schilf oder Rattan (indem er ihn in Stücke teilt, um ihn biegsam zu machen), mit dem er zwei Gruppen von jeweils drei Knoten und einen einzelnen Knoten auseinander bindet. Jeden Tag löst er einen dieser Knoten und weiß so, wann die vorgeschriebene Zeit abgelaufen ist.

Wenn man ihn fragt, ob es für ihn nicht besser wäre, zumindest bis sieben zählen zu lernen, eine Zahl, die er aus dem einen oder anderen Grund im Leben häufig braucht, antwortet er ausnahmslos:

„Wir wissen nichts. Das wussten schon unsere Väter, und auch wir werden das tun, ohne zu phantasievoll zu sein."

So sehen wir, dass das Sprichwort: „Das hat mein Vater getan" zwar ein eingefleischter Feind der Arithmetik sein kann, aber dennoch eine enge Beziehung zwischen denen herstellt, die es in der zivilisierten Gesellschaft anwenden, und den Wilden, die auf den Höhen von Perak leben.

Der Sakai verzichtet auf alle Versuche, über neun hinaus zu zählen, und sein völliger Verzicht auf kommerzielle Aktivitäten ermöglicht es ihm, seinem Gehirn diese Ermüdung zu ersparen.

Noch zwei solide Hütten.

Wenn meine guten Freunde von einem Jagdtag zurückkehren und Glück hatten, machen sie sich nicht viel Mühe damit, die Wildstücke zu zählen, die sie nach Hause gebracht haben. Vielleicht fangen sie damit an, ihre Opfer in Gruppen von *neer* (drei) zu ordnen, bis sie drei Dreiergruppen haben, aber wenn die Zahl neun übersteigt, erklären sie sie einfach zu *jeho e* (vielen) und kümmern sich nicht darum, etwas Genaueres zu wissen, denn sie sind zufrieden damit, dass sie und ihre Verwandten, die an dem Festmahl teilnehmen möchten, vom Wild leben können, bis alles aufgegessen ist.

Ich habe mir oft einen Spaß daraus gemacht, einen fruchtbaren Vater oder eine fruchtbare Mutter zu fragen, wie viele Kinder sie hätten. Meine Freunde kamen bis zu drei, wurden dann aber verwirrt und baten mich, sie selbst zu zählen. Ihre Sprösslinge mussten an mir vorbeigehen, während sie jeden beim Namen nannten, zum Beispiel: *Roy* (Junge) *No* (Junge) *Taynah* (Mädchen) *Po lo* (Junge) *Tay lep* (Mädchen) *Betah* (Mädchen).

Ich zählte sie an meinen Fingern und sagte den Eltern, dass es sechs seien, worauf sie zustimmten:

„Wenn Sie sagen, es sind sechs, dann sind es sechs."

Noch schwieriger ist es für die Sakais, die Zeit zu zählen. Sie können sich die Stunde ziemlich genau vorstellen, indem sie die Position der Sonne am Himmel oder die verschiedenen Geräusche aus dem Wald heranziehen, die, wie ich bereits sagte, Morgen, Mittag und Abend ankündigen, und während der Nacht verkünden das *Crescendo* und *Diminuendo* des Brüllens der wilden Tiere die Stunden vor und nach Mitternacht.

Die kürzeste Zeitspanne, die die Sakais kennen, ist die, die zum Rauchen einer Zigarette benötigt wird.

Sie beobachten, wenn auch nicht sehr genau, die Mondphasen und begrüßen sein Erscheinen mit Freude, verspüren jedoch keine Neugier, wohin er gegangen ist und wo er bleibt, wenn sie sein sanftes Licht in der Nacht und während ihrer Tänze nicht genießen.

Die Blütezeit gewisser Pflanzen und die Reifung gewisser Früchte vermittelt den Sakai eine vage Vorstellung des längsten Zeitraums, den sie sich vorstellen können und der etwa unserem Jahr entspricht. Die Jahreszeiten, die hier nicht an Temperaturunterschieden zu erkennen sind, werden durch das Sammeln und Einlagern jener Früchte unterschieden, die ihnen in regelmäßigen Zeitabständen Nahrung liefern, wie etwa die *Durian*- Saison, die der *Buà Pra*, der *Dukon* und der *Giù Blo Lol*.

Ich glaube, es ist völlig unmöglich, das genaue Alter eines Sakai herauszufinden. Manchmal schneiden die Eltern eines Kindes nach der Geburt jedes Mal, wenn die Jahreszeit, in der es geboren wurde, wiederkehrt, eine Kerbe in die Rinde eines Baumes. Aber diese Zeichen bleiben nie sehr lange erhalten, denn selbst wenn der Vater oder die Mutter nicht gezwungen waren, ihr Baumregister aufzugeben, um ihrem Clan in einen anderen Teil des Waldes zu folgen, vergessen sie nach dem dritten oder vierten Schnitt leicht, die Praxis beizubehalten.

Wenn ein Sakai, wie es oft vorkommt, eine Reise von mehr als drei Tagen unternehmen muss, etwa um eine Frau zu suchen oder einen großen Vorrat an Tabak für das ganze Lager anzulegen, greifen sowohl er als auch die Zurückgebliebenen auf einen neuartigen Kalender zurück, um sich zu merken, wie viele Tage er abwesend ist. Sie nehmen ein paar kleine Steine oder Stöckchen auf, teilen sie in drei Teile und der Reisende nimmt eine Hälfte mit nach Hause, während er den Rest bei seiner Familie lässt. Am Ende jedes Tages werfen die Daheimgebliebenen und der Abreisende einen dieser Steine oder Stöckchen weg. Wenn der kleine Vorrat aufgebraucht ist, kehrt der Sakai mit Sicherheit zurück, denn er weiß genau, dass jede weitere Verzögerung seinen Lieben große Sorgen und Ängste bereiten würde, die er ihnen unbedingt ersparen möchte.

Manche von ihnen wenden dabei dasselbe System an wie beim Zählen der Tage bei traditionellen Zeremonien, nämlich das Knüpfen und Lösen von Knoten in einem Streifen *Scudiscio*. [13]

Unter den noch nicht zivilisierten orientalischen Völkern sind die Sakai das am wenigsten bekannte Volk, und doch bin ich der festen Überzeugung, dass sie die anderen an Intelligenz übertreffen könnten – da sie ihnen zweifellos auch an soliden moralischen Qualitäten überlegen sind –, wenn man sie zum Gegenstand gewissenhafter Fürsorge und wohlwollender Anteilnahme machte.

Wenn es gelingt, diesen armen Dschungelbewohnern erst einmal volles Vertrauen in ihre weißen Beschützer zu schenken, wäre es meiner Meinung nach das Beste, sie nach und nach dazu zu bewegen, sich der Landwirtschaft zu widmen.

Doch ihre Abneigung gegen jede Art von Arbeit kann weder durch Zwangsmittel noch durch evangelische Predigten überwunden werden. Sie würden sich gegen das eine wie gegen das andere auflehnen, denn sie wollen absolute Herren ihres eigenen Willens und Gewissens sein. Und diese Freiheit des Denkens und Handelns muss ihnen gelassen werden, während man ihnen sehr langsam und mit großer Geduld, durch die Macht des Beispiels und sanfte Überredung zu verstehen gibt, dass sie uns, indem sie tun, was wir wollen, ein Vergnügen bereiten, das größtenteils durch Tabak und die zahlreichen Kleinigkeiten ausgeglichen wird, die die Freude und Eitelkeit der Wilden ausmachen.

Wer auch nur im Traum daran denken würde, sie aus ihrem gegenwärtigen Zustand der Unwissenheit zu erlösen, indem er sie willkürlich behandelt und dadurch ihre Gefühle verletzt und ihren Glauben beleidigt, dessen Unterfangen wäre nicht nur fruchtlos, sondern auch gefährlich, denn er würde sofort als Feind betrachtet werden und die *Alà* würden nicht versäumen, die gequälten Seelen des Stammes zu Rache an ihm zu reizen.

Ich glaube, dass die Methode, die am erfolgversprechendsten ist, die ist, die ich selbst erprobt habe. Ich habe mich unter sie gemischt, habe ihr Leben gelebt und ihre Meinungen und ihren Aberglauben respektiert, während ich gleichzeitig versucht habe, sie indirekt von ihrer natürlichen Faulheit zu heilen.

Die Sakais sind aus zwei Gründen Nomaden: Erstens, weil sie, wenn sie durch ihre Verschwendungssucht die essbaren Schätze, die der Waldboden ihnen ohne körperliche Anstrengung in dem Stück Land in Reichweite ihrer Siedlung hervorbringt, erschöpft haben, ihren Wohnsitz in eine andere Gegend verlegen, wo dieses unbebaute Produkt lange Zeit im Überfluss vorhanden ist; zweitens, weil sie, wenn einer von ihnen stirbt, glauben, dass ein böser Geist in ihr Dorf eingedrungen ist und dass sie, um sich von seinem bösartigen Einfluss zu befreien, in eine andere Gegend fliehen müssen.

Nun, mehr als einmal habe ich es mir zum Ziel gesetzt, in einer Hütte zu schlafen, die kürzlich vom Tod heimgesucht wurde, um ihnen zu zeigen, wie absurd diese Vorstellung ist. Zuerst standen sie von weitem da, schauten auf den verlassenen Ort und glaubten, dass auch ich tot sei, aber als sie später zu ihrer großen Verwunderung feststellten, dass ich noch am Leben und wohlauf war, begannen sie, an ihrem eigenen Aberglauben zu zweifeln und ihre Hütten etwas stabiler zu bauen, damit sie länger halten konnten.

Wenn einer der Gründe für ihre Wanderungen endgültig beseitigt wäre, würde der andere von dem Moment an verschwinden, in dem sie lernen, den Boden zu bearbeiten. In diesem Sinne verteile ich von Zeit zu Zeit Reis oder Mais und freue mich, wenn ich sehe, dass die elenden Parzellen, die einst mit Mais besät wurden, nach und nach zu großen Feldern werden.

Wie der alte Philosoph, den ich im Wald traf, haben die anderen Sakais nie daran gedacht oder sich vielmehr nie daran erinnert, was für ein Segen es für sie wäre, rund um ihre Hütten die Dinge anzubauen, die ihnen am besten gefallen, statt sich verpflichtet zu fühlen, sie von anderen zu bekommen. Und sie teilten offensichtlich seine Abneigung dagegen, die Erde mit Eisen zu quälen, denn vor meiner Ankunft und meinem Aufenthalt unter ihnen verbrannten sie einfach das Mark der Bäume und Pflanzen, die sie fällten, und warfen wahllos Knolle und Korn in das Aschebett, wobei sie beides mit ihren Füßen oder einem Stück Holz bedeckten. Danach kümmerten sie sich nicht mehr darum.

Doch dieser Anschein von Landwirtschaft war nichts anderes als eine gierige Laune und trug in keiner Weise zur Haushaltsführung bei. Die Produkte der Pflanzung, die sie so wenig Mühe gekostet hatten, galten als überschüssige Nahrung, und sie aßen in wenigen Tagen auf, was ihnen sonst Monate gereicht hätte, und luden Freunde ein, die noch fauler waren als sie selbst (und sich nicht die Mühe gemacht hatten, diese rudimentäre Art der Landwirtschaft nachzuahmen), um an dem Fressfest teilzunehmen.

Für jene Sakais, die bereits begonnen haben, ihre Felder zu bestellen, mit mir auf den Plantagen zu arbeiten, die ich gerade anlege, mir beim Sammeln von Dschungelfrüchten zu helfen und sich einer einfachen Industrie zu widmen, wäre es ein wahrer Segen, wenn ein paar gutherzige, sparsame Familien europäischer Landwirte zu ihnen kämen und bei ihnen wohnen würden. Auf diese Weise würden meine Waldfreunde rasche und enorme Fortschritte machen, denn sie haben bereits ihre Begabung und Fähigkeit unter Beweis gestellt, und die britische Regierung würde in kürzester Zeit eine blühende Kolonie haben, indem sie sie so in direkten Kontakt mit einer gesunden Zivilisation bringt, die aus Freundlichkeit, Rechtschaffenheit und ehrlicher Arbeit besteht, ohne dass sie durch den verunreinigenden Einfluss unechter evolutionärer Prinzipien etwas von ihrer charakteristischen Integrität verlieren.

Es ist wahr, dass die ausgedehnten Herrschaftsgebiete Englands ein enormes Maß an Sorgfalt und Energie erfordern, doch die Herrscher Englands zeigen genügend Aktivität und Weisheit für die Notwendigkeit und hätten keinen Grund zu bereuen, sondern vielmehr Grund zur Freude, wenn sie ihre Wohltätigkeit auch auf die weit entfernten, würdigen Stämme der Sakais ausdehnen würden, die jetzt in Perak und Pahang umherwandern.

Um auf den Charakter meiner inzwischen nicht mehr neuen Freunde zurückzukommen, muss ich unbedingt wiederholen, dass wir uns glücklich schätzen könnten, wenn wir bei vielen Menschen der zivilisierten Gesellschaft ähnliche Charakterzüge finden könnten.

Ob ich durch die Sympathie, die ich für dieses Volk empfinde, unter dem ich lebe und das mir grenzenlose Gastfreundschaft gewährt, voreingenommen bin, überlasse ich Ihrem Urteil, lieber Leser. Sie, der Sie die Geduld aufbringen, diese bescheidenen Seiten zu lesen, die nicht aus einem Impuls persönlicher Eitelkeit, sondern in aller Aufrichtigkeit geschrieben wurden und deren einziges Ziel es ist, den armen Sakais Gutes zu tun, die der Welt im Allgemeinen unbekannt sind und von denen verleumdet werden, die sie kennen und die daran interessiert sind, jeglichen Verkehr mit Außenstehenden außer sich selbst zu verhindern.

Niemand hat den Sakai je Ehrlichkeit beigebracht und da sie keinerlei moralische Grundsätze kennen, liegt es auf der Hand, dass diese Ehrlichkeit, die in ihrem Aussehen, ihren Worten und ihren Taten zum Ausdruck kommt, auf ihrem natürlichen, sanften Gemüt und ihrer Lebensweise beruht.

Der echte Sakai schreckt vor allem zurück, was mit Gewalt zu tun hat, und greift niemals ein Mitgeschöpf an, es sei denn, er glaubt, dass er selbst oder seine Familie ernsthaft bedroht oder schlecht behandelt werden.

Ein junger Mann besorgt sich mit seinem Blasrohr Nahrung.

Paolo Mantegazza hat geschrieben, dass die Art einer Waffe nicht nur die technischen Fähigkeiten einer Rasse, sondern auch deren Grad an Wildheit anzeigt. Alle Waffen, die dazu dienen, Leiden zuzufügen, anstatt zu töten, sind sichere Zeichen von Grausamkeit.

Nun, der Sakai fügt seinem Feind kein Leid zu. Die schrecklichen Gifte, mit denen er seine tödlichen Pfeile färbt, führen fast sofort zum Tod, und sein einziges Motiv zum Töten ist, sich eines Menschen zu entledigen, von dem er glaubt, dass er ihm Schaden zufügen könnte. Sollte sein Feind jedoch davonlaufen, bevor er ihn treffen kann, würde er ihm weder folgen noch ihm einen Hinterhalt legen. Er könnte fast die berühmte Zeile von Niccolini als sein Motto nehmen:

Überqueren Sie die Alpen und brechen Sie den Weg des Bruders. [14]

Selbst wenn ihr sanfter, friedlicher Charakter sie nicht von einer kriminellen Tat abhalten würde, wenn ihre Trägheit und ihr Mangel an

Leidenschaftlichkeit sie nicht vor Übeltat schützen würden, so hindert sie doch das völlige Fehlen von Anreizkraft daran, eine schuldige Tat zu begehen. Warum sollten Sie rauben, wenn die Güter ihrer Nachbarn auch ihnen gehören? Wenn alles allen gehört, sei es ein reichlicher Vorrat an Fleisch, Obst, Getreide, Tabak oder die Unterkunft in einer geschützten Hütte? Und warum sollten sie jemanden töten?

Aus purer Boshaftigkeit? Weil es keinen anderen Grund gibt, eine solche Schlechtigkeit zu veranlassen. Sie haben keine Entschuldigung für Eifersucht, selbst wenn sie imstande wären, sie zu hegen, denn wenn zwei junge Leute einander mögen, wird nie Druck auf sie ausgeübt, ihre Liebe zu ersticken oder ihre Zuneigung aus Ehrgeiz oder irgendeiner Art heuchlerischem Respekt vor den Gepflogenheiten der Gesellschaft aneinander zu binden. Wenn der verliebte Freier sein Blasrohr geschickt genug handhaben kann, um seiner Frau Tierfutter zu beschaffen, werden ihre amourösen Wünsche sofort befriedigt. Und so ist es auch bei reiferen Paaren üblich. Sollte es passieren, dass ein Mann seine Frau nicht mehr mag oder eine Frau ihren Mann nicht mehr (was selten vorkommt) oder sollten sie jemand anderen kennengelernt haben, den sie lieber mögen, ist keine demoralisierende Liebesintrige oder schuldbewusste Flirterei die Folge; Sie teilen ihrem Ehepartner einfach ihre veränderten Gefühle mit, und wenn dieser noch immer eine aufrichtige Zuneigung für den untreuen Ehepartner hegt, wird er oder sie sich beeilen, den anderen glücklich zu machen, indem er oder sie alle Ansprüche auf den geliebten Menschen aufgibt, und sie einigen sich darauf, sich im Guten zu trennen, wie sie es auch tun, wenn sie zufällig beide der Gesellschaft des anderen überdrüssig werden. Diese Tatsache gibt keinen Anlass zu Drama, Tragödie oder Othello-artiger Wut.

Und nun sagen Sie mir, unter welchem Impuls kann ein Sakai zum Verbrecher werden?

Er ist ehrlich und aufrichtig aufgrund der Freundlichkeit und Trägheit seines Charakters, aufgrund seines freien Lebens und der Gesellschaft von Menschen wie ihm selbst und nicht, weil er Angst vor einer Bestrafung hat oder Hoffnung auf einen Preis im Himmel.

Wird diese seltsame Tatsache nicht irgendein Genie des Staates dazu bewegen, über dieses Thema nachzudenken, da es eindeutige Beweise dafür gibt, dass die Verbindung von Gefängnis und Hölle nicht dazu in der Lage ist, die Saat der Korruption und des Verbrechens in zivilisierten Nationen auszurotten?

Diese angeborene Ehrlichkeit des Sakai zeigt sich insbesondere in der Art und Weise, wie er jede Verpflichtung respektiert, die er aus eigenem Antrieb eingegangen ist. Er ist misstrauisch im Umgang mit anderen, gewalttätig und scheinbar übermächtig durch die Lebhaftigkeit, mit der er spricht und gestikuliert. Sobald die Abmachung einmal getroffen ist, hält er sich treu und buchstabengetreu daran.

Gemäß der Gewohnheit des Sakai der Berge und seines Bruders der Ebene, nicht für die Zukunft vorzusorgen, wird er seinen Anteil des vereinbarten Tausches bereits im Voraus aufbrauchen, aber trotzdem seinen Pflichten gegenüber dem anderen mit der gewissenhaftesten Pünktlichkeit nachkommen.

Oft habe ich absichtlich Gegenstände außerhalb meiner Kabine liegen lassen, die bei den Sakais den Wunsch nach Besitz erwecken würden, aber bei meiner Rückkehr habe ich sie immer unversehrt und an ihrem richtigen Platz vorgefunden. Meine Behausung steht immer offen, auch wenn ich weit weg bin, aber ich habe nie einen einzigen Gegenstand vermisst.

Ein bisschen aus Gewohnheit, ein bisschen aufgrund der Tugend, die ich oft erwähnt habe, und ein bisschen, sehr wahrscheinlich, weil er zu faul ist, anders zu sein, ist der Sakai ein gerechter und aufrichtiger Mann. Er hat großen Respekt vor den Alten, sucht ihren Rat und – was noch viel mehr ist – befolgt ihn; er hat ein tiefes Gefühl der Dankbarkeit, ist selbstlos, offenherzig und freigebig und immer bereit, denen, die zu seinem eigenen Dorf gehören, einen Dienst zu erweisen. Und diese Ausschließlichkeit ist einer der merkwürdigen Gegensätze, die man manchmal in der menschlichen Natur beobachten kann.

Wenn er auf seinem Weg einer Person begegnet, die offensichtlich leidet und Hilfe braucht, wird er, wenn er in ihr keinen Angehörigen seines Stammes erkennt, gleichgültig weitergehen und zynisch murren: „Umso schlimmer für sie." Wenn dieselbe Person jedoch an der Schwelle seines einfachen Heims um seine Nächstenliebe bittet, wird er unerkannt Gastfreundschaft erfahren, und im Falle eines Unfalls oder anderen Unglücks, das einem Verwandten, wie weit entfernt er auch sein mag, Kummer oder Ärger bereitet hat, wird er an ihrem Leid teilhaben und alles tun, was er kann, um sie in ihrer Not zu lindern.

Nach all dem erlaubt mir diese aufmerksame und kontinuierliche Beobachtung die Feststellung, ob ich die Öffentlichkeit oder zumindest diejenigen, die meinen weitschweifigen Aufzeichnungen bis hierher gefolgt sind, nicht fragen darf: Könnte dieser Typ Wilder nicht vielen unserer Bekannten in der zivilisierten Welt als Beispiel der Vollkommenheit hingestellt werden, deren Ehrlichkeit dort endet, wo sie keinen Gewinn mehr bringt, die den Gedanken an Dankbarkeit für einen erhaltenen Gefallen als unvereinbar mit ihrem „Geist der Unabhängigkeit" verachten und die nie eine Gelegenheit auslassen, die zärtliche brüderliche Liebe Kains zu veranschaulichen?

[12] Der Autor dieses Buches hat die Aussprache der obigen Wörter entsprechend den Lauten und Regeln des Italienischen angegeben. Es war eine schwierige Aufgabe, sie in einer ausreichend orthoepischen Form darzustellen, damit sie für englische Leser verständlich sind, und zwar aus dem Grund, dass alle Vokale und viele Konsonanten in den beiden Sprachen so unterschiedlich artikuliert werden.

Wenn auf *a ein h* folgt , wird es wie in *father ausgesprochen* ; auf *w* wie in *all* ; auf *y* wie in *may* . Die Konsonanten *g* „*k*" und „*n*" , die bestimmten Wörtern vorangehen und im Englischen stumm wären, müssen sehr leicht mit dem gleichen Laut betont werden, den sie im Alphabet haben. – *Anmerkungen des Übersetzers.*

[13] Der *Scudiscio* ist ein sehr großer Pilz, der auf Bäumen wächst. Er lässt sich leicht in Streifen zerbrechen, die die Indigenen zum Zusammenbinden von Dingen und zum Umhängen um den Hals verwenden, um sich vor Fieber zu schützen. Die Sakais nennen ihn *tennak kahràh* , was wörtlich „die Wurzel eines Steins" bedeutet.

[14] Geht zurück über die Alpen, und wir werden wieder Brüder sein.

KAPITEL XIII.

Erste Versuche in der Industrie – Die Geschichte eines Hutes – Vielfalt – Primitive Künste – Sakai- Musik – Lieder – Instrumente – Tänze – Ballkleider – Schlangenartige Anmut – Ein unveröffentlichtes Sakai-Lied.

Primitiv wie ihre Sprache und ihre Landwirtschaft sind auch Kunst und Industrie bei den Sakais.

Sie fertigen Blasrohre, Pfeile und Köcher aus Bambus, Schnüre aus gedrehten Pflanzenfasern, Ohrringe und Zierkämme für die Frauen. Jetzt haben sie unter meiner Anleitung begonnen, Matten aus getrockneten Gräsern zu flechten, sowie Taschen und sogar Hüte, wobei sie für letztere den faserigen Teil des Pandanus verwenden und einen panamaischen Hut kopieren, den ich ihnen als Modell gegeben habe. Ich kann nicht schätzen, wie viel Zeit und Geduld ich in diesen neuen Industriezweig investiert habe.

Als ich den Frauen das erste Mal davon erzählte, hatte ich den wenig beneidenswerten Erfolg, sie herzhaft lachen zu lassen. Und ich lachte mit ihnen, bemerkte jedoch, dass sie, da sie so gut und klug seien, keine Schwierigkeiten hätten, das Kunststück zu vollbringen, wenn sie sich nur anstrengten.

Eitelkeit ist die große Quelle der Seele einer Frau, die dem Charme der Schmeichelei nicht widerstehen kann. Das beweist die Geschichte seit Evas Zeiten bis in unsere Tage, und ich selbst habe es bewiesen, als ich wieder einmal über Hüte sprach. Das Lachen war nicht mehr so laut und hörte bald ganz auf. Schließlich antworteten mir die Frauen mit verärgerter und unzufriedener Miene, dass mein Beharren sie ärgere. Da wusste ich, dass die Festung kurz vor der Kapitulation stand, und verdoppelte meine Angriffe.

Der Tag der Kapitulation war nahe.

Ein Mädchen kam in Begleitung einer Gruppe neugieriger, spöttischer Gefährten zu meiner Hütte und brachte etwas in der Form eines Hutes mit, der eine Nachahmung meines Hutes sein sollte. Er war voller Knoten, Falten und anderer Mängel.

Die kleine Künstlerin war sehr verwirrt und beschämt, aber ich lobte ihre Arbeit sehr und nachdem ich ihr die Fehler gezeigt hatte, die sie gemacht hatte, schenkte ich ihr mehrere Perlenketten.

Innerhalb weniger Tage vermehrten sich die Hüte. Als die anderen Mädchen und Frauen sahen, welche Geschenke ich ihrer Gefährtin gemacht hatte, waren sie beleidigt und machten sich voller Eifer an die Herstellung der von mir gewünschten Kopfbedeckung. Dabei verbesserten sie die Form so sehr, dass sie eine genaue Kopie des Musters erhielt.

Als einige fertig waren, brachten sie sie mir, warfen sie mit einer Geste der Verachtung auf den Boden und riefen:

„So, nehmt eure Hüte!" Doch eine großzügige Verteilung von Perlen sorgte bald dafür, dass ihre gute Laune zurückkehrte.

So konnte ich diese neue Industrie ins Leben rufen, indem ich die Eitelkeit der Sakai-Frauen schmeichelte („oh Eitelkeit, dein Name ist Frau", sogar unter den Wilden), und die produzierten Waren waren, nachdem ich in Penang eine Silbermedaille und ein Diplom erhalten hatte, auf der Mailänder Ausstellung von 1906 Gegenstand allgemeiner Bewunderung.

Es ist schon eine Weile her, dass ich die Männer dazu gebracht habe, mit Eisen zu arbeiten. Ich liefere ihnen das Rohmaterial und es ist wirklich ein Wunder, wie gut sie es schaffen, Messer herzustellen, ohne über die Werkzeuge zu verfügen, die in diesem Handwerk verwendet werden.

Als ihnen klar wurde, dass sie ein sehr heftiges Feuer brauchten, um das Metall in einen Zustand zu versetzen, in dem sie ihm die gewünschte Form geben konnten, versuchten sie, eine Art Blasebalg zusammenzubauen, und hatten schließlich auf folgende Weise Erfolg.

In das untere Ende eines sehr großen Bambusstücks schnitten sie ein Loch, in das sie ein kleineres steckten. Sie verbanden und befestigten beide mit Klebstoff, damit die Luft nicht an der falschen Stelle entweichen konnte. Dann befestigten sie am Ende eines dicken Stocks ein Bündel Blätter und Gräser, das groß genug war, um nur mit Mühe in das Bambusrohr zu passen. Indem sie es wie einen Kolben betätigten, wurde die Luft aus dem unteren Bambusrohr herausgedrückt und ein helles Feuer entzündet.

Nachdem das Eisen die gewünschte Form angenommen hat, wird es, noch in glühendem Zustand, in einen bläulich gefärbten, nach Schwefel riechenden Schlamm geworfen und dort zum Härten liegen gelassen.

Tatsächlich wird das Metall sehr hart und härtet aus, aber ich kann niemandem sagen, welche Eigenschaften diese schleimige Erde hat oder wie die Sakais ihren Wert in Verbindung mit Eisen erkannt haben. Ich weiß nur, dass sie sehr tief in den Boden graben müssen, um an das Metall zu gelangen, was weder einfach noch angenehm ist, da die notwendigen Werkzeuge fehlen.

Da Stahl unter meinen guten Freunden ein sehr seltener Artikel ist, haben sie gelernt, sehr sparsam damit umzugehen, indem sie ihn ausschließlich für die Klingen der Messer und für andere Zwecke verwenden. Sie mischen die beiden Metalle mit überraschendem Geschick.

Dies ist der mutigste und intelligenteste Schritt, den die Sakais bisher auf dem Gebiet der Industrie gemacht haben.

Tanzen.

Die Kunst, die erhabenes Denken und geistige Verfeinerung ausdrückt, in welcher Form auch immer, ist bei den Sakais auf dem Tiefpunkt angelangt, insbesondere die darstellende Kunst, obwohl es merkwürdig ist, wie viel mehr sie (ich spreche vom männlichen Geschlecht) diese letztere der der Klänge vorziehen. Musik mag denen, die sich ihrem Charme hingeben, einige Momente der Glückseligkeit bescheren, aber sie ist vergänglich und hinterlässt keine Erinnerung beim Ausführenden oder Zuhörer; im Gegensatz dazu bleibt die darstellende Kunst bestehen und kann auch die Eigenliebe des Künstlers befriedigen. Sie beschränkt sich auf einige grobe Zeichnungen und noch gröbere Einschnitte auf den Blasrohren, Köchern und den Kämmen und Ohrringen der Frauen.

Bambus ist das wichtigste Material zur Herstellung ihrer Jagdutensilien, ihres persönlichen Schmucks und ihrer Haushaltsgegenstände.

Die Kämme sind groß und ihre Anzahl an Zinken variiert zwischen 2 und 4. Quer über sie sind verschiedene, mehr oder weniger tief eingeschnittene Zeichen eingeritzt, einige davon in eckiger Form, die eine ziemlich korrekte geometrische Präzision aufweisen, andere in geschwungenen Linien, die alle von den verschiedenen Künstlern als Vogelköpfe, Schlangen oder Pflanzen dargestellt werden sollen. Manchmal wird diese Absicht ausreichend klar zum Ausdruck gebracht, bei anderen bedarf es einer Interpretation.

Bei den auf diese Weise gezüchteten Pflanzen handelt es sich immer um Heilpflanzen oder um Pflanzen, denen der Aberglaube eine gewisse Wirkung zuschreibt. Die primitive Kunst beruht also in hohem Maße auf dem Wunsch, ein Amulett zu besitzen.

Dieselben Muster finden sich auch auf Ohrringen, Blasrohren und Köchern. Die Sakais sind sehr stolz auf diese Einritzungen und derjenige, der die meisten davon auf seiner Waffe hat, genießt einen gewissen Ruhm. Das macht ihn natürlich etwas eifersüchtig auf seinen fein verzierten Stock, viel mehr als auf seine Frau, die ihm ihrerseits keinen Grund gibt, die Bekanntschaft des gelben Dämons zu pflegen.

Bis zu dem Zeitpunkt, an dem ich dies schreibe, hat das künstlerische Genie der Sakais diese Grenze nicht überschritten, es sei denn, wir zählen die schrecklichen Bemalungen ihrer Gesichter und Körper dazu. Doch dieser Zweig der Kunst - es mag respektlos erscheinen, dies zu sagen, ist jedoch nichtsdestotrotz wahr - ruft in uns Erinnerungen an zierliche Toilettenräume und gemütliche Boudoirs in anderen Teilen der Welt wach, im Herzen der Zivilisation, wo seine Anhänger die Natur zu verschönern meinen (aber oft schädigen).

Oh! Was für ein Chor silberner Stimmen ruft auch nach mir, einem Wilden!

Die Sakais mögen Musik, doch fast immer werden die Noten von Tanzbewegungen begleitet, manchmal leicht, als wollten sie den Takt angeben, manchmal strampeln sie aber so wild mit den Beinen herum und drehen und winden dabei ihren Körper in einer so seltsamen Reihe von Verrenkungen, dass ein uneingeweihter Betrachter sicherlich den Eindruck gewinnen könnte, sie litten unter krampfartigen Magenschmerzen, während sie in Wirklichkeit nur das Zappeln einer Schlange nachahmen.

Die Frau ist besonders tanzfreudig und dabei misst sie die Kadenz ihrer eigenen Lieder und verleiht den Worten selbst Nachdruck, während ihre Begleiter eine Art Refrain wiederholen, der die musikalische Passage vervollständigt.

Das „Ciniloi" spielen.

Man darf jedoch nicht meinen, dass Gesang, wie ihn die Sakais kennen, der melodische Klang ist, den wir normalerweise als solchen betrachten. Bei ihnen handelt es sich um das Aussenden von Tönen, im Allgemeinen gutturalen Tönen, die ohne jede Abwechslung in der Melodie kapriziös abgewechselt werden und in ihrer Gesamtheit keinen musikalischen Gedanken zum Ausdruck bringen.

Die Frauen singen eintöniger, aber süßer als die Männer. Oft schließen sie sich Gruppen an, singen und tanzen, und das ist, glaube ich, der lustigste Augenblick ihres Lebens, und diesem ehrlichen Vergnügen geben sie sich mit Verzückung hin und vergessen die Strapazen des Tages. Dann triumphiert die weibliche Koketterie vor den anderen Mädchen und den jungen Männern.

Wenn die Nacht hereinbricht, wird die Luft kühl und später sogar kalt. Nach dem Abendessen legen sich die Alten und die Kinder um das stets brennende Feuer zum Schlafen hin. Die Frauen sitzen herum und flechten Säcke, Matten und Hüte. Ihre Arbeit wird von flackernden Fackeln aus Stöcken und Blättern beleuchtet, die mit dem Harz des Waldes bedeckt sind. Soweit es ihre schlechte Sprache zulässt, plaudern und scherzen sie miteinander und lachen dabei laut.

Die jungen Männer sind überall verstreut und bereiten ihre Pfeile für die Jagd am nächsten Tag vor. Sie tauchen sie in den giftigen Sud, wenn dieser gut erhitzt ist.

Es dauert nicht lange, bis die Mädchen die Arbeit langweilig finden. Sie springen auf und beschmieren sich auf groteske Weise das Gesicht. Mit Palmblättern stecken sie einen Platz von einigen Metern ab, der für die Tänzer reserviert sein muss, und dann beginnt das Frauenlied, dem sich bald die kräftigeren Stimmen der Männer anschließen. Manchmal wird der Chor von einem Orchester mit den Instrumenten begleitet, die die Sakais zu spielen wissen.

Sie nehmen zwei Bambusrohre mit einem Durchmesser von 15, 20 oder mehr Zentimetern und achten darauf, ein männliches und ein weibliches Rohr auszuwählen. Diese schlagen sie heftig gegeneinander, wodurch ein tiefer Ton mit lang anhaltenden Schwingungen entsteht, der das Echo des Waldes weckt, jedoch nicht die alten Leute und die schlafenden Kinder.

Es gibt auch den *Krob,* eine sehr primitive Art von Leier, die aus einem kurzen, aber kräftigen Stück Bambus besteht, auf das zwei Pflanzenfasern dicht gespannt sind. Das Plektrum, das der Spieler verwendet, ist ebenso primitiv und kann eine Fischgräte, ein Dorn oder ein Stück Holz sein. Der Klang, der durch das Reiben der beiden Saiten entsteht, ist harmonischer, als man annehmen könnte.

Die Sakais besitzen jedoch darüber hinaus ein Blasinstrument, dessen Herstellung und Spiel größere Sorgfalt erfordern.

Es gehört zur Familie der Flöten und ist natürlich aus Bambus gefertigt. Wie alle seine Brüder auf der Welt ist es an einem Ende offen und hat an der Oberseite drei oder vier Löcher.

Vor dem Spielen verstopft der Spieler sorgfältig ein Nasenloch mit Blättern und hält das andere an das erste Loch, in das er sanft mit der Nase bläst. Aus dem Instrument erklingt ein süßer, melancholischer Ton. Lässt man alle Löcher offen, entsteht ein klares *sol* (G); schließt man sie alle, entsteht ein *mi bemolle* (Es); das erste Loch ergibt den Ton *mi* (E) und das zweite *fa* (F).

Das *Ciniloi* [15] (so wird es genannt) ist für das Auge kein Kunstobjekt und verliert all seine Poesie, wenn man sieht, wie sein Besitzer sich hineinschnäuzt; die Töne, die es verströmt, atmen jedoch eine unbestimmte Melodie und Traurigkeit, die nicht ganz unangenehm ist.

Einige der Sakais beherrschen dieses Instrument regelrecht und auch die Frauen ziehen es dem *Krob* vor. Sie scheinen große Freude daran zu haben, diese lang anhaltenden, klagenden Töne hervorzubringen, als ob sie in einen Traum eingelullt oder in rührende Gedanken versunken wären.

Bei festlichen Anlässen, wenn die Feierlichkeit der Unterhaltung im Verhältnis zum Lärm zunimmt, gibt es ein volles Orchester. Die Chöre grölen, die Bambusstäbe betäuben einen mit ihrem lauten Geräusch wie das von riesigen Holzglocken, die *Krobs* schluchzen verzweifelt über die Art, wie sie mit dem Plektrum behandelt werden, die *Ciniloi* pfeifen und klagen, und das alles ohne festes Taktmaß oder Modulation der Töne, in einem Durcheinander von Klängen, die so disharmonisch sind, dass sie an ein sehr, sehr schwaches Echo der höllischen nächtlichen Konzerte des Waldes erinnern.

Das Orchester gibt die Aufforderung und der Gesang beginnt. Die Tänzerinnen rücken zu zweit und zu dritt in den offenen, von Palmblättern begrenzten Raum vor. Ihre Gesichtszüge sind nicht wiederzuerkennen, so entstellt sind sie durch Streifen und Kleckse in Rot, Weiß, Schwarz und manchmal Gelb.

Ihr Ballkostüm ist äußerst einfach. Sie legen einfach den Gürtel der Schönheit oder Keuschheit ab, den sie normalerweise tragen, und präsentieren sich der Öffentlichkeit wie Eva gegenüber Adam oder wie so viele braunhäutige Venusfiguren mit bunten Masken.

Sie sind jedoch reichlich mit Blumen geschmückt.

Als ich das erste Mal einen ähnlichen Anblick sah, war ich erstaunt, doch dann erinnerte ich mich an den Schnitt einiger Abendkleider unserer Gesellschaftsdamen und kam zu dem Schluss, dass man beim Vergleich der Kleidung, die diese und die Sakai-Frauen üblicherweise tragen, nichts über den Unterschied sagen kann, den die Toilette bei großen und festlichen Anlässen macht.

Doch zurück zu den Tänzern. Sie halten in ihrer rechten Hand einen Strauß Palmblätter und beginnen ihre Darbietung mit Knicksen, Sprüngen und den Verrenkungen, von denen ich gesprochen habe; dann folgt eine wellenförmige Bewegung der Flanken, während sie vorwärts eilen, in etwa in derselben Position wie die „Cakewalk“-Tänzer, wobei sie die Blätter in ihrer Hand leicht gegen andere Blätter derselben Art schlagen, die sie an ihrer rechten Hüfte befestigt haben.

Der Tanz ist ein fortwährendes Training der Gelenke und Muskeln, doch seine wiegenden Bewegungen sind nicht ohne Anmut und zeigen die ganze verführerische Schönheit der Mädchen, deren Frische durch Liebe und Mutterschaft nicht zerstört wurde.

Ein wenig unschuldige Eitelkeit ist bei diesem Terpichore-Wettbewerb durchaus angebracht, denn jede Bewegung, jeder Sprung und jede Verrenkung erhält höchste Aufmerksamkeit und wird, wenn es der Vorführung würdig ist, von Bewunderung und Applaus derjenigen begleitet, die schon vorher getanzt haben oder es danach tun müssen.

Die Männer nehmen manchmal aktiv am Tanz teil, aber ihre Schritte und Bewegungen sind immer die gleichen wie die der Frauen.

Das Seltsame dabei ist, dass sie sich die Schlange als Vorbild für Anmut und Eleganz nehmen und versuchen, die Flexibilität ihres Körpers und die diesem Reptil eigene Gleitbewegung so genau wie möglich nachzuahmen.

Ein bösartiger Mensch würde hier vielleicht Anlass zu witzigem Sarkasmus finden und denken, dass im Wald nur als Frauen verkleidete Schlangen tanzen, wir sie aber umarmen müssen, wenn wir überhaupt tanzen möchten.

Diese Tänze dauern oft bis zum Morgengrauen, genau wie bei unseren eigenen Abendpartys.

Weder Gesang noch Tanz noch der Klang dieser primitiven Instrumente haben jemals den Charakter einer religiösen Demonstration.

Nur in den Nächten, die vom hellen Mondlicht erhellt werden, während sie im Freien tanzen, enthalten ihre improvisierten Lieder einen Gruß an den leuchtenden Himmelskörper, der über ihrem Fest thront und mit seinen silbernen Strahlen die Freude steigert. Aber darin liegt nichts, was auf einen besonderen Kult hindeutet.

Ein Trio für Sakai-Instrumente.

Dort tanzen sie nicht mit der Absicht, Intrigen zu schmieden, oder unter dem Vorwand und in der Hoffnung, junge Menschen des anderen

Geschlechts zu treffen, um den verhängnisvollen Funken zu entzünden, der sie zur Ehe führen wird; dort tanzen sie aus reiner Freude am Tanzen, aus aufrichtigem, herzlichem Vergnügen ohne andere Absichten oder Wünsche, denn, wie ich an anderer Stelle erwähne, sind die jungen Männer und Mädchen desselben Dorfes alle miteinander verwandt, eine Heirat zwischen ihnen ist nicht erlaubt; die Frauen müssen aus einem anderen Stamm gewählt werden. Dieser weise Brauch wurde offensichtlich eingeführt, um blutsverwandte Verbindungen (mit ihren entartenden Folgen) auszuschließen und vielleicht auch, um die brüderlichen Bande zwischen Menschen derselben Rasse zu festigen.

Ich glaube, wenn Mantegazza jemals bei einem dieser Tänze der Sakai-Mädchen dabei gewesen wäre, hätte er seinen *estasi umane* („Menschliche Ekstasen") eine weitere schöne Seite hinzugefügt, denn bei diesen kleinen Festen, ob sie nun in der Hütte oder draußen stattfinden, sieht man nie schmollende Gesichter, gerunzelte Stirnen oder irgendein anderes Anzeichen von Beschäftigung oder Leidenschaft. Alle sind fröhlich und ihre Freude ist auf ihren Gesichtern zu lesen (trotz der schrecklichen Art, wie sie mit Farbe beschmiert sind) und leuchtet in ihren Augen; glücklich sind die Frauen, die in die Flöte blasen oder den *Krob reiben* oder die Bambusstäbe schlagen; glücklich sind die Mädchen, die tanzen; glücklich sind die Jugendlichen, die in den Chor einstimmen. Es ist ein unschuldiges Vergnügen für unschuldige Seelen.

Zum Abschluss dieses Kapitels gebe ich hier eine sehr freie Übersetzung eines Liedes wieder, dessen Text ich aufschnappen und mir merken konnte. Er kam über die Lippen meiner lieben Freunde, als ich nach langer Abwesenheit wieder zu ihnen zurückkehrte:

„Du bist über Berge und Flüsse gekommen, um als Freund zu uns zu kommen, als Freund, der uns nichts tun wird, und siehe, wir sind hier, um dich zu treffen und tragen alles mit uns, was der Wald uns heute gebracht hat.

„Der klare und schöne Berg verkündete die gute Nachricht und nun bist du zu uns zurückgekehrt, die wir uns freuen, dich wiederzusehen."

Die Form war nicht so, aber ich habe den Gedanken genau wiedergegeben, einen Gedanken, wie Sie sehen, voller Zuneigung und mit einem sehr schwachen Hauch von Poesie. Sie werden mich daher nicht beschuldigen, zu optimistisch zu sein, wenn ich behaupte, dass der Sakai trotz seiner Ähnlichkeit mit einem wilden Mann aus dem Busch, so wild, misstrauisch und abergläubisch er auch ist, zu raschem intellektuellen Fortschritt fähig ist, wenn die richtigen Mittel zu seinem Vorteil und zu diesem Zweck eingesetzt werden.

Fußnoten:

[15] Aussprache: *chinneloy – Anmerkung des Übersetzers.*

KAPITEL XIV.

Glaube und Aberglaube der Sakai — Metempsychose — Der böse Geist — Aberglaube unter den Wilden und Unwissenheit unter den zivilisierten Menschen — Die zwei Quellen des Lebens — Der Wind — Der ALÀ-Priester und Arzt — Die wissenschaftliche Mahnwache — Ehrwürdiger Schwindel! — TENAC und CINTOK [16] — Therapeutische Folter — Ansteckung — Der Tod eines Sakai — Das verlassene Dorf — Trauer — Geburten — Feuer — Intellektuelle Dunkelheit — Die Sakai und der Islamismus.

Der gute Notar Chirichillo, geboren in der glühenden Fantasie von Ippolito Nievo, glaubte fest daran, dass Gott ihn eines Tages für die vielen Drangsale seines bescheidenen Lebens entschädigen würde und dass diese Entschädigung in einer zweiten Geburt bestehen würde, bei der er als anderer Mensch, unter einem anderen Namen und unter einem glücklicheren Stern weiterleben würde.

Obwohl sie weniger gebildet sind und nur eine vage Vorstellung von der Unsterblichkeit der Seele haben, lehnen die Sakais die Theorie der Belohnung oder Bestrafung im Jenseits nicht ab. Ihrer Ansicht nach wandert der vom Körper befreite Geist in der Luft umher und nimmt oft vorübergehend wieder eine körperliche Gestalt in Form bestimmter Tiere an (insbesondere des Tigers, weshalb dieses schreckliche Tier von ihnen als fast heilig verehrt wird) oder er sucht Zuflucht in bestimmten Kräutern, die dadurch heilende Eigenschaften erlangen.

Ein Sakai wird niemals freiwillig Tiere töten, verwunden oder ihnen eine Falle stellen, von denen er glaubt, sie seien durch die Innewohnen eines Geistes geweiht. Das ist sogar so wahr, dass er sich sogar beim Vorbereiten einer der üblichen Fallen zum Fangen von Großwild in den dichtesten Teil des Waldes begibt und murmelt: „Das ist nichts für dich“, um den Tiger zu warnen, auf der Hut zu sein. Und sollte ein Tier gefangen werden, verursacht das dem Sakai großen Kummer, und Sie können sicher sein, dass er ihm sofort seine Freiheit zurückgeben würde, wenn er es nicht tot vorgefunden hätte oder nicht befürchten müsste, selbst getötet zu werden, sobald es frei wäre. Der Sakai glaubt nicht an den natürlichen Tod eines Menschen, sondern schreibt den Tod dem Zauber des bösen Geistes zu, der ständig auf der Lauer ist, um seine bösen Streiche zu spielen. Er ist so bereit, Schaden anzurichten, dass er sogar in die kleinen Löcher in ihren Pfeilen schlüpft und so den Tod dorthin trägt, wo sie einschlagen, denn sonst hätte das Gift nicht die Kraft zu töten.

Dies ist der Aberglaube, der den Dschungelbewohnern jede Art von Angst einflößt und es so schwierig macht, sich ihnen zu nähern, und der es so gefährlich macht, die Gelassenheit ihrer einfachen Gemüter zu stören. Der Wind, die Gewitter, die heftigen Hurrikane, die häufig in den Wald eindringen und Zerstörung und Angst mit sich bringen, sind die Mittel, mit denen dieser böse Geist den verängstigten Wilden den offenen Krieg erklärt.

Wenn die Wolken sich dicht und bedrohlich zusammenziehen, zuerst mit einem fernen Brüllen und dann mit der Wut und Stimme eines Orkans, fegt der Wind wild weiter, heult und pfeift über das große grüne Meer, das schnell mit Trümmern übersät ist; wenn die kolossalen Helden des Waldes vom Blitz getroffen werden und das Herabfallen ihrer riesigen Äste und gigantischen Stämme den allgemeinen Aufruhr steigert, während das Dröhnen der himmlischen Artillerie um ihre Hütten donnert, dann drängen sich die zitternden Sakais zusammen. Sie bemalen sich auf eine Art, um den Teufel selbst zu erschrecken (was allerdings ihre Absicht ist) und schießen aus ihren Blasrohren eine Salve vergifteter Pfeile, die auf die lärmenden Boten des schrecklichen Wesens gerichtet sind, das sie fürchten; die Frauen, die ihre Kinder dicht an ihrer Seite halten, als ob sie sie verteidigen wollten, werfen brennende Holzstücke in die Luft und schlagen mit ihren großen Bambusstöcken, bis der Lärm unerträglich wird, und schreien gleichzeitig in den Wind:

„Geh weg und lass uns in Ruhe! Wir haben dir nichts getan, also tu uns nichts an !" .

Sie flehen und verfluchen und verwandeln sich in die hässlichsten und wildesten Kreaturen, die ihnen einfallen, um die bösen Geister zu erschrecken, von denen sie glauben, dass sie auf den ausgebreiteten Schwingen des Sturms gegen sie angetreten sind.

Zu den wilden Schreien, Pfeilschüssen und dem lauten Krachen des Bambus fügen die Mütter einen Exorzismus hinzu. Sie verbrennen Haarsträhnen ihrer Kleinen und streuen die Asche in den Wind, während der *Alà* energisch spuckt.

Und gibt es im zivilisierten Italien nicht einen Aberglauben, der dem der armen Wilden sehr ähnlich ist? Ich meine den seltsamen Brauch, der noch immer auf dem Land oder zumindest in einigen Dörfern praktiziert wird (und der vor nicht allzu langer Zeit auch in Städten praktiziert wurde), nämlich zu versuchen, ein schweres Gewitter mit der Sturmglocke zu stoppen, deren tiefes Läuten die allgemeine Beunruhigung unter den Ängstlichen des Ortes verstärkt. Auch die Frauen gehen zur Tür und klappern mit Schaufel und Zange, so wie ihre Sakai-Schwestern ihre Bambusstäbe schlagen, und Olivenzweige (die zuvor den Segen des Priesters erhalten haben) werden mit Weihrauch verbrannt, damit der Rauch aufsteigt und die Wut der Elemente besänftigt, so wie dort drüben die Haarsträhnen der Kinder zu demselben Zweck verbrannt werden.

Dabei handelt es sich um Aberglauben, der sich in seiner Form ein wenig unterscheidet, inhaltlich jedoch genau gleich ist. Er zeigt, wie viel primitive Unwissenheit noch in uns steckt und wie unsere viel gepriesene Zivilisation immer noch an die alten Sitten und kindischen Vorstellungen der Unzivilisierten gebunden ist, über die wir den Ruhm unseres eigenen Triumphs besingen.

Die Sakais geben auch die Existenz eines guten Geistes zu, aber gerade weil er gut ist und sich nie offenbart, halten sie es nicht für nötig, ihn zu belästigen. Dem guten Geist stellen die Sakais in ihren Gedanken den bösen Geist gegenüber, der seine Herrschaft über die Seelen ihrer Vorfahren ausübt. Sie richten viele und verschiedene Exorzismen und Bittgebete an ihn, in der Hoffnung, nach dem Tod nicht von ihm belästigt zu werden, wenn sie gut bleiben. Ein solcher Glaube kann als eine Art Dämonisierung betrachtet werden.

Den Glauben eines Volkes, das noch immer in einem wilden Zustand ist und das keinerlei schriftliche Anleitung zu seinem Glauben hat, gründlich zu lernen, wäre in der Tat ein schwieriges Unterfangen. Erstens fürchten sie immer, dass ein Fremder, insbesondere ein Weißer, eine ganze Legion böser Geister mitbringt, und zweitens sind sie äußerst eifersüchtig auf ihren Aberglauben und haben Angst, Böses zu tun, wenn sie ihn anderen offenbaren.

Man muss auch bedenken, dass die Sakais (wie alle anderen Völker auf derselben Stufe der intellektuellen Entwicklung) so fragmentarische und unbestimmte Vorstellungen über religiöse Angelegenheiten haben, dass sie völlig unfähig sind, ihre spirituellen Gefühle und Überzeugungen klar zu beschreiben. Nur wenn man lange Zeit in Vertrauen und Vertrautheit unter ihnen lebt, kann man sich richtiges Wissen aneignen, und selbst dann nur durch aufmerksame Beobachtung der Tatsachen, die einem vor Augen laufen, denn es ist sinnlos, zu versuchen, eine Erklärung zu bekommen oder Fragen zu stellen, denn die Sakais, so wahrheitsliebend sie von Natur aus sind, würden einem aus den in einem anderen Kapitel erwähnten Gründen mit Sicherheit eine Lüge erzählen. Im Umgang mit Personen, die nicht ihrer Rasse angehören, siegt immer der Aberglaube über die Wahrhaftigkeit.

Wilken schreibt in seinem Buch *Animismus*: „Bei allen Völkern in einem primitiven Naturzustand hat fast jedes alltägliche Ereignis, jede Krankheit, jedes Unglück, jedes Phänomen, sofern es nicht den Seelen ihrer Toten zugeschrieben wird, einen besonderen Geist als Urheber. Seen, Meere, Flüsse, Quellen, Berge, Höhlen, Bäume, Büsche, Dörfer, Städte, Häuser, Straßen, Luft, Himmel, der Boden darunter, kurz gesagt, die gesamte Natur und die wichtigsten Dinge, die sie sehen, sind ihrer Meinung nach von übernatürlichen Wesen bevölkert. Ich brauche wohl kaum zu sagen, dass nicht alle der unzähligen Geister, an die sie glauben, in ihren Gedanken die gleiche Bedeutung haben und daher nicht alle im gleichen Maße verehrt werden. Im Kult der Animisten herrscht die Angst über jedes andere Gefühl wie Dankbarkeit, Vertrauen, Hingabe usw., und die Geister, die die meiste Angst einflößen, sind diejenigen, die mit der größten Inbrunst angerufen werden; auf diese Weise werden die bösen Geister an die Stelle der guten gesetzt.“

Wir sehen also, dass die Sakais keine Ausnahme von dieser zusammenfassenden Beschreibung von Herrn Wilken bilden.

Sie glauben, dass nur ihre Zauberer die Fähigkeit haben, Geister zu sehen, was ihnen die seltsame Tatsache, dass sie für andere Augen immer unsichtbar sind, zufriedenstellend erklärt. Im Übrigen machen sich die Sakais, wie alle anderen mit gleicher intellektueller Kapazität, überhaupt keine Gedanken über irgendwelche Naturphänomene.

Er empfindet tiefe Verehrung für die Sonne und das Wasser als die beiden großen Quellen des Lebens; er verehrt auch den Mond und die Sterne, ohne jedoch diesem Gefühl irgendwelche heiligen Riten beizumessen, aber es interessiert ihn nicht im Geringsten, wie diese Himmelskörper zusammengesetzt sind, woher sie kommen oder wohin sie gehen, wenn sie nicht in Sicht sind. Wenn der Tag kommt, an dem der Sakai sich solche Fragen stellen kann, wird auch er triumphierend in den Strudel der Zivilisation eintreten, ungeduldig, den Grund für alles herauszufinden, was er um sich herum und über sich sieht.

Aus Gewohnheit wundert er sich nicht über den Wechsel von Tag zu Nacht und die verschiedenen Mondphasen, aber wenn eine Sonnen- oder Mondfinsternis stattfindet, packt ihn große Angst. Er weint und verzweifelt und gibt schreckliche Geräusche von sich, um den verfluchten Geist zu vertreiben, der den einen oder anderen Himmelskörper verschlingt, und sobald die Finsternis vorüber ist, scheint er vor Freude außer sich zu sein, dass *Mahgis* (Sonne) und Getcheck (Mond) ihren Feind besiegt haben.

Das Erscheinen eines Regenbogens überkommt ihn ebenso große Angst wie ein Erdbeben.

***

Die Sakais haben keinerlei Götzenbilder, aber sie haben großes Vertrauen in die Amulette, die sie selbst herstellen, indem sie in ihre Kämme und Haarnadeln (wie bereits geschrieben) die Form bestimmter Pflanzen, Früchte, Blätter und Wurzeln einritzen, von denen sie fest überzeugt sind, dass sie über außergewöhnliche Kräfte verfügen.

Wenn nämlich ein Sturm aufzieht und der Wind den Wald aufzuwühlen beginnt, stecken sich Männer und Frauen, bevor sie mit ihren üblichen Anrufungen beginnen, schnell alle Kämme und Haarnadeln ins Haar, in der festen Überzeugung, dass der Wind, wenn er über diese wundersamen Schnitzereien bläst, seine Macht verliert, ihnen Schaden zuzufügen.

Falle für Großwild.

Hier muss angemerkt werden, dass diese Angst, wenn man von der abergläubischen Natur der Angst der Sakais (besonders der Bergbewohner) vor dem Wind absieht, beinahe als gerechtfertigt bezeichnet werden kann.

Die heftigen Luftströme von unten bringen oft Krankheitserreger verschiedener Infektionen mit sich, insbesondere Malaria.

Wenn die armen Eingeborenen in ihrer Unwissenheit sehen, dass ihre Lieben erkranken und oft sterben, weil der Wind tobt, glauben sie, der Wind habe einen unsichtbaren Feind in ihr Dorf gebracht und dort zurückgelassen.

Der *Alà*, Zauberer, Arzt und Magier des lokalen Aberglaubens tut alles, was er kann, um den Glauben an Geister und Exorzismus unerschütterlich zu halten. Er erfüllt die Aufgaben seines zweifachen Amtes mit aller Unwissenheit und Täuschung, die ihm möglich ist; Unwissenheit, weil er mit den anderen eine aufrichtige Angst vor dem bösen Geist teilt, und Täuschung, weil er die anderen glauben lässt, dass er das gefürchtete Wesen sehen kann und durch Worte und Gesten eine gewisse Macht über es hat.

Bei genauer und gründlicher Analyse ist er nichts weiter als ein vulgärer Betrüger, der sich durch seine Kunstgriffe Vorteile verschafft und es schafft, sein eigenes Volk zu überstimmen, indem er Ratschläge erteilt, die oft gesucht und immer befolgt werden.

Der *Alà* ist im Allgemeinen der Sohn eines *Alà*, ein Umstand, der jemanden, der sich für derartige Studien interessiert, dazu veranlassen könnte, genaue Nachforschungen anzustellen, um festzustellen, ob Hochstaplerschaft als Erbkrankheit anzusehen ist.

Wenn der böse Geist ihn trotz der kabbalistischen Zeichen und geheimnisvollen Worte, die *Alàs* Vorrecht verkünden, ihm zu widerstehen und ihn zu besiegen, überwältigt und getötet hat, wird die Leiche nicht begraben, sondern aufrecht zwischen die Wurzeln eines Baumes gelegt, nicht weit von seinem letzten Wohnort entfernt. Sieben Tage lang wird sie ständig bewacht und mit Nahrung, Tabak und Betel versorgt.

Einer alten Überlieferung zufolge, die ich nur mit Mühe aus hier und da unbewusst fallengelassenen Fragmenten zusammensetzen konnte, wurde *im Altertum* zwischen Tigern und Zauberern ein Pakt geschlossen, wonach die Seele eines der Zauberer nach einer Woche Tod in einen Katzenkörper übergehen sollte.

Wenn ein Sohn des verstorbenen *Alà* die Würde seines Vaters übernehmen möchte, muss er nach Ablauf der sieben Tage allein zur Leichenwache gehen und dabei eine Art Räucherpfanne mitnehmen, in der er eine große Menge duftenden Harzes zu Ehren des Toten verbrennt (eine Ehre, die seiner eigenen Nase sehr zusagt!). So verbringt er die Nacht, oder man glaubt zumindest, dass er das tut, denn niemand macht sich die Aufgabe, seine Aktivitäten auszuspionieren oder etwas über die Vorgänge der Nacht herauszufinden, da er befürchtet, dass ihm dadurch Böses widerfahren könnte.

Während er noch mit dieser hygienischen Handlung beschäftigt ist, präsentiert sich der Tiger, beseelt von der Seele des verstorbenen Zauberers, dem Mann, der in seine wissenschaftliche Wache vertieft ist, und tut so, als würde er sich auf ihn stürzen, um ihn in Stücke zu reißen. Doch er lässt das süß duftende Harz weiter brennen und verrät weder seine innere Unruhe noch die geringste Furcht, die ihn ohne Ausstoß das Leben kosten würde. Dann ändert sich die schreckliche Szene; das wilde Tier verschwindet plötzlich und umgeben von einem sanften Licht treten zwei wunderschöne Feen hervor, um dem neuen *Alà* die okkulte Wissenschaft seines gewählten Amtes zu lehren, darunter kabbalistische Worte und medizinische Kunst. Die beiden Elfen werden dann zu den Hausgeistern des Zauberers, der auf diese Weise geweiht wird.

Es dürfen keine Zeugen anwesend sein. Kein profanes Auge darf diese beiden guten Geister sehen.

Wenn der Anwärter nie zurückkehrt, wird sofort entschieden, dass er Angst gezeigt hat und von dem nicht allzu väterlichen Tiger gefressen wurde. Es wäre zumindest ein sicherer Beweis dafür, dass er in dieser Nacht im Wald gewacht hat!

Die Nachfolge eines Sohnes nach seinem Vater im Amt des *Alà* ist nicht obligatorisch, aber alle Sakais wünschen sich dies, da sonst die Seele des Toten für immer im Körper eines Tigers verbleibt und Schätze der Weisheit und Macht für den Stamm, dem er angehörte, verloren gingen.

Nicht alle Dörfer haben das Glück, einen eigenen *Alà zu besitzen* , der sich übrigens in seinem häuslichen Leben nicht von den armen Sterblichen um ihn herum unterscheidet. Er hat eine Frau und Kinder, stellt Gifte her, kaut Tabak und *Sirih* , schläft und geht auf die Jagd. Die Siedlungen, in denen es keinen *Alà gibt* , suchen im nächsten Lager nach einem, und der Arzt-Priester reagiert schnell auf die Einladung, indem er zum angegebenen Ort eilt.

Da es sich bei den Sakai-Zeremonien nicht um Rituale handelt, sind die einfachen Funktionen des *Alà* sehr begrenzt.

Er muss auf unverständliche Weise geheimnisvolle Worte murmeln (deren Bedeutung er selbst nicht kennt), wenn eine giftige Mischung gekocht wird, um deren giftige Kraft wirksamer zu machen. Er führt Exorzismen gegen die bösen Geister durch, wenn Wind aufkommt oder ein schwerer Sturm losbricht oder wenn er zu einem Krankenbesuch gerufen wird.

Im letzteren Fall sind seine Pflichten mit denen des Arztes verflochten, denn während er einige Heilmittel mit Kräutern zubereitet, die medizinische Wirkung haben (von denen er nur sehr wenige kennt, von der Vielzahl der in den Malai-Wäldern wachsenden), übt er gemäß dem Sakai-Glauben die ihm übertragene Autorität aus, indem er versucht, den bösen Geist aus seinem Patienten auszutreiben.

Diese Handlung wird *Tay Nak genannt* . Zuerst fragt er den Leidenden, wo der Schmerz ist, dann formt er aus Palmblättern eine Art Bürste und hält sie in der linken Hand. Die rechte schließt er locker und legt sie auf die schmerzende Stelle, führt seinen Mund durch die leicht geschlossenen Finger zur linken Öffnung und beginnt, so stark wie möglich zu atmen. Manchmal gelingt es ihm auf diese Weise, den Dämon, der die Krankheit verursacht hat, aus dem Körper des Patienten in seine Hand zu ziehen und ihn zu vertreiben, indem er ihn energisch mit der Bürste schlägt.

Der Zauberer erkennt, ob der Geist herausgekommen ist, an einem sehr blassen Licht, das allerdings nur er sehen kann!

Handelt es sich jedoch um eine schwere Krankheit, schlägt diese Heilung fehl. Dies ist ein sicherer Beweis dafür, dass dieser Geist zu den am meisten gefürchteten Klassen gehört und deshalb mit Hilfe des *Chintok* wie folgt heldenhaft bekämpft werden muss.

Das Dorf, in dem die betroffene Person lebt, ist mit zahlreichen Fallen umstellt und rundherum mit vergifteten Pfeilen bestückt, sodass sich niemand nähern kann. Selbst wenn es jemandem gelänge, den ursprünglichen *Cordon Sanitaire* ohne tödliche Folgen zu überqueren, würde er mit Sicherheit innerhalb des Dorfes getötet werden, da man befürchtet, dass ein Fremder einen weiteren bösen Geist einschleppen könnte, um dem Geist zu helfen, den man loswerden will.

Über dem Körper des Kranken bilden sie einen Baldachin aus Heilkräutern; der *Alà* und die anwesende Gesellschaft bemalen sich auf die grausamste Art und Weise, die man sich vorstellen kann, und sobald es ganz dunkel ist (jede Art von Licht ist absolut verboten), verteilen sie sich um den Kranken und beginnen, wie verrückt mit ihren großen Bambusstäben zu schlagen. Ihre Raserei und der Lärm, den sie dabei machen, sind unbeschreiblich; es lässt einen erschauern, und das Geräusch ist mehrere Meilen weit zu hören.

Wegen einer ansteckenden Krankheit aufgegeben.

Ziel ist jedoch die Heilung des armen Kerls in der Mitte, der, wenn er der Heftigkeit seiner Krankheit nicht erliegt, mit großer Wahrscheinlichkeit an den erlittenen Qualen sterben wird.

Das teuflische Konzert dauert, bis die geschwätzigen Sonnenboten den Morgen ankündigen, wiederholt sich jedoch nach Sonnenuntergang sieben Tage lang. Während dieser Zeit ist es nur den Männern gestattet, auf Nahrungssuche in den Wald zu gehen.

Wenn der Patient am siebten Tag noch lebt, wird er in Ruhe gelassen, es sei denn, ein Rückfall macht eine weitere Nacht Musik erforderlich. Und wenn er stirbt, glaubt man, dass der bösartige Geist ihn nicht verlassen wird, ohne die Seele seines Opfers mitzunehmen.

Die häufigsten Krankheiten, denen die Sakais ausgesetzt sind, sind rheumatische Beschwerden und sehr schwere Erkältungen, die nicht selten zu schweren Bronchial- und Lungenerkrankungen führen. Beides ist auf die nächtliche Kälte zurückzuführen, gegen die sie sich überhaupt nicht schützen. Ihre Hütten schützen sie vor dem Regen, aber nicht vor der Luft.

Auch einige ansteckende Hautkrankheiten kommen bei ihnen häufig vor.

Sobald jemand von dieser Krankheit befallen ist, wird ein Baum in einiger Entfernung von der Siedlung ausgewählt, auf dem eilig eine kleine Laube errichtet wird. Die betroffene Person wird dort abgelegt und mit etwas Nahrung zurückgelassen. Am nächsten Tag gehen die Verwandten hin, um nachzusehen, ob er oder sie noch lebt, und rufen ihre Forderungen mit lauter Stimme aus weiter Entfernung. Wenn es eine Bewegung oder eine Antwort gibt, gehen sie näher heran und werfen etwas Nahrung hoch, aber wenn es kein Lebenszeichen gibt, eilen sie zurück und lassen die Leiche in der Laube, die jetzt als Grabstätte dient, verwesen.

Beim Tod und bei der Beerdigung einer Person werden keinerlei Riten durchgeführt.

Wenn der Leidende seinen letzten Atemzug getan hat, stimmen alle Dorfbewohner ein großes Klagelied an. Sie weinen, stöhnen und heulen schlimmer als bei der sprichwörtlichen irischen Beerdigung, sie schwärzen ihre Gesichter mit Kohle und beschmieren sie mit anderen Farben, um den bösen Geist zu vertreiben, während sich die Familie um den Leichnam drängt und ihren Tränen freien Lauf lässt und ausruft:

„Ach! Schau uns an, verlass uns nicht! Wer wird sich jetzt um uns kümmern! Wer wird uns verteidigen? Du bist vor uns gegangen und wir werden dir folgen."

Nachdem die ersten Augenblicke der Trauer vorüber sind, zerstören sie rasch die Hütte, in der der Tod gewesen ist, und tragen dann die Leiche in einen dichten Teil des Waldes.

Dabei wird ein fünf bis sechs Fuß tiefes Grab ausgehoben und der Körper hineingelegt, manchmal auf dem Rücken liegend, manchmal in sitzender Haltung, aber immer mit dem Gesicht nach Westen. Etwas Tabak, Betel und persönliche Gegenstände des Verstorbenen werden daneben gelegt und dann mit Erde bedeckt. Manchmal werden diese Gegenstände auf dem Grab verstreut und manchmal wird der Leichnam auch auf Holzstücke gelegt, die horizontal über die Zweige eines großen Baumes gelegt werden, nahe am Stamm, anstatt ihn zu begraben.

Doch egal, ob der Verstorbene begraben wurde oder nicht, tragen seine Angehörigen sieben Tage lang Wasser, Früchte, Tabak und Sirih zur Stelle, über oder unter die letzte Ruhestätte des Verstorbenen, und achten dabei darauf, dass in der Nähe stets ein helles Feuer brennt.

Allerdings wird diese Pflicht mit Furcht und Zittern erfüllt und sie flehen regelmäßig:

„Hier ist Dein Anteil, aber tu uns nichts!"

Grab einer Frau.

Nach Ablauf der siebentägigen Trauer verblasst die Erinnerung an die Toten und erwacht erst wieder zum Leben, wenn jemand an der Grabstätte vorbeikommt und dort einen Teil dessen hinterlässt, was er bei sich trägt, sei es Wild oder Obst.

Der Wahrheit halber muss ich allerdings sagen, dass die Trauer der Eltern um ihr Kind nicht so schnell vergeht, denn ich habe einige gesehen, die bei der Erinnerung an ein Kind, das vielleicht schon viele Jahre tot war, zu Tränen gerührt waren.

Die unmittelbare Folge des Todes eines Sakai ist, dass alle Überlebenden das Dorf verlassen, aus Angst, der böse Geist, der ihnen einen Verwandten genommen hat, könnte dies einem anderen antun.

Dann folgt der Marsch auf der Suche nach einem geeigneten Ort, wie ich ihn bereits beschrieben habe. Mit den Kindern und den wenigen Haushaltsgegenständen, die sie besitzen, auf den Schultern machen sie sich auf die Suche nach einem geeigneten Ort, um ihre neuen Hütten zu errichten. Der Älteste, als Oberhaupt der riesigen Familie, gibt das Signal zum Anhalten, wo er es für am besten hält, und wenn sich ein *Alà* in ihrer Mitte befindet, berät er sich mit ihm über die Wahl des Standorts.

Wenn der Ort günstig erscheint, wird rasch ein Feuer angezündet, und wenn der Rauch gerade aufsteigt, lassen sie sich dort nieder, andernfalls setzen sie ihre Wanderung fort, denn der Sakai befürchtet, dass sein Aufenthaltsort verraten wird, wenn sich der Rauch im Wald verteilt, und dass dieser einem bösen Geist - der darauf aus ist, Schaden anzurichten - als Wegweiser dient, der seinen tödlichen Einfluss auf die Gruppe ausübt, die vor dem grausamen Zauber eines anderen flieht.

Ist die Entscheidung erst einmal gefallen, werden mit erstaunlicher Schnelligkeit Bäume und Büsche gefällt und die Hütten errichtet.

Wie in zivilisierten Ländern. Bei den Sakais erfordert der Tod eine äußere Trauerbekundung, mit dem Unterschied vielleicht, dass sie bei ihnen viel aufrichtiger ist, weil sie nicht den Trost eines lang erwarteten und begehrten Erbes haben, um daraus eine Farce zu machen.

Sämtlicher Schmuck (Ohrringe, Armbänder, Halsketten, Nasenstäbchen, Blumen, Tätowierungen usw.) muss für einen vom Ältesten festgelegten Zeitraum abgelegt werden, im Allgemeinen jedoch für mindestens sechs Monate.

Den Trauernden ist es strengstens verboten, an diesem Tag zu singen, zu spielen, zu tanzen, zu heiraten und sogar (eine ziemliche Fastensünde) Fisch und Fleisch zu essen.

Die Sakais befolgen all diese Vorschriften mit größter Strenge und sind empört, wenn sie vor Ablauf der Frist gegen eine davon verstoßen. Wer sie verletzt, gilt als herzloses Wesen und verliert als Frau alle Rücksicht, die ihr vorher gebührte.

Die Trauerdauer variiert je nach Verwandtschaftsverhältnis. Bei einem Vater oder einer Mutter ist sie gleich, bei Brüdern und Schwestern ist sie jedoch kürzer und bei kleinen Kindern gibt es überhaupt keine Trauer.

In dieser Hinsicht sind die Sakais ihren zivilisierten Mitmenschen nicht unähnlich, die ihre Trauer an der schwarzen Kleidung messen, die sie tragen, und beim Tod eines Babys, trotz der Verzweiflung seiner Eltern, die Kirchenglocken die lebhaftesten Melodien erklingen lassen. [17]

Wenn ein kleiner Sakai seine Augen zum Licht dieser Welt öffnet, wird seine Ankunft von keiner religiösen Zeremonie begleitet.

Die Frau, die bald Mutter wird, trennt sich vom Rest der Familie und zieht sich allein in eine Hütte zurück, deren Boden sehr hoch ist. Niemand hilft ihr bei der Entbindung, denn es gibt wohl kein anderes Ereignis im Leben eines Sakai, das so sehr in hartnäckigen und gefährlichen Aberglauben verstrickt ist wie die Geburt. Ihr eigener Ehemann und der Vater des Neugeborenen wagen es nicht, die Schwelle der Hütte zu überschreiten oder sein Kind kennenzulernen, bis viel Zeit vergeht, das heißt, bis es wieder etwas Kraft gewonnen hat.

Grab eines Sakai-Mannes.

Es besteht immer die Befürchtung, dass der Geruch des Kindes, wenn es die Hütte betritt, in den Wald getragen werden könnte, wodurch der böse Geist es aufspüren und ihm Schaden zufügen könnte. Aus demselben Grund darf die frischgebackene Mutter keinen Kontakt mit einem der Erwachsenen haben, die zum Jagen oder zu anderen Zwecken in den Dschungel gehen, sondern lässt sich von den Kindern Nahrung und Wasser bringen.

Es ist überflüssig hinzuzufügen, dass für eine bestimmte Zeit vor und nach einer Entbindung die Anwesenheit eines Fremden im Dorf nicht geduldet wird, noch schlimmer, wenn es sich dabei um einen Weißen handelt.

Der *Alà*, dem alle zustimmen, Männer und Frauen, ist diesbezüglich unnachgiebig und behauptet, dass dies den Tod des Babys bedeuten würde, und es ist klug, das Veto mit Anstand zu akzeptieren und den Anweisungen des Zauberers ohne Zögern zu gehorchen. Manchmal ist es einem Fremden nicht einmal gestattet, eine Frau anzusehen, die sich in einem interessanten Zustand befindet, wie es mir einmal passiert ist.

Ein anderes Mal, als ich in einem Dorf ankam, in dem wenige Stunden zuvor ein Kind geboren worden war, wurde mir die Gastfreundschaft rundweg verweigert. Einige Sakais zogen es vor, mich ein Stück weit zu begleiten und dort eine Hütte für mich zu errichten, unter der formellen Bedingung, dass ich unter keinen Umständen versuchen sollte, mich der Siedlung zu nähern. Hätte ich diese Bedingung nicht eingehalten, wäre ich wahrscheinlich getötet worden.

Mit Terror kann man nicht argumentieren.

Die Hütte, in der die arme Frau die edelste Mission der Natur erfüllt, wird Tag und Nacht eifersüchtig bewacht.

Wehe dem Unglücklichen, der hier herumlungert, wenn er nicht zum Dorf gehört!

Der Fußboden der Hütte berührt den Erdboden nicht, damit der Gestank der Exkremente nicht in die Erde dringt und dem bösen Geist verkündet: Hier ist ein Kind geboren!

Die Mutter selbst legt alles dieser Art mit äußerster Vorsicht in Bambusgefäße, die sie hoch oben an den Ast eines Baumes hängt.

Dort trocknet die sengende Sonne alles schnell aus und der Geruch, der davon ausgeht und sich in der Luft verteilt, ermöglicht es dem Geist, die kranke Frau oder ihr Kind nicht zu finden.

Sobald die Schwangerschaft beginnt, dürfen weder die Frau noch ihr Mann Affen- oder Schlangenfleisch essen, um nicht die Neigungen eines Vierbeiners oder Reptils auf das ungeborene Kind zu übertragen.

Sie dürfen an diesem Tag weder Fisch noch Fleisch essen und müssen sehr darauf achten, die Hütte nicht bei Regen zu betreten. Dies ist immer ein sehr schlechtes Omen, insbesondere dann, wenn Familienzuwachs zu erwarten ist.

Ein weiteres sehr schlechtes Zeichen ist, wenn der *Cep Pluì* in der Nähe des Lagers singt. Die Sakais halten das für ebenso unglückbringend wie das schrille Kreischen der Nachteule (Vögel, die die Sakais fürchten, weil sie mit dem bösen Geist in Verbindung stehen) auf dem Dach eines Hauses oder das Verschütten von Salz, wie es in vielen uns bekannten Ländern gilt.

Einige Tage vor der Entbindung sammelt die Frau einige Blätter des *Bakaù auf*, die auf den Boden gefallen sind, und bereitet daraus einen Sud zu. Sie trinkt jeden Tag ein wenig davon und setzt die Kur auch nach der Entbindung fort. Ich weiß nicht, warum, aber die Frauen scheinen zu glauben, dass es in dieser Zeit eine besondere Wirkung auf sie hat.

Unmittelbar nach der Geburt nimmt die Mutter die Frucht der *Buà Kaluna* und drückt dem kleinen Wesen einige Tropfen in den Mund.

Ich habe den Grund für diese Vorgehensweise nie verstehen können, bin aber der Meinung, dass sie auf einem Aberglauben oder einer Hygieneregel der Eingeborenen beruht.

Die Frucht der *Buà Kaluna* ist süß, hat aber auch einen eher säuerlichen Geschmack.

Nach Ablauf von sieben Tagen verlässt die frischgebackene Mutter die Hütte und nimmt ausgiebige Waschungen vor, die in Art und Umfang der religiösen Pflicht der israelitischen Frauen entsprechen, nämlich der Einhaltung grundlegender Hygienepflichten.

Von diesem Moment an darf die Frau zu ihrem Mann zurückkehren, sie darf jedoch nicht in den Wald und ist verpflichtet, auf ihrem Bauch einen heißen Stein zu tragen, der ihr als Heilmittel und Teufelsaustreibung dient.

Sie kehrt zu ihrem treuen Partner zurück, lässt jedoch ihr Kind nicht im Stich, dessen Trennung von allen anderen Menschen, einschließlich seinem eigenen Vater, nicht weniger als sechs Monate dauern kann.

Die Geburt und der Tod eines Sakai erfolgen, wie hier zu sehen, ohne jegliche Riten oder Zeremonien wie im Falle einer Heirat oder Scheidung und erfordern nicht einmal das Eingreifen des *Alà* .

Die Tatsache, dass es ihnen streng verboten ist, beim Anzünden eines Feuers den Blick abzuwenden, bis das Holz gut entzündet ist und Rauch aufsteigt, lässt vermuten, dass mit dieser Tätigkeit entweder ein Aberglaube verbunden ist oder dass Feuer für sie auch ein Gegenstand der Verehrung ist. Aber diese Konzentration des Blicks kann einfach eine Vorsichtsmaßnahme sein (zur Gewohnheit werden), um den Verbrennungsvorgang nicht durch Gedankenablenkung zu verzögern.

Das Einzige, was ich in Verbindung mit diesem Brauch feststellen konnte, ist, dass die Sakais keinen besonderen Kult für das Heilige Feuer haben wie die Baalpriester, die Brahmanen in Indien und die Vestalinnen in Rom, sondern es als Mittel zum Kochen ihrer Speisen, zur Zubereitung ihrer Gifte, zum Wärmen während der Nacht und zum Fernhalten wilder Tiere von ihren Hütten schätzen. Und davon war ich überzeugt, als ich ihnen zum ersten Mal Streichhölzer gab und ihnen ihren Gebrauch beibrachte.

In ihr Staunen mischte sich eine gewisse Zufriedenheit, doch hätten sie ausgeprägte religiöse Gefühle gehabt, hätten sie die moderne Neuerung abgelehnt und die alte Methode der Feuerentsorgung beibehalten.

Ich habe hier eine grobe Vorstellung von den Aberglauben und Glaubensvorstellungen der Sakais gegeben, so gut ich sie durch genaue Beobachtung und gelegentlich unabsichtlich fallengelassene Worte verstehen konnte. Sie können kurz wie folgt zusammengefasst werden: eine extreme Angst vor bösen Geistern; ein vages Prinzip der Seelenwanderung (eine seltsame Degeneration der primitiven Vorstellung der pythagoräischen Theorie).

Die Dschungelbewohner sind noch immer im dichten Schatten zerebraler Trägheit. Sie haben noch nicht das schnelle, helle Licht eines ersten Zweifels durch die Dunkelheit ihres Gehirns blitzen sehen, das ihm einen Schock ungeahnter Schwingungen versetzt. Noch ist kein glorreicher Prometheus unter jenen primitiven Geschöpfen aufgetaucht, für die der entmutigende Rat des italienischen Dichters teilweise niedergeschrieben zu sein scheint:

Besser noch, ohne zu zögern ,
dieser riesige Herr des Universums! [18]

Die Sakais haben keine wirkliche Religion; sie haben nur Angst vor allem, was sie nicht verstehen oder nicht verstehen können. Und doch sind sie in der Ausübung der Moral viel weiter fortgeschritten als andere unzivilisierte und sogar zivilisierte Völker.

Fußnoten:

[16] Ausgesprochen *„tay nak"* und *„chintok"*. – *Anmerkung des Übersetzers.*

[17] Ein Brauch in Italien, wenn ein kleines Kind begraben wird. *Anmerkung des Übersetzers.*

[18]

, dieses gewaltige Mysterium des Universums durch die Arbeit zu vergessen, ohne es zu studieren .

Fünfzehntes Kapitel.

Sakai-Waffen — Schießen — Schlangenfänger — Der Sakai und seine Gifte — TOALANG , RENGAS UND SAGOL — SL À DOL, SL À PLEK und SL À CLOB — AKAR TOKA — Ipok [19] — Ein Gegenmittel — Das LEGOP — Die Nai Bretaks — Die Herstellung von LEGOP — Merkwürdige und überflüssige Zutaten — Die Wirkungen von LEGOP — Seltsame Widersprüche — Experimente — Gifte und Gegenmittel — Der Siedler und die Wissenschaft.

Die Sakai besitzen nur eine Waffe: das „ *Blaù* " (aus dem Englischen „blahoo"), von den Malaien „ *Sumpitam* "*genannt.*

Hier zeigt sich der friedliche Charakter dieser Waldbewohner, die weder Abenteuer suchen noch Aggressionen begehen.

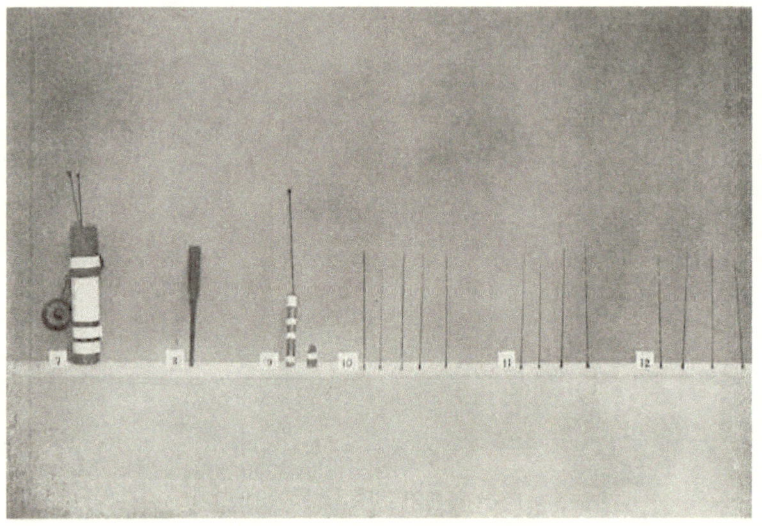

Köcher und vergiftete Pfeile.

Die starken, hässlichen Messer, die er von seinen Brüdern auf der Ebene erwirbt oder für sich selbst herstellt, und die kleinen Beile, die ich bereits beschrieben habe, sind für ihn keine Waffen im eigentlichen Sinne des Wortes, sondern einfach Instrumente, die die Bewohner des Dschungels brauchen. Er verwendet sie zum Fällen von Bambus, Schlingpflanzen und Bäumen und zum Zubereiten von Nahrung, aber sehr wahrscheinlich weiß er nicht, wie er sie für einen Angriff oder zur Verteidigung einsetzen soll.

Seine Waffe ist in diesem Fall stets das *Blasrohr* , das er ständig bei sich trägt, auch wenn er sich nur kurz vor seiner Hütte aufhält.

Es handelt sich um ein zweieinhalb bis drei Meter langes Bambusrohr mit einem nicht sehr großen Durchmesser, aber einer perfekten Rundung, insbesondere innen. An einem Ende ist ein Mundstück angebracht, das dem einer Trompete ähnelt.

Nachdem der Sakai einen Pfeil eingeführt hat, legt er den Stock an seine Lippen, atmet tief ein und bläst dann mit aller Kraft hinein. Der kleine Pfeil fliegt mit höchster Geschwindigkeit heraus und erreicht eine Entfernung von 40, 50 oder 60 Metern.

Es handelt sich um eine Erbsenpistole mit dem Unterschied, dass die abgefeuerten Projektile eine tödliche Wirkung haben, insbesondere in den Händen von Personen, die wie die Sakais selten oder nie das Ziel verfehlen.

Diese gefährliche Waffe, die man auf den ersten Blick für ein Spielzeug halten könnte, ist mit Mustern verziert, die leicht in das Rohr eingraviert sind. Sie wird mit großer Sorgfalt aufbewahrt und wenn sie nicht unmittelbar verwendet wird, wird sie in ein größeres Bambusrohr gesteckt (auch dieses ist mit Einschnitten verziert), das ihr als Scheide dient.

Der Pfeil ist ein kleiner Stab aus sehr hartem Holz, etwa 12 bis 14 Zoll lang und nicht viel dicker als eine große Stricknadel. An einem Ende ist ein kleiner Kegel aus Palmmark befestigt, der das Rohr verschließt und den Impuls der Luft aufnimmt, die so heftig hineingeblasen wird.

Das andere Ende endet in einer äußerst scharfen Spitze (manchmal aus Knochen oder Metall, die tief in das Holz eingelassen ist), die so konstruiert ist, dass die Spitze abbricht und dort bleibt, wenn der Pfeil auf ein Objekt trifft. Die Durchdringungskraft ist jedoch so groß, dass der Körper eines 30 Meter entfernt stehenden Mannes durchbohrt werden kann, ohne dass er zerbricht.

Kein Tier, außer Dickhäutern, kann dem Pfeil des Sakai ungestraft Paroli bieten. Er ist immer und für alle ein schrecklicher Todesbote, sei es wegen seiner Zielgenauigkeit, der Gewalt, mit der er trifft, oder des Giftes, das er injiziert.

So wie die australischen Ureinwohner ihren Bumerang mit unnachahmlicher Geschicklichkeit und Sicherheit werfen, handhabt der Sakai sein Blasrohr mit einer Geschicklichkeit, die unmöglich zu imitieren oder zu erlernen ist. Die Malayen, die diese Waffe meisterhaft beherrschen, sind im Vergleich zu ihren Waldnachbarn nur schlechte Schützen.

Zusammen mit dem *Blaù* trägt der Sakai immer seinen *Lok* (Köcher) bei sich, der an einem Gürtel aus Rinde hängt und *bò gnan* (pr. bo nean) genannt wird.

Dieser Köcher besteht ebenfalls aus Bambus und hat einen Durchmesser von 3 bis 7 Zoll und eine Länge von 13 oder 14 Zoll. Es kommt nur sehr selten vor, dass die Pfeile hineingelegt werden, ohne vorher in dünnes Schilfrohr, bekannt als *Damà , eingehüllt zu werden,* das die Spitzen schützt und verhindert, dass das Gift abgerieben wird, und das die Pfeile auch vor Feuchtigkeit schützt, wodurch sie ihre Wirkung verlieren würden. Der Köcher wiederum ist in einem *Tchenkop eingehüllt* , einer Hülle aus Ratan- oder Palmfasern, die so aufwendig gewebt ist, dass sie wasserdicht ist.

Mit dem Blasrohr im Anschlag dringt der Sakai in den Wald ein und schleicht leise zwischen den hohen Gräsern und Büschen hindurch. Kein Rascheln, kein Knistern trockener Blätter verrät die Anwesenheit des Mannes, der vorsichtig unter dem breiten grünen Dach voranschreitet und scharfe und unruhige Blicke auf die Zweige der Bäume wirft. Sein Ohr vernimmt das leiseste Flügelschlagen. Von Zeit zu Zeit stößt er einen Schrei aus wie den eines Vogels oder eines Affen, und schnell steigt ein gefiedertes Zweibein, von Neugier getrieben, von einem höheren auf einen niedrigeren Ast herab; ein Affe schwingt sich als Antwort auf den Ruf herab, oder ein hübscher kleiner Kopf mit spitzer Nase und leuchtenden Augen lugt aus einer Baumhöhle hervor.

Blasrohre, Köcher und vergiftete Pfeile.

Sehr langsam und leise hockt sich der Sakai hin, hebt sein Blasrohr, fixiert den schwarzen Fleck, den er am Ende des Stocks hinterlassen hat, und zielt dann lange und sicher.

Der Vogel und der Affe 30 Meter über ihm versuchen, der zuvor gehörten Stimme einen weiteren Schrei zu entlocken, das Eichhörnchen schaut verdutzt und verunsichert, doch keiner der drei ahnt die tödliche Gefahr, die von unten auf sie lauert.

Der Sakai bläst in seine *Blaù* , der Pfeil fliegt mit einem leichten Zischen heraus und durchbohrt das Fleisch des Opfers. Es ertönt ein Schrei und ein Sturz, dann rennt der Jäger los, um seine Beute aufzusammeln.

Manchmal fliegt ein verwundeter Vogel von der Stelle weg, an der er getroffen wurde, doch der Wilde weiß ganz genau, dass seine Gifte unfehlbar sind und den Vogel in wenigen Minuten zu Boden bringen werden, und so folgt er dem Weg, den der Vogel eingeschlagen hat.

Etwas Ähnliches kann auch einem Affen passieren. Obwohl er normalerweise feige genug ist, sich bei Berührung wie ein totes Gewicht fallen zu lassen (und sich dabei alle Knochen zu brechen), kann er sich zufällig an den Ast klammern, auf den der Sakai ihn geschossen hat. Wenn es ihm aber nicht gelingt, ihn durch den Pfeil selbst zu töten, so gelingt es ihm doch immer dem Gift, und nichts kann ihn vor der tödlichen Wirkung bewahren. Der Affe hält sich krampfhaft fest, aber der Einfluss *des Legops* kann nicht widerstanden werden. Es kommt zu einem kurzen Kampf mit dem Tod, und dann stürzt das Tier schwer zu Boden.

Der Sakai rennt los, um es aufzuheben, wird jedoch möglicherweise aufgehalten, als er sieht, wie sich eine riesige Boa Constrictor um den zerquetschten Körper des kleinen Tieres windet.

Doch der Jäger verzweifelt bei diesem Anblick nicht. Er beobachtet aufmerksam die umliegenden Bäume und entdeckt, dass der Baum, auf dem er den Affen gefunden hat, ein großes Loch hat, in dem sich das riesige Reptil eingenistet hat.

Er macht sich eilig davon, um seinen Kameraden Bescheid zu sagen, denn eine Boa Constrictor weckt bei den Sakais die Völlerei.

Sie beschließen sofort und einstimmig, ihn einzufangen und begleiten ihn zum Tatort.

Sie schätzen die Länge der Schlange und schneiden ein sehr starkes Bambusrohr ab, das, wenn nicht länger, so doch zumindest kürzer als das Reptil ist. An dessen Ende befestigen sie ein dickes Stück Rattan und falten es geschickt zu einer Schlinge.

Nach Beendigung seiner Mahlzeit zieht sich die Boa in ihre Höhle zurück und macht ein kleines Nickerchen, das seiner Verdauung zugutekommt.

Dies ist der richtige Moment: Zwei Männer nähern sich mit großer Vorsicht der Höhle und halten in ihren Händen den Knoten aus indischem Rohr. Sehr sanft, aber mit einer schnellen Bewegung heben sie den Kopf der Schlange hoch und stecken ihn durch die Schlinge. Die Schlange schüttelt sich, aber es ist zu spät. Auf ein Zeichen der beiden, die ihren Schlaf gestört haben, ziehen die anderen kräftig an den Bambusstäben, die sie in ihren Händen halten. Die Schlinge wird enger gezogen und die Boa Constrictor kämpft wütend, um sich zu befreien. Aber je mehr sie sich wehrt, desto enger wird der Knoten. Der Kampf zwischen Fänger und Gefangenem ist noch nicht bald vorbei. Das Ungeheuer zieht, springt, windet sich und macht manchmal so plötzliche Sprünge, dass die hartnäckigen Sakais hierhin und dorthin rennen, um das Gleichgewicht zu halten und sich aus seiner Reichweite zu bewegen.

Giftpfeile durch das Blasrohr schießen.

Oftmals kämpfen sie länger als eine Stunde, doch schließlich erstickt die Schlange und wird zu einer leblosen Masse. Dann tragen ihre Sieger sie triumphierend in ihr Dorf, wo sie für fast alle Einwohner ein Festmahl veranstaltet.

Die Sakais würden bei ihrer Jagd und ihrem Schießen nur dürftige Erfolge erzielen, und ihr eigenes Leben wäre nicht ausreichend geschützt, wenn der Wald ihnen nicht ein unerschöpfliches und untrügliches Mittel zur Verfügung stellen würde, mit Blasrohren und Pfeilen den Tod zu bringen.

Im Dschungel wächst eine so große und vielfältige Menge giftiger Pflanzen, dass der Mensch die Wahl hat, die Pflanze zu verwenden, die ihm für diesen oder jenen speziellen Zweck am besten geeignet erscheint.

Der Sakai ist von seinen Giften begeistert, er ist so sehr in die Wissenschaft vertieft, dass sie ihm den Platz eines Besessenen einnimmt. Wie ein Wahnsinniger, der immer von seinen seltsamen Einfällen spricht, so spricht dieser arme Wilde den ganzen Tag über seine Gifte und studiert ihre Eigenschaften.

Und sie versorgen ihn mit allem Notwendigen für sein primitives Dasein, denn er verwendet sie zum Schießen, Fischen und zum Aufstellen von Fallen für große und kleine Tiere. Sie dienen ihm und dem ganzen Dorf, in dem er lebt, zur Verteidigung. Außerdem bieten sie ihm (durch Tausch) die Möglichkeit, Tabak, Reis oder andere Artikel zu erwerben, die im Wald nicht zu finden sind.

Seine besten geistigen Fähigkeiten sind der Erforschung und Zubereitung von Giften gewidmet, denn man darf nicht meinen, er verwende das eine oder das andere gleichgültig. Die Mittel, mit denen er am besten vertraut ist, verwendet er je nach Bedarf.

So wie ein Gewehr beim Schießen auf Kleinvögel und Rebhühner nicht mit Schrot der gleichen Größe geladen wird, verschwendet der Sakai seine starken Gifte nicht, wenn ein schwächeres ebenso wirksam wäre.

Seine Auswahl des einen oder des anderen wird häufig durch den Zustand der Atmosphäre bestimmt (Feuchtigkeit ist schädlich für giftige Produkte) und manchmal durch die Mondphasen.

Bei diesen Pflanzen handelt es sich um krautige, baumartige und oft kriechende Pflanzen, doch sind noch nicht alle im Wald wachsenden Pflanzen oder auch diejenigen, deren Wirksamkeit den Wilden bekannt ist, der Wissenschaft bekannt.

Das ist sehr schade, denn ich befürchte, dass diese medizinischen Schätze, die möglicherweise wundersame Eigenschaften besitzen, unweigerlich verloren gehen, wenn nicht bald mit der wissenschaftlichen Untersuchung dieser wilden Dschungelprodukte begonnen wird.

Das Kolonisierungsfieber hat den Wald befallen und wütet hier und da; mit Sicherheit wird es nicht mehr lange dauern, bis diese riesigen Flächen tropischer Vegetation mit der außerordentlichen Fruchtbarkeit ihres Bodens Plantagen von Parah-Kautschuk, Guttapercha, Kaffee, Zucker, Reis, Tabak usw. weichen werden.

Aus diesem Grund werde ich der Sache der Wissenschaft mit großer Freude meine Hilfe anbieten, indem ich Notizen, Sammlungen und Muster von

Farben und Tieren zur Verfügung stelle, die noch nicht vollständig bekannt oder erforscht sind, sollte sich jemand dazu veranlasst fühlen, das Angebot anzunehmen, bevor es zu spät ist. Eine solche Hilfe erscheint mir als eine süße Gedankenkette, die den Geist des Kolonisten in den entlegenen Tiefen des malayischen Waldes mit dem Mutterland und der Zivilisation verbindet, aus der er sich zurückgezogen hat.

Der „ *Giu u Toalang* " ist einer der gewaltigsten Bäume des Dschungels, denn er erreicht eine Höhe von 35 bis 42 Metern. Man könnte sagen, sein gesamter Organismus sei giftig, denn seine tödlichen Eigenschaften entfalten die gleiche Kraft im Saft unter der Rinde wie in den Blättern, wenn man sie reibt oder zerbricht. Wenn dieser Saft unter die Haut gelangt und mit Fleisch oder Blutgefäßen in Berührung kommt, hat er eine schnelle und tödliche Wirkung. Ich glaube, dass sogar der Geruch tödliche Folgen haben könnte, aber dessen bin ich mir nicht sicher, obwohl es eine Tatsache ist, dass man sich sehr krank fühlt und das Unwohlsein nur geheilt werden kann, indem man den Patienten bei hoher Temperatur hält.

Fast dieselbe Giftkraft besitzen der „ *giù u rangas* ", ein Baum von bescheidenerer Größe, und der noch kleinere „ *giù u sagol* ". Es ist gefährlich, die Blätter dieser beiden Pflanzen zu berühren, da sie eine starke Reizung der Haut hervorrufen und sie mit Pickeln und kleinen Bläschen bedecken, die unerträglich jucken, während der Körper anschwillt. Und dennoch muss der Versuchung zu kratzen widerstanden werden, da sonst Geschwüre entstehen können, die wahrscheinlich zu Gangrän führen. Wenn man auf die vorübergehende Linderung durch Reiben oder Kratzen verzichten kann, vergeht die Unannehmlichkeit nach ein paar Tagen.

Toalang , Rengas und *Sagol sind in großer Menge im Wald zu finden, aber der Sakai interessiert sich nicht* für ihre giftigen Eigenschaften, da er findet, dass die Pflanzen, deren Geheimnis er bereits kennt, seine Bedürfnisse in puncto Schnelligkeit und Wirkung voll befriedigen. Im Gegenteil, er führt einen ständigen Krieg gegen diese giftigen Pflanzen, schlägt sie nieder und vernichtet sie, wo immer er auf sie stößt. Er ist jedoch sehr vorsichtig, sie nicht mit seiner Axt zu berühren, sondern fällt einen der in der Nähe wachsenden Riesen, der sie bei seinem schweren Fall zu Boden reißt.

Sobald die gefährlichen Bäume gefällt sind, werden Stamm und Äste ihres unfreiwilligen Mörders herausgezogen und ein bis zwei Monate zum Trocknen an Ort und Stelle liegen gelassen. Sobald sie völlig verdorrt sind, werden sie verbrannt.

Es gibt im Wald auch eine große und vielfältige Anzahl von Pflanzen, deren Blätter sehr gefährlich sind. Ich möchte als Beispiel den *Slà Dol*, *den Slà Plek* und den *Slà Clob nennen*, deren Blätter laut den Sakais tödliche Folgen haben können, wenn sie gegessen werden.

Bei manchen Pflanzen sind die Giftstoffe nur in den Wurzeln vorhanden. Über den *Legop*, der zu dieser Klasse gehört, werde ich später sprechen, jetzt will ich nur den *Akar Tobà nennen*.

Diese Wurzel wird zunächst gut zerstoßen und dann einige Tage in Wasser eingeweicht. Danach wird die giftige Flüssigkeit in einen Teich geschüttet, woraufhin es zu einem regelrechten Massaker an großen und kleinen Fischen kommt, die alle gegessen werden können, ohne dass den Menschen dabei Schaden zugefügt wird.

Um was für ein Gift es sich handelt, kann ich nicht sagen, da es nie Gegenstand spezieller Studien war. Ich habe seine Wirksamkeit bei der Vernichtung von Insekten und insbesondere von Mückenlarven und kleinen Würmern, die Obst und Gemüse verderben, nachgewiesen.

Der *Ipok, von den Malayen „ Upas "* und von Botanikern „ *Antiaris toxicaria "* genannt, ist ein Baum, der den Sakais der Ebene einen giftigen Saft liefert. Er ist ein Koloss des Waldes und gehört zur Familie der Brennnesseln.

Seine breiten, glänzenden Blätter ähneln denen der Magnolie und im malaiischen Dschungel sind zahlreiche Arten zu finden.

Wenn die Jahreszeit nicht zu feucht ist und Vollmond scheint, machen die Sakais einige tiefe Schnitte in die Rinde dieses Baumes und legen einige Bambusrohre darum, um den Saft aufzufangen, der in großen Mengen austritt. Dieser Saft hat ein klebriges, harziges Aussehen und ist weiß oder gelb, je nachdem, ob er aus dem Stamm oder einem jungen Ast gewonnen wird.

Ein Zweig des Giftbaums „Upas".

Dann, noch mitten im Wald, entzünden sie ein Feuer und bringen die Flüssigkeit zum Kochen. Während des Vorgangs murmelt der *Alà* , der die Arbeit beaufsichtigt, die magischen Worte, ohne die das Gift nicht die gewünschte Wirkung hätte.

Es wird erst vom Feuer genommen, wenn es in Bezug auf Dichte und Farbe das Aussehen von Teer aufweist. Wenn es fertig gekocht ist, werden einige Zitronen darüber ausgepresst und nach Zugabe von rotem Arsen und anderen Drogen wird alles verrührt und die Mischung ist gebrauchsfertig.

Die dem *Ipok zugesetzten Stoffe* sind – mit Ausnahme des Arsens – nicht giftig, sondern lediglich Ausdruck der Vorurteile der Sakai.

Ipok getauchten Pfeilen getötet wurden, ist nach kurzem Kochen durchaus essbar. Allerdings muss man vorsichtshalber etwa einen Zentimeter um die Wunde herum aufschneiden, da sich die Wunde durch die Wirkung des Giftes sofort violett verfärbt.

Ein Gegenmittel gegen *eine Ipok-* Vergiftung ist der Saft einer Kletterpflanze namens *Lemmak Kapiting* . Durch kräftiges Einreiben der Wunde mit diesem Saft werden alle schädlichen Auswirkungen des *Ipoks* unterbunden.

Ich bin der Meinung, dass die stärksten Gifte unter Kletterpflanzen zu suchen sind.

Der Sakai steht in vertraulicher Verbindung mit dem *giù u legop* , *giù u labor* , *giù u lampat* , *giù u masè* und dem *giù u loo* , aber auch das *Lampon* und *das Broial* sind nicht vergessen. [20]

Die Wurzeln dieser beiden Pflanzen produzieren Gifte, die zu den schrecklichsten gehören, die im Wald in Hülle und Fülle vorkommen.

Mir scheint, dass der einzige Unterschied zwischen diesen Schlingpflanzen in der Intensität ihrer Virulenz liegt, nicht jedoch in der Art der giftigen Substanzen. Und genau aus diesem Grund bevorzugen die Sakais das *Legop* und machen es zum Mittelpunkt ihrer primitiven chemischen Studien, weil es ihnen das stärkste und tödlichste Gift liefert.

Sobald dieser Parasit lang genug ist, klammert er sich an einen der prächtigsten Pflanzenkönige des Waldes und windet sich mit hartnäckigem Griff darum.

Sein Stamm hat einen Durchmesser von 5 bis 10 Zentimetern und verleiht seinen etwa 1.500 Meter langen Nachkommen ein kräftiges Leben.

Die Blätter *der Legop-Pflanze* sind grün, glatt und glänzend und ähneln in ihrer Form denen der Zitrone, sind aber größer. Sie sind in Längsrichtung von markanten Nerven bedeckt.

Die Frucht dieser gefährlichen Pflanze hat die Größe und Form einer kleinen Orange und ist am Stiel und an der gegenüberliegenden Seite leicht eingedrückt. Sie ist sehr schwarz und schwer zu zerbrechen. Um ihren Inhalt freizulegen, der aus einer großen Anzahl kleiner Samen besteht, die in einem spärlichen Fruchtfleisch eingebettet sind, ist ein Hammer oder ein Ersatz erforderlich.

Alle Sakais extrahieren und bereiten Gift aus dem *Legop* zu, doch es gibt einen Stamm, der in den entlegensten Teilen des Waldes lebt und von jeglichem Verkehr mit zivilisierten Wesen abgeschnitten ist und daher aus reinen Barbaren besteht. Diese sind für ihre Fähigkeiten in der Giftherstellung bekannt und ihre Produkte gelten als weitaus wirksamer.

Giftgewinnung aus dem Upas-Baum.

Es ist der Mai Bretak-Stamm, an den sich alle anderen Sakais wenden, und der einen großen Tribut der üblichen Waren im Tausch mitbringt. Diese Spezialität, gemischt mit *Ipok,* ist die Essenz des Todes in Tropfenform. Das kleinste Teilchen, das ins Blut gelangt, bedeutet die unmittelbare Auslöschung des Lebens. Das Urteil ist unwiderruflich, da kein Heilmittel bekannt ist, um es abzuwenden. Die völlige Unmöglichkeit, ein Geschöpf zu retten, das diesem schrecklichen Gift zum Opfer gefallen ist, hat bei den Sakais den Aberglauben hervorgerufen, dass ein böser Geist über der Mischung schwebt oder in sie hineingeht, wenn sie zubereitet wird, und deshalb machen sie sich nicht ohne zahlreiche Vorsichtsmaßnahmen an die Arbeit.

Ipok wird (unter dem Exorzismus von *Alà*) in Anwesenheit von möglicherweise dem ganzen Dorf extrahiert und kondensiert, aber keine Frauen oder Mädchen dürfen bei der Zubereitung von *Legop helfen* , damit der unsichtbare Feind ihnen keinen Schaden zufügt. (Der Geist ist offensichtlich ein Frauenhasser!).

Der Mann, der es zubereitet, darf an dem für die wichtige Operation vorgesehenen Tag weder Fisch noch Fleisch essen, und wenn er einmal damit begonnen hat, muss er fasten, bis er fertig ist. Er achtet peinlich genau darauf, sich nicht dem Dampf auszusetzen, der aus der brodelnden Flüssigkeit entweicht, und muss oft (hier kommt der Aberglaube der Sauberkeit und Hygiene zu Hilfe) sein Gesicht und seine Hände waschen. Aber selbst all diese Vorsicht reicht nicht aus, und er gilt einige Tage lang als krank.

Der zu diesem Zweck verwendete Tontopf oder Bambus muss neu sein und darf vorher und nachher nichts darin gekocht haben. Sobald das *Legop* ausgegossen wurde, wird es weggeworfen, weil es verunreinigt ist.

Die völlige Neuheit dieser Gefäße dient dazu, die Wirkung des Giftes zu erhöhen.

Ein paar Tage bevor der Sakai die tödliche Mischung zubereiten will, macht er sich auf die Suche nach der Kletterpflanze. Als er sie gefunden hat, legt er ihre Wurzeln frei und um sich zu vergewissern, dass er sich nicht geirrt hat, probiert er, ob sie den für sie typischen bitteren Geschmack hat. Als er sich dessen sicher ist, gräbt er eine schöne Menge aus und füllt dann seine Kiste mit zwei Arten von Knollengewächsen, die eine klebrige Substanz absondern, deren Namen und Qualität ich jedoch nie herausgefunden habe. Danach streift er durch den Wald, bis er zwei Arten Wespen oder Bienen (je nachdem, was sie sind) findet; eine ist sehr groß und schwarz, ihr Stich verursacht hohes Fieber und sie hat ihr Nest normalerweise auf dem Boden; die andere ist klein und rot, sticht wie eine Brennnessel und hat ihr Nest unter den Blättern eines Baumes.

Wenn er Zähne der *Sendok-* Schlange oder einer anderen ähnlich giftigen Schlange auf Lager hat, kehrt er sofort ins Dorf zurück, andernfalls sucht er eine, tötet sie und eignet sich ihre Reißzähne an.

Da der Sakai also alle notwendigen Zutaten hat, beginnt er, die Wurzeln zu einer Paste zu zerstampfen. Diese Masse füllt er dann in ein mit Blättern verschlossenes Rohr, das Flüssigkeit, aber keine Substanz durchlässt. Er hält diesen primitiven Filter über dem Gefäß, das zum Kochen verwendet werden soll, und lässt langsam etwas Wasser hinein, das durch die Paste dringt und eine braune Farbe annimmt, bevor es das darunter liegende Gefäß erreicht.

Nach Abschluss des Filtervorgangs nimmt er die beiden Knollenpflanzen, drückt sie in seiner Hand aus und spritzt so viel Saft, wie er für richtig hält, in dasselbe Gefäß. Die Schlangenzähne und die Bienen werden dann zerstampft, auch sie, und mit dem Rest hineingeworfen, der dann auf ein kleines Feuer gestellt wird. Wenn die Mischung zu kochen beginnt, schöpft der Sakai die auf der Oberfläche schwimmenden Verunreinigungen ab und fügt, wenn er es für notwendig hält, noch etwas *Legop hinzu* , wobei er in der Zwischenzeit sehr darauf achtet, nicht zu atmen oder von den aus dem Topf aufsteigenden Dämpfen eingehüllt zu werden.

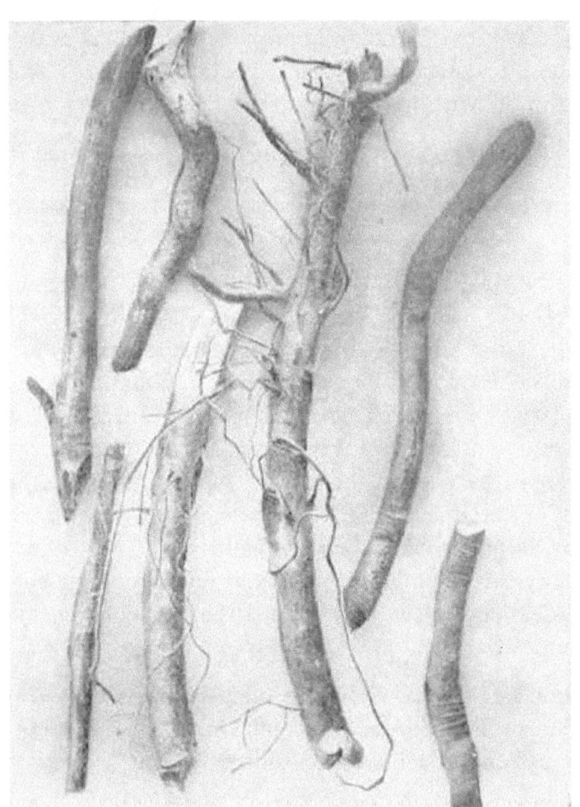

Wurzel der giftigen Schlingpflanze „Legop".

Sobald das Gift die Konsistenz eines Sirups erreicht hat und eine dunkelrote Farbe annimmt, wird es vom Feuer genommen, die Pfeile werden hineingetaucht und seine Virulenz ohne Zeitverlust auf die Probe gestellt. Wenn der Beweis zufriedenstellend ist, wird die dicke Flüssigkeit in Bambusgefäße gegossen, mit Blättern bedeckt und ein Stück Hirschhaut mit einem Band aus *Scudiscio darüber befestigt*. Schließlich werden die Vasen in die trockenste Ecke der Hütte gestellt, von wo aus sie von Zeit zu Zeit in die Nähe des Feuers gebracht werden, um zu verhindern, dass ihr Inhalt durch Feuchtigkeit an Kraft verliert.

Nun stellt sich die Frage: Verstärken die Zutaten, die Bretak Sakai in diesem Gebräu für unverzichtbar hält, die Virulenz des *Legop*?

Ich bin geneigt, das stark zu bezweifeln, da ich nicht glaube, dass die beiden Pflanzen, die den klebrigen Saft enthalten, giftig sind oder zumindest nicht sehr giftig, sondern dass sie nur hinzugefügt werden, um der Mischung mehr

Dichte zu verleihen oder aufgrund einer falschen Annahme der Eingeborenen.

Und noch weniger können Schlangenzähne oder zerquetschte Wespen die Wirkung dieses Giftes steigern, das an sich schon stark ist.

Offensichtlich sind sich die Sakais der tödlichen Wirkung eines Schlangenbisses durchaus bewusst und glauben, dass ein gleichwertiges Ergebnis erzielt wird, wenn sie mit ihrem Pfeil einen winzigen Teil des Organs in die Wunde einführen, das für diese Wirkung verantwortlich ist.

Er weiß nicht und kann es sich auch nicht vorstellen, dass der Zahn eine einfache mechanische Wirkung hat, bei der das kleine Giftreservoir zusammengedrückt wird und ein Tropfen in die durch den Biss entstandene Wunde fällt.

Doch das ist kein Grund zur Überraschung, denn aus der Geschichte wissen wir, dass der Aberglaube und die Zauberei, die von fortgeschritteneren Völkern als den Sakai praktiziert wurden, die merkwürdigsten Dokumente als Beweis für diese merkwürdige Denkweise liefern.

Man muss sich nur daran erinnern, dass man zur Zeit des Augustus für die Beschwörungen von Canidia, *ossa ab ore rapta jejunae canis, plumanque nocturna strigis , den Kieferknochen einer Hündin, die fasten musste, und eine aus einer Kreischeule ausgerissene Feder benötigte* . Und doch war es gerade zu dieser Zeit, als Rom von Griechenland die Philosophie der Epikureer und die der Skeptiker geerbt hatte und das Gedicht des Lucretius Carus reifte!

Und hat nicht erst kürzlich Pfarrer Evans aus Wales erzählt, wie er von einem Geist schlecht behandelt wurde, weil er bei einem seiner Zaubereien eine Begasung vergessen hatte?

Wenn es bei hochentwickelten Völkern so viel Betrug oder Halluzinationen gibt (oder geben soll), können wir dem armen Sakai seine Unwissenheit nicht vorwerfen, wenn er in gutem Glauben glaubt, eine Prise zerstampfter Bienen und Schlangenzähne verstärke die Virulenz des *Legop*- Gifts. Glaubt er nicht auch, dass die geheimnisvollen Worte, die der *Alà murmelt*, seinen Mordvorbereitungen größere Kraft verleihen?

Über die Wirkung des *Legop* werden seltsame und widersprüchliche Angaben gemacht.

Einige behaupten, dass die kleinstmögliche Menge, die mit dem Blut in Berührung kommt, einen sofortigen Tod verursacht; andere erklären, dass die Wirkung nicht ausreicht, um einen Menschen oder ein Tier zu töten, wenn die verabreichte Menge nicht im Verhältnis zur Größe steht oder wenn die Betroffenen stark genug sind, um ihr zu widerstehen .

Meiner Meinung nach sind beide Behauptungen übertrieben.

Eines Tages fragte ich einen Sakai, ob er es für möglich hielte, einen Menschen mit *Legop zu töten* .

Er antwortete, dass im Wald fast täglich Tiere mit doppelter Größe und Stärke eines Menschen getötet würden und dass das Gift dieser Kletterpflanze seine Wirkung schnell erfülle. Als Beweis dafür erzählte er, dass er einmal neben einem Javaner gestanden habe, der sich der Misshandlung einer Frau schuldig gemacht hatte. Dieser Mann wurde von einem Giftpfeil getroffen und starb fast sofort.

Ohne auch nur den geringsten Zweifel daran zu erwecken, bat ich ihn, mir die genaue Stelle zu zeigen, wo der Pfeil in den armen Kerl eingedrungen war und wo er wieder austrat. Anhand seiner Angaben konnte ich mich davon überzeugen, dass der Pfeil unter dem Schulterblatt eingedrungen war, das Herz teilweise durchdrungen hatte und auf seinem Weg durch die Brustmuskulatur aufgehalten worden war.

Für mich war daher klar, dass der Tod durch das Eindringen des Pfeils in den Körper des Opfers eingetreten war und nichts mit dem Gift zu tun hatte, in das das Geschoss zuvor getaucht worden war. Meines Wissens wurden noch nie anerkannte Studien durchgeführt, um die wahre Kraft von *Legop zu ermitteln* , daher steht es jedem frei, sie auf ihr Maximum oder Minimum zu berechnen, insbesondere wenn man ihre Anfälligkeit gegenüber atmosphärischen Veränderungen berücksichtigt.

Bei trockenem Wetter trägt der Pfeil den Tod auf seinen Flügeln, ist das Wetter jedoch nass oder feucht, wird das Gift feucht und bleibt auf der Oberfläche der Wunde (von wo es leicht abgerieben werden kann), anstatt mit dem Pfeil in das anvisierte Objekt einzudringen.

Und diese Ernüchterung erlebte jemand, der die Wirkung an einem Hund ausprobieren wollte. Das arme Tier heulte vor Schmerzen, zeigte aber keinerlei Vergiftungserscheinungen.

Nur die Wissenschaft kann genaue Aussagen über die toxischen Eigenschaften des *Legop* machen und ich bin jederzeit bereit, mit meiner bescheidenen Erfahrung dazu beizutragen.

In dem Wunsch, alle Zweifel auszuräumen und ein Gegenmittel gegen dieses Gift zu finden, habe ich viele unschuldige Geschöpfe geopfert, aber ich werde nur das klägliche Ende von zweien schildern.

Ich suchte mir ein schönes, kräftig gebautes Geflügel aus und fügte ihm mit einem dieser Giftpfeile am oberen Teil seines Beins eine Wunde von höchstens einem halben Zoll Länge zu.

Eine Minute lang bewegte es sich langsam umher, ohne die Wunde zu bemerken, dann blieb es stehen, als ob es von einem seltsamen Gefühl der Benommenheit überwältigt worden wäre, begann aber bald darauf, auf den Boden zu picken.

Zweieinhalb Minuten später öffnete und schloss es seinen Schnabel und ließ Schwanz und Flügel schlaff auf den Boden fallen. Nach einer weiteren halben Minute versuchte es mit nach unten gebeugten Beinen, als säße es, den hängenden Kopf zu heben und zu schütteln. Einen Augenblick lang gelang es ihm, aber das arme Glied wedelte kraftlos (wie es uns passiert, wenn wir auf Reisen schläfrig werden, aber keinen Platz zum Ausruhen haben), während seine mal geschlossenen, mal weit geöffneten Augen einen Ausdruck der Bewusstlosigkeit zeigten.

Ungefähr in der vierten Minute erlitt das Tier heftige Krämpfe und in der fünften Minute war es völlig tot.

Denselben Versuch machte ich bei einem mittelgroßen Hund, wobei ich auch diesen am Bein verletzte, um keine lebenswichtigen Körperteile zu berühren.

Zuerst schien es nicht zu bemerken, was ich getan hatte, aber nach drei oder vier Minuten wurde es sehr unruhig und schnüffelte am Boden und an allem, was um ihn herum war, als wollte es herausfinden, was los war. Dabei drehte es von Zeit zu Zeit seinen Kopf in Richtung seines Oberschenkels, wo es offensichtlich den Sitz seiner Unruhe spürte. Es zuckte zusammen, schauderte lange und legte sich dann hin.

Einmal bellte es schwach, doch als es einen zweiten Versuch unternahm, misslang es völlig. Der Schrei war kein Schmerzensschrei, sondern schien ein Geräusch zu sein, das aus tiefer Verwirrung entstand.

Zweig und Frucht der giftigen Kletterpflanze „Legop".

Sein Kopf ruhte einen Moment auf seinen Vorderbeinen, wurde aber bald angehoben, als das Tier sich auf eine Seite seines Körpers rollte, der gelähmt zu sein schien. Seine Augen wurden starr und ausdruckslos. Der Körper zitterte und zuckte ein wenig zusammen, aber der Kopf blieb bewegungslos und lag schwer auf dem Boden, und die Augen in ihrem glasigen Blick offenbarten eher das Fehlen jeglicher Sinneswahrnehmung als Schmerz oder Todesangst.

An diesem Punkt richtete ich meine Aufmerksamkeit auf sein Herz, das schnell und heftig schlug. Es hörte einen Augenblick auf, schlug dann weiter, aber sehr, sehr schwach, während der ganze Körper eine starre Form annahm.

Eine Viertelstunde nach der *Legop- Impfung* war der Hund tot.

Wenn ich mich nicht irre, wirkt sich dieses Gift zunächst und fast sofort auf die Nervenzentren aus. Das Blut bleibt jedenfalls unverändert, oder es ist zumindest keine Veränderung sichtbar, und das Fleisch von mit *Legop getöteten Tieren* verliert nichts von seinem Geschmack, und es besteht auch keine Gefahr, es zu essen.

Ich wage jedoch nicht, mich genauer über die Natur gewisser giftiger Produkte zu äußern, denn dort, wo das weite Feld der wissenschaftlichen Forschung beginnt, endet die bescheidene Arbeit des Kolonisten, der sammelt, aufzeichnet und beschreibt. Dem Chemiestudenten und dem Physiologen bleibt die Aufgabe überlassen, aus den gegebenen Informationen jene Ergebnisse zu ziehen, die dem Wohl der Menschheit als Ganzes dienen können.

Die giftige Flora des Waldes beschränkt sich nicht nur auf Bäume und Kletterpflanzen; sie erstreckt sich auch auf unzählige Kräuter, auf eine unendliche Vielfalt an Pilzen, Beeren, Blumen und verlockenden Früchten.

Über das Reich der Gifte weiß man nur sehr wenig. Es hält für den Wissenschaftler, der es erforschen möchte, immer noch die größten Überraschungen bereit. Und da die vorausschauende Natur in jeder Äußerung ihrer Fruchtbarkeit die Gewohnheit hat, verschiedene Qualitäten einander gegenüberzustellen, glaube ich, dass es unter einer so üppigen Vegetation gefährlicher Pflanzen eine andere geben könnte, die vielleicht weniger zahlreich ist, aber die den tödlichen Auswirkungen der ersten entgegenwirken kann.

Der Sakai kennt kein Gegenmittel außer den von mir genannten: das *Lemmah Kapiting* und das empirisch aus Branntkalk und Urin hergestellte. Keiner von beiden kann jedoch als Originalprodukt gelten, sodass die Wissenschaft auf diesem Gebiet noch viel zu entdecken hat.

Die große Zauberin, der große und unvergleichliche Malaiische Wald, bietet der Welt wundervolle Schätze, von denen einige dem Leben Zauber verleihen und andere die Fallen des Todes verbergen.

Es ist die Aufgabe des *Homo Sapiens* , dies von jenem zu unterscheiden und sich ihre Geheimnisse anzueignen, wie er es mit der Elektrizität getan hat, und sie so zum Mittel der Beleuchtung, der Antriebskraft und der Linderung vieler körperlicher Leiden gemacht hat.

Dieser Wald, der in Bezug auf Gifte allen kriminellen Anforderungen der Borgias entsprochen hätte, ist trotz seines außerordentlichen Reichtums immer noch ein Ödland.

Lassen Sie uns von der Wissenschaft erfahren, welch immense Schätze dort zum Wohle der Menschheit geschaffen wurden.

Zubereitung von „Legop"-Giften.

Fußnoten:

[19] Das *i* ist fast ein *e* und das *a wird in all diesen Wörtern als ha* ausgesprochen . *Anmerkung des Übersetzers.*

[20] Die Professoren A. Benedicenti und GB De Toni von der Universität Camerino haben die Ergebnisse ihrer Untersuchungen an den Wurzeln und an etwas Saft, den ich ihnen zu diesem Zweck im Jahre 1902 zugesandt hatte, veröffentlicht . Ich glaube jedoch, dass die Schlüsse dieser beiden Wissenschaftler für eine stärkere und schnellere Wirkung dieses Giftes gesprochen hätten, wenn die Proben trotz meiner Sorgfalt nicht durch den Klimawechsel gelitten hätten und sehr wahrscheinlich auch der Feuchtigkeit ausgesetzt gewesen wären.

KAPITEL XVI.

Geographie der Vergangenheit und Zukunft – Berge und Hochebenen – Versuch einer Volkszählung – Temperatur – Krankheiten und Heilmittel – AL – ein Quacksalber.

Vor dreißig Jahren wurde die malaiische Halbinsel selbst in unseren besten Geografien nur sehr selten erwähnt.

Es wurde einiges über die Küsten und die spärlichen Vorkommen an Zinn, Antimon und Kohle gesagt, doch über den weiten Landstrich weitab der Küste, der zum Teil unerforscht und zum Teil von Wilden bewohnt ist, verlor man kein einziges Wort. Man sagte lediglich, dass sich über die gesamte Länge eine Gebirgskette verlief, die bei Kedak und Kelantan begann und am äußersten Ende der Halbinsel endete und sie so fast in der Mitte teilte.

Doch ein Geograph unserer Tage müsste noch viel mehr darüber schreiben, denn das Landesinnere ist kein tiefes, unangetastetes Mysterium mehr, und sein Anblick unterscheidet sich heute ganz von dem, was wir uns nach Untersuchungen aus der gebotenen Distanz hätten vorstellen können.

Die hohen Berge (der Berumbun erreicht eine Höhe von 6530 Fuß) bieten dem Blick eine Landschaft, die einen Künstler zufriedenstellen würde. Einige der Gipfel sind mit üppiger, wilder Vegetation bedeckt, andere sind schroff oder haben scharfe Spitzen, von denen Sturzbäche aus glitzerndem weißem Schaum mit tosender Wut die engen, dunklen Spalten hinabstürzen.

Von diesen herrlichen Massen aus erstrecken sich terrassenartig eine Reihe von Hochebenen, die, je weiter sie abfallen, die Fruchtbarkeit des Bodens umso deutlicher entfalten und von ruhigen Flüssen und Bächen bewässert werden.

Dort, wo die Fruchtbarkeit der Berge aufhört, im Osten wie im Westen, liegen die Ebenen von Pahang und Perak. Ihre fleißigen Hände, geleitet von zivilisierten Ideen, führen durch die Ausweitung des Anbaus und der Hygieneprinzipien ein Werk der Erlösung von Verwahrlosung und Malaria durch.

Der Wald – das Territorium der Sakais – bedeckt den zentralen Teil der Halbinsel. Am Rand leben die weniger wilden Völker, die aufgrund ihres Kontakts und Umgangs mit den Malayen, Siamesen, Chinesen und Indern, von denen sie umgeben sind, weniger wild sind. Die anderen drängen sich immer näher an die Berge heran, im gleichen Maße, wie die Zivilisation ihnen näher kommt, und errichten ihren Wohnsitz in einer Höhe von nicht mehr als 1500 bis 2000 Fuß. Ich habe einige, aber in sehr seltenen Fällen, in einer Höhe von 4000 Fuß gefunden.

Es stimmt, dass man dort oben nicht mit allzu vielen Gefahren rechnen muss, da wilde Tiere (mit Ausnahme gelegentlicher Bären) und Schlangen in diesen Höhen nicht häufig sind. Allerdings ist die Kälte zu intensiv, um von Menschen, die keine Kleidung tragen und keine Häuser bauen, um sich vor der Unbill des Wetters zu schützen, gut ausgehalten zu werden.

Die Pfeile vergiften.

Das von den Sakais bewohnte Landstück erstreckt sich grob geschätzt zwischen 3° 50' und 5° 50' nördlicher Breite und 101° und 102° östlicher Länge (Greenwich). Aber für diese Ausdehnung sind sie sehr wenige, denn im Jahr 1903, als ich in 25 Tagen von einem Dorf zum anderen reiste, konnte ich nicht mehr als 6800 Personen zählen, die zur Erntezeit rund um die Durianbäume kampierten.

Wenn man die Frauen mit einbezieht, die wegen einer kürzlichen Entbindung zurückgeblieben sind, die Alten und Kranken und die kleinen Kinder, glaube ich nicht, dass es insgesamt viel mehr als 10.000 Seelen sein können. Man kann wirklich sagen: „ *Nantes wird selten in Gurgite vasto sein!* ".

Aufgrund des Misstrauens der Sakais gegenüber allem, was sie nicht verstehen, und der Schwierigkeiten, die ihr Nomadenleben mit sich bringt, wäre es unmöglich, eine echte Volkszählung durchzuführen.

Das Klima an ihrem Wohnort ist zwar feucht, aber gut, denn das dichte Laub des Waldes und die Brisen, die oft von den Bergen herüberwehen, mildern die Hitze der Sonnenstrahlen.

Es gibt keinen Wechsel der Jahreszeiten wie in den gemäßigten Zonen, sondern nur die Unterscheidung zwischen Trocken- und Regenzeiten, wobei erstere durch den Monsun aus dem Osten und letztere durch den Monsun aus dem Westen bestimmt werden.

Es ist nicht ungewöhnlich, dass die Hitze mittags 40° (Celsius) übersteigt, aber auf die glühende Hitze des Tages folgt eine kalte Nacht, und je heißer der Tag ist, desto kälter ist die Nacht. Von 40° fällt die Temperatur leicht unter 20°. Die Sakais, die weder Kleidung noch Teppiche besitzen und deren Hütten sehr offen und luftig sind, schlafen alle zusammengekauert (um sich gegenseitig warm zu halten) um ein großes Feuer, aber sie leiden häufig unter diesen Temperaturschwankungen.

Wie ich bereits erwähnt habe, sind schwere Erkältungen unter den Sakais weit verbreitet, gegen die sie kein wirksames Heilmittel haben, sodass es oft vorkommt, dass sich ein einfacher Grippeanfall zu einer schweren Bronchial- oder Lungenerkrankung entwickelt und schließlich zur Schwindsucht führt.

Weder *Tenak* noch *Cintok* sind dann von Nutzen; der böse Geist lässt seine Beute nie los.

Fieberfälle sind sehr selten und müssen dem Wind zugeschrieben werden, der von der Ebene heraufweht und Infektionserreger mit sich bringt. Es kommt äußerst selten vor, dass eine Frau bei der Geburt stirbt, aber sehr viele erliegen im Alter von etwa 60 Jahren dem Altersverfall.

Sowohl Männer als auch Frauen sind sehr anfällig für eine Hautkrankheit, die den Körper mit großen Flecken von hellerer Farbe als ihrer Haut bedeckt und dem armen, so betroffenen Wesen ein abstoßendes Aussehen verleiht. Aber es ist weder eine ernste noch eine ansteckende Krankheit, noch erregt sie bei den Dschungelbewohnern den Abscheu, den sie bei uns hervorrufen würde, denn diese Verfärbung hindert sie nicht daran, zu heiraten und ebenso gesunde Kinder zu bekommen wie die anderer Leute .

Manchmal wird einer von ihnen von einer ansteckenden Krankheit heimgesucht, für die er kein Heilmittel oder keine Heilung kennt. Der Kranke wird sofort von allen anderen isoliert und fast völlig verlassen, um eine Ausbreitung der Krankheit zu verhindern.

Ich habe nie eine Krankheit bemerkt, die als spezifisch für die Menschen selbst oder die Region, in der sie leben, angesehen werden könnte, aber ich konnte (aufgrund einer von mir durchgeführten Spezialstudie über die Todesursachen bei den Sakais) die Tatsache feststellen, dass die Zahl der Opfer durch wilde Tiere und Schlangen im Durchschnitt sehr gering ist.

Es ist etwas ganz Außergewöhnliches, wenn jemand auf diese Weise sein Leben verliert, sofern er sich den Tod nicht durch irgendeine Unvorsichtigkeit selbst zuzuschreiben hat.

Ich erinnere mich nur daran, vielleicht weil es noch nicht lange her ist, dass eine junge Frau eines Abends, als es dunkel wurde, unvorsichtig von ihrer Hütte wegging und von einem Panther angegriffen wurde, der ihr die Zähne in den Unterkiefer biss. Als der Ehemann ihre Schreie hörte, eilte er gerade noch rechtzeitig hinaus, um das Tier zu töten und das Leben seiner armen Frau zu retten, aber sie blieb natürlich entstellt zurück.

Das Arzneibuch dieser Förster, frei von allem Aberglauben, ist von wahrhaft primitiver Einfachheit und enthält nur pflanzliche Heilmittel. Ein Sud aus der Wurzel *Tenak Celes* ist ein ausgezeichnetes Abführmittel. Ein Umschlag aus den mit Limette und *Sirih zerstoßenen Blättern*, der auf die Stirn gelegt wird, soll Kopfschmerzen heilen.

Das *Sla Delok* (ein Bitterblatt) dient anstelle unseres Wurmpulvers für Kinder.

Ein anderes Blatt (das *Slà Poó*) wird zur Heilung von Ruhr verwendet.

Alà geheim gehalten wird), die sich gegen Magenbeschwerden eignen oder nach Belieben angewendet werden können, ohne dass genaue Kenntnisse über die zu behandelnde Krankheit vorliegen.

Das aus dem *Singret gewonnene Harz* wird zur Kariesprophylaxe eingesetzt und bei Zahnschmerzen auch auf die Wange gerieben, um sie vor Luft zu schützen, ohne dass ein Verband angelegt werden muss.

Der Sakai verwendet Kohlepulver häufig in seinen medizinischen Präparaten und versorgt damit Wunden, Geschwüre und Tierbisse. Dies lässt vermuten, dass er die desinfizierenden Eigenschaften der Kohle entweder kennt oder erahnt. Er verwendet sie auch als Abwehrmittel gegen Ameiseninvasionen, die ihre Richtung ändern, wenn sie die schwarze Linie auf ihrem Weg entdecken.

Das Wasser, in dem ein Stück Holzkohle aus Bitterholz lange Zeit ziehen gelassen wurde, gilt ihrer Meinung nach als erstklassiges Heilmittel gegen Schwäche des Organismus und Husten.

Der *Alà* handelt klug und in seinem eigenen Interesse und behält sich das Vorrecht vor, bestimmte pharmazeutische Spezialitäten zu mischen, die den Patienten bei vorübergehender Unpässlichkeit genesen lassen, bei ernstem Gesundheitszustand jedoch zum Tod führen.

Für den Fall von Knochenbrüchen, Verstauchungen oder Verrenkungen durch Stürze hat er immer einige Pflaster aus Kräutern mit beruhigender oder reizlindernder Wirkung dabei.

Es lohnt sich jedoch kaum, die Vorzüge dieser Kataplasmen zu diskutieren, da der Sakai, der sich als erster für diese Frage interessiert, ihre heilende Wirkung anerkennt und zugibt.

Die ganze Welt ist verwandt, und der hochgeachtete *Alà* des Waldes ist nichts anderes als ein unzivilisierter Kollege jener Scharlatane, Wundererfinder, die mit dem Verkauf von Pulvern, Lotionen, Heilwässern und Salben inmitten der zivilisierten Gesellschaft ihr Vermögen machen und dabei oft durch gut platzierte Werbung die Wissenschaft und den gesunden Menschenverstand täuschen.

Der eine ist ein gebildeter und der andere ein ungebildeter Quacksalber.

Hier enden meine Notizen. Es mangelt ihnen an Ordnung und Kunst, aber nicht an Wahrheit, denn ich habe diese Zeilen vor allem der Wahrheit gewidmet, motiviert durch Gefühle der Dankbarkeit und des Wohlwollens gegenüber meinen guten Freunden, den Wilden. Ich wollte die Sitten und den Charakter eines Volkes schildern, das vielfach verleumdet wurde, und unter dem ich eine starke und ergebene Freundschaft gefunden habe, frei von jedem Anflug von Eifersucht oder Eigennutz.

Sechzehn Jahre eines ruhigen, arbeitsreichen Lebens habe ich unter den Sakais verbracht, und noch heute verspüre ich einen Anflug von Heimweh, wenn ich an dieses wunderbar fruchtbare Land und seine guten, einfachen Bewohner denke.

Wenn meine Worte für Sie, lieber Leser, klar waren, müssen Sie bemerkt haben, dass in diesen Wilden wahre Schätze der Aufrichtigkeit, Ehrlichkeit und des gesunden Menschenverstands zu finden sind. Und die ersten Samen dieser Tugenden wurden von niemandem gesät, denn sie knospen und blühen in ihren Seelen so spontan, wie aus dem Schoß der großen Mutter Natur die wunderbare Vielfalt der Flora zur Sonne aufsteigt und nach Licht und Wärme sucht.

Bei uns ist das nicht so. Die Zivilisation lehrt Tugend: Predigten predigen sie; Moralisten fassen sie in Vorschriften und Aphorismen zusammen; Historiker ehren sie bei den Alten, um sie den Modernen einzuflößen; Gesetze und die Drohungen der Hölle wollen sie aufzwingen. Und doch kann sie trotz alledem nicht gut gedeihen, denn zu oft wird sie durch die Raserei des „Vorankommens“ und durch die Krämpfe der Leidenschaften gefesselt, die

in der herrlichen Majestät des Waldes und unter seinem erhabenen Einfluss
weder bekannt noch verstanden werden. Hier arbeitet man gelassen,
ungestört von der Angst, dass andere einen um seinen Gewinn bringen
könnten.

Ich erwähne diese Tatsache, überlasse es jedoch anderen, die
Schlussfolgerung zu ziehen, denn wenn ich zu dem gelangen würde, was nach
dieser Prämisse am logischsten erscheint, würde man mich als einen noch
größeren Wilden bezeichnen als diejenigen, die ich der öffentlichen
Bewunderung preisgegeben habe, und wenn ich zu einem anderen Schluss
käme, würde man mich (und das zu Recht) des Widerspruchs bezichtigen.

Ich möchte stattdessen erklären, dass ich trotz gewisser entmutigender
Beweise fest an meinem Glauben an den menschlichen Fortschritt festhalte
und davon überzeugt bin, dass es der Wissenschaft eines Tages gelingen wird,
die große Qual zu lindern, die aus dem unaufhörlichen und grausamen
„Kampf ums Überleben" entsteht.

Der Hauptgrund , warum ich die Vorzüge und Mängel der wenig bekannten
Sakais illustriere, besteht für mich darin, sie der englischen Bevölkerung
näherzubringen, um sie, indem ich sie von der Verachtung und geschickten
Hinterlist anderer Völker befreie, leichter zur Zivilisation zu führen und
gleichzeitig wichtige und lukrative Zentren landwirtschaftlicher Produktion
im Inneren der Halbinsel zu bilden.

Ohne die geringste Prahlerei behaupte ich, dass ich in meiner Arbeit als
Kolonist immer allein und unbewaffnet unter den Sakais geblieben bin. Auf
diese Weise war es mir möglich, Feindseligkeit und Misstrauen zu
überwinden und das Vertrauen und die Zuneigung eines der
unzivilisiertesten Völker zu gewinnen. Und diese Tatsache befriedigt mich
zutiefst, denn sie zeigt auf bescheidene, aber nicht weniger beredte Weise,
dass bewaffnete Expeditionen, so schön und imposant sie auch aussehen
mögen (je nach Geschmack), nicht den praktischen oder dauerhaften Wert
friedlicher, freundlicher Annäherungsversuche haben. Eine Zivilisation, die
vorgibt, sich durch Gewalt, Gemetzel und Plünderungen durchzusetzen, sät
nur Hass. Die angeblichen Retter werden zu Unterdrückern, und nachdem
sie mit Gewalt begonnen haben, sind sie gezwungen, auf Gewalt
zurückzugreifen, wenn sie die Herrschaft behalten wollen, die ein Gärung
des Hasses nach und nach untergräbt.

Deshalb sind keine Waffen, keine Missionen (die dazu neigen, einen Terror
durch einen anderen zu ersetzen), sondern nur Geduld und Ruhe
erforderlich, um diese einfachen Seelen zu erobern und ihnen anschließend
durch ihr Beispiel beizubringen, sich der Arbeit zu widmen. Man muss ihnen
das Gefühl vermitteln, dass die Zivilisation nützlich ist, Gutes inspiriert und
kein heimtückischer Verderber.

Was können Wilde denken, wenn sie der Plünderung und dem Blutvergießen derjenigen ausgesetzt sind, die mit diesen Maßnahmen zu ihnen gekommen sind, um die Grundsätze der Achtung des Eigentums anderer und der Unverletzlichkeit des menschlichen Lebens zu verkünden?

Es ist mir in der Tat eine große Freude, festzustellen, dass die Sakais heute der Zivilisation nicht mehr misstrauen und dass einige von ihnen, insbesondere die jüngeren, die Arbeit nicht mehr so ablehnen oder davor zurückschrecken wie früher. Auch leisten sie keinen so hartnäckigen Widerstand gegen jene Neuerungen, an deren Einführung unter ihnen auch ich beteiligt war.

Ich überlasse es meinen Lesern, zu beurteilen, ob ich mich der Eitelkeit schuldig mache, wenn ich meine Zufriedenheit auf diese Weise zum Ausdruck bringe.

Und nun bin ich fertig.